경찰 더
위험하다

경찰 더 위험하다

초판 1쇄 발행 2024년 3월 31일

지 은 이   박상용
발 행 인   권선복
편집주간   권보송
디 자 인   김소영
기록정리   조정아
전 자 책   서보미
발 행 처   도서출판 행복에너지
출판등록   제315-2011-000035호
주   소   (157-010) 서울특별시 강서구 화곡로 232
전   화   0505-666-5555
팩   스   0303-0799-1560
홈페이지   www.happybook.or.kr
이 메 일   ksbdata@daum.net

값 22,000원
ISBN 979-11-93607-22-0   (13350)

도서출판 행복에너지는 독자 여러분의 아이디어와 원고 투고를 기다립니다. 책으로 만들기를
원하는 콘텐츠가 있으신 분은 이메일이나 홈페이지를 통해 간단한 기획서와 기획의도, 연락처
등을 보내주십시오. 행복에너지의 문은 언제나 활짝 열려 있습니다.

경찰이 날리는 직격탄
"이대로는 안 된다"

경찰 더 위험하다

박상융 지음

도서
출판 행복에너지

경찰을 경찰답게 하라

 필자는 사법연수원(19기)을 수료하고 군 검찰을 거쳐 변호사로 생활한 후 1993년 경찰에 경정특채로 입문했다. 일선에서 형사과장, 지방청과 본청 수사 계·과장, 그리고 서장을 역임하면서 평소 '경찰이 이렇게 바뀌었으면 좋겠다' 하는 생각을 많이 해왔다.

 국민들이 빌려준 돈을 떼이거나, 폭행을 당하거나, 물건을 도둑맞거나 강도·강간을 당했을 때 가장 먼저 찾는 기관이 바로 경찰이다. 경찰이 잘해야 국민이 편안히 살 수 있다. 물론 검찰, 법원도 있지만 문턱이 너무 높다.

 사람은 아프면 병원을 찾아 노련하고 실력 있는 의사를 만나고 싶어 한다. 똑같은 병이라도 의사에 따라 처방이 다르고 치료 효과가 다르기 때문이다. 그래서 특진을 신청한다. 사건도 마찬가지다. 실력 있는 수사관, 정의감이 투철한 경찰관, 꼼꼼하고 인간미 있고 사리분별이 뛰어난 팀장에게 사건을 맡기면 안심이 된다. 고소인, 피고소인, 피해자들은 그런 수사관이 사건을 담당하길 원한다.

담당 수사관이 정해지는 것도 십중팔구 배당 순에 따른 것이다. 개개인의 수사능력이나 인품을 고려하지 않는다. 억울한 일이 안 생기도록 공정하게 처리하기보다 그저 빨리 처리하고 기소 의견으로 송치하면 성과실적이 올라가는 구조이다.

검찰과 경찰 간의 수사권 조정 중이다. 과연 경찰의 내사 부분까지 검찰 지휘를 받아야 하는 것인가에 대한 논란이 일었다. 마치 수사 권한을 놓고 두 조직이 서로 차지하려는 모습으로 비치기도 한다. 하지만 수사는 권한이 아니라 책임이다. 정의를 구현하고 진실을 밝혀야 하는 책임이다.

수사할 때는 신중에 신중을 기해야 한다. 잘못하면 휘두르는 칼에 약자가 큰 상처를 입을 수 있기 때문이다. 수사는 특성상 국민의 권익을 크게 제약하게 된다. 구속, 압수수색, 통신자료 추적 등의 과정에서 인적사항이 노출되어 한 개인은 물론 가정까지 파괴하는 경우가 종종 발생한다. 직장에서 쫓겨나고 이혼 등으로 가정에서 버림받는 사례도 있다. 심지어 우울증에 걸리거나 정신이상이 되기도 하고 억울함을 참지 못한 나머지 개인적인 명예를 위해 자살하기도 한다. 회사는 기업의 주가, 신용가치의 급락으로 파산의 위기에 몰린다.

이런 사태를 미연에 방지하기 위해 조사방식에서부터 세심한 주의를 기울일 필요가 있다. 출석요구서를 발부할 것인가, 전화로 연락할 것인가, 자료제출을 요구할 것인가, 압수수색을 할 것인가 끊임없이 고민해야 한다. 상대의 처지나 성향을 감안하여 방식을 택하는 것이 좋다. 담당 수사관에게만 맡기지 말고 팀장 이하 팀원들이 함께 모여 방법을 논의하고 계획을 수립하는 등의 노력이 요구된다. 병원에서 수술 전 마취과, 내과, 외과 등 다양한 분야의 전문의들이 팀을 이루어 협진을 하는 것과 비슷하다.

담당 수사관도 열린 자세를 가져야 한다. '내 사건이므로 팀장, 과장이 간섭하면 외압'이라고 인식해서는 안 된다. 내 사건이기 전에 여러 사람의 인생과 운명이 걸린 사건이다. 얼마나 객관적이고 공정한 수사가 이뤄지느냐고 중요하다. 상급자들이 선의의 관리자로서 멘토 역할에 충실할 때 공정 수사가 가능해진다.

입건 만능주의도 타파해나가야 한다. 우리나라에서는 모든 범죄를 형사입건이나 검찰송치로 풀려고 한다. 그러다 보니 수사 인력과 조사서류가 필요 이상으로 많아지고, 시간과 비용도 많이 들게 된다.

특히 고소사건의 경우 대부분 재산분쟁이나 단순 폭행사건에 관한 깃들로 서로 회해하고 물질적인 피해가 회복되면 합의가 가능한 사건들이다. 그런데도 민사사건 불개입 지시로 인해 합의를 종용할 수 없도록 규정한 후부터는 범죄의 진위 여부에만 초점을 맞춰 수사를 진행하고 있다. 가해자는 단번에 전과자로 전락하고, 피해자는 피해 회복의 수단으로 공권력을 활용하게 되면서 고소고발이 빈발한다. 이에 따른 비용 발생과 공권력의 실추가 일어나고, 범죄꾼들이 이를 악용하여 활개를 치는 어처구니없는 일이 벌어지면서 법에 대한 국민의 불신을 가중시키고 있다. 법과 제도制度가 국민의 불편을 해소하는 순기능의 역할을 해야 함에도 불구하고 오히려 불편을 초래하는 역기능을 더할 뿐이다. 그 결과, 국가형벌권의 낭비를 초래하고 국민의 피해를 가중시켰다.

민사사건 불개입 원칙이 합의를 전제로 한 수사관의 뇌물수수를 막는 것이 목적이라면 내부관리를 철저히 하면 된다. 하나를 막겠다고 더 많은 부작용을 낳게 하는 우를 범하지 말아야 한다. 입건건수로 수사 인력이나 예산을 편성하는 것이 무조건 형사입건의 원인으로 작용한다는 사실을 직시해야 한다.

그런 의미에서 경미한 사건은 과감하게 즉결심판으로 회부할 필요가 있다. '즉결심판'은 사건 처리가 신속할 뿐 아니라 피의자가 형벌을 바로 선고받을 수 있어 형사입건보다 훨씬 효과적이다. 문제는 즉결심판이 범죄통계에 산입되지도, 실적에 반영되지도 않는다는 점인데 현실에 맞게 이러한 점들을 고쳐나가야 한다. 그래야 국민들이 법집행을 납득하고 그에 승복할 수 있다.

무엇보다 경찰조사에서 법원 재판출석까지 빠르게 진행되도록 절차를 간소화해야 한다.

수사는 한 번 잘못되면 고치기 어렵다. 그로 인한 피해 또한 크다. 수사관이 누구보다 고민을 많이 해야 하는 이유다. 겸손한 자세로 끊임없이 반성하고 연구해야 한다.

그런 뜻에서 이 책을 쓰게 되었다. 국민에게 신뢰와 공감을 얻는 수사, 정의에 맞는 수사가 되기 위해 우리 경찰의 실태를 돌아보고 무엇이 문제인지, 어떻게 개선해야 할지 생각하고 실천하는 계기가 되었으면 한다.

2판

제2판 발간에 부쳐
– 돌아가신 부모님의 영전에 바칩니다

처음에 책을 발간할 때 심적 부담이 컸다. 그런데 의외로 많은 직원들, 특히 현장을 뛰는 직원, 심지어 소방·해양경찰서, 언론사 기자분들께서 경찰이 아니라도 꼭 읽어볼 만한 책이라는 말씀을 해 주셨다.

특히 서울 지방청의 한 간부는 이 책을 소속 과·계 직원들에게 반드시 읽어보아야 할 책이라면서 직접 나누어 주었다는 이야기를 들었을 때 책을 발간한 보람을 느꼈다. 또한 어느 스님 한 분이 책 내용이 경찰행정의 논리정연함보다는 수행구도자가 그 무언가를 추구하는 듯한 인간적인 애틋함에 가슴 저 밑바닥이 모처럼 훈훈했다는 말을 전해 왔을때 가슴이 뭉클해졌다.

초판이 매진되고 다시 두 번째 판을 내면서 이런 경찰이 많아졌으면 하는 내용과 이렇게 경찰이 바뀌어졌으면 하는 내용을 추가했다. 모쪼록 이 책이 경찰의 현재 모습을 조망하면서 새롭게 국민 속으로 파고드는 따뜻하고 인간적인 서민경찰의 모습으로 새롭게 태어나는데 도움이 되었으면 한다.

인생 1막은 경찰생활, 2막은 퇴직 후 변호사 생활, 3막은 돈 없고 힘 없는 사람들, 특히 경찰관들을 위한 무료변론 등 봉사활동과 퇴직 후 민생현장에서 바라본 소회 글쓰기 활동을 시작하려고 한다.

책 구매와 발간에 힘써주신 행복에너지 권선복 대표님과 조정아 작가님께도 깊은 감사를 드립니다. 아울러 책 발간을 핑계로 가정을 소홀히 한 나를 믿고 사랑해 준 아내와(늘 나에게 '당신은 경찰서장이지만 나는 궁궐 무수리였다고 푸념했을 때 가슴이 아팠다) 경수, 연수에게 늘 미안하다는 말도 덧붙인다.

사랑합니다, 행복합니다, 그리고 고맙습니다.

2013년 4월 1일

저자 **박상융**

3판   현장소홀, 보고, 지시 서류탁상행정에서 벗어나야

　필자가 경찰 20년을 마감하면서 평택경찰서장 시절 발간한 『경찰이 위험하다』 책이 경찰 안팎으로 과분한 사랑을 받았습니다.

　발간 후 경찰을 떠나 드루킹 특별검사보, 변호사, 사건사고 관련 방송 출연, 해양경찰청 수사개혁위원, 군사법제도개선위원 등을 역임하면서 많은 것을 보고 느끼고 배웠습니다.

　어느 시인의 시구처럼 "올라갈 때 보지 못한 것 내려갈 때 보았습니다"라는 말이 생각납니다.

　경찰 현직에 있을 때 좀 더 배려하고 고민하고 성찰하고 잘할 것을, 주민에게 직원들에게 좀 더 낮은 자세로 경청하는 자세로 대할 것을… 이라는 말이 더 더욱 생각납니다.

　검수완박, 경찰, 검찰, 사법개혁 구호가 요란합니다.

　필자가 경찰수사, 검찰수사, 구치소 접견, 법원 재판현장에서 느낀 것은 좀 더 잘 현장과 기록을 살펴야 한다는 것이었으며, 사건관계인들의 말에 귀를 기울여야 한다는 생각을 가지게 되었습니다.

그래야만 사건의 진실에 다가서고 기소와 불기소, 유무죄형량, 승소와 패소와의 사이에서 공감하는 법집행을 할 수 있다는 것을 새삼 느끼게 되었습니다.

다산 정약용 선생님께서 저술하신 조선시대 형벌에 관한 책인『흠흠신서』서문에서 "형벌을 집행하는 사람은 늘 하늘을 두려워하면서 상세히 조사하고 항상 소결하고 어긋나기 쉬운 곳을 판단하여야 한다. 상세히 따지지 아니하고 덮어두고 모른 체하고 살려야 할 자를 죽이고 죽여야 할 자를 살리고 돈에 흐려지고 여자에게 미혹되어 울부짖음을 듣고도 구제할 줄 모르는 것은 큰 잘못이다"라는 말씀이 수사경찰, 검사, 법관은 항상 사건을 처리하면서 하늘을 대신하여 사람의 운명을 처리하는 것이니만큼 항상 고민하고 신중하게 처리하여야 한다는 생각을 가슴에 새기게 됩니다.

모쪼록 이번에 보강한 글들이 국민을 생각하는 경찰, 검찰, 법원을 만드는 데 작은 디딤돌이 되기를 바라며 이 책을 한평생 자식들을 위해 고생하시다 돌아가신 부모님의 영전에 바칩니다.

2024년 4월 5일

저자 **박상융**

목차

Prologue
경찰다움

Part 1.
창조적 파괴

1. 곪은 종기들

2. 살기 위해서는 변해야 한다

3. 생명처럼 사건을 다루는 경찰

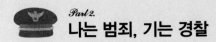

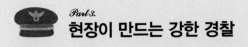

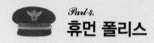

Part 4.
휴먼 폴리스

1. 시민의 인권

2. 경찰관 인권

Part 5.
깨진 유리창을 함께 치우는 사회

Part 6.
법, 꼼꼼하게 때론 따뜻하게

1. 꼼꼼하게

2. 따뜻하게

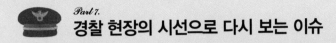

Part 7.
경찰 현장의 시선으로 다시 보는 이슈

Part 8
관행과 이상의 사이에서

Part 9
정의로운 사법, 따뜻한 사법의 길

경찰다움

다른 사람들에게 무시당하고 부정적인 낙인이 찍히면
자신도 모르게 점점 행태가 나쁜 쪽으로 변해 가는 현상을 가리켜
'스티그마 효과Stigma effect'라 한다.

이는 범죄자에게만 해당되는 것이 아니다.

대한민국 경찰이 아무리 달라지고 개선되었다 해도
과거의 부정적인 이미지로 인해 계속 미심쩍은 눈길을 보내는 시민들이 여전히 존재한다.

좋게 보고 긍정적으로 여기면 점점 좋게 변하는
'피그말리온 효과Pygmalion effect'를 갖기 위해서는
먼저 새 형체를 만들고 새로운 숨을 불어넣어야 한다.

피그말리온처럼 이상에 걸맞은 경찰로 변신한다면
국민의 신뢰와 사랑을 되찾을 수 있을 것이다.

▌'쉿! 순사가 잡아간다!' 트라우마

예전에 경찰이 오랫동안 '정권의 시녀'로 지탄을 받던 때가 있었다. 아직도 그런 인식에서 못 벗어났나 싶을 때가 없잖아 있다. 국민의 생명과 재산을 보호하는 '민중의 지팡이'로 자리매김하기 위해 많은 이들이 노력했지만 아직도 경찰이 인식하는 대한민국 경찰과 국민이 인식하는 경찰 사이에는 적잖은 온도차가 존재하는 것이 사실이다.

경찰은 광복과 동시에 미 군정이 들어서자 1945년 10월 21일 미 군정청 산하에 경무국을, 도에는 경찰부를 두는 형태로 출발했다. 좌우 이념 대립과 한국전쟁, 독재정권 등의 소용돌이에서 경찰은 민생 치안이라는 본분을 저버리는 바람에 '정권의 하수인'이라 지칭되기도 했다. 하지만 경찰이 그 혼란스러운 시기에 대한민국 정부 수립의 초석 중 하나였음은 엄연히 부인할 수 없는 사실이다.

6, 70년대를 거쳐 80년대에 이르기까지 경찰은 시국 경비에 치중했다. 시국치안 쪽에 할애되는 바람에 민생치안이 약화되기도 했다. 제5공화국이 들어선 뒤에도 경찰의 역할은 정권 보호가 최우선이었다. 특히 5공 때 각종 시위가 급증하면서 정당한 시위 진압임에도 불구하고 시위대와 대치하는 경찰을 가리켜 국민들은 '폭력 경찰'이라는 불명예스러운 딱지를 붙여줬다. 그 일면에는 국민에게 선뜻 다가서지 못한 경찰의 권위적이고 경직된 문화가 한몫했다.

아직 우리 사회 곳곳에 남아있는 경찰 이미지는 여전히 부정적이다. 많은 쇄신의 기회를 갖고자 했음에도 공권력에 대한 일종의 '집단 트라우마(외상 후 스트레스 장애)'가 국민에게 남아있는 것 같다.

국민들 역시 경찰을 바라볼 때 쓴 색안경을 굳이 벗으려고 하지 않는다. 일부 경찰이 실수하면 '멍청한 경찰' 일부 경찰이 비리를 저지르면 '부패한 경찰'이라고 싸잡아 몰아친다.

그나마 다행인 것은 경찰의 이미지가 전보다 많이 나아졌다는 것이다. 권위보다는 친근함과 감성의 이미지로 점점 변해가고 있다. 고무적인 일이다. 1994년 성수대교 붕괴사건, 1995년 대구지하철 폭발사건, 같은 해 삼풍백화점 붕괴 참사, 2003년 대구지하철 참사 등 대형사건사고의 최일선에서 헌신적인 노력을 펼치는 경찰의 모습은 분명 국민들에게 경의와 감동을 불러일으켰다.

요즘 경찰은 그동안 전통적으로 범죄와 싸우기만 하던 역할Crime fighter에서 벗어나 지역사회의 문제 해결자Problem Solver로서 국민들에게 다가서고 있다.

칙칙한 제복을 벗어던지고 화사하게 밝은 제복으로 갈아입은 경찰이 예전과 같은 위엄을 잃어버렸다고 말하는 사람은 결코 없다. 경찰의 위엄과 권위는 바로 국민의 신뢰와 사랑으로부터 나온다. 국민이 준 공권력만이 정당하고 강하다.

'순사가 잡아 간다.'

세 살배기 아이의 울음을 멈추게 했다던 이 말 뒤에 숨은 국민의 '경찰 트라우마'를 끄집어내어 치유해야 한다. '경찰이 온다'라는 말만 들으면 이젠 울음을 멈추고 미소 짓게 만들어야 한다. 강자에게 더 강하고, 약자에게는 한없이 다정하고 따뜻한 경찰이 돼야 국민들의 마음속에 남은 상흔을 완전하게 없앨 수 있을 것이다.

▌ 매 맞는 경찰의 공권력空權力

공중파 개그 프로그램에서 어느 개그맨이 '경찰되는 법'을 소재로 삼은 적이 있었다. 유치원 진학상담 교사로 나온 개그맨이 경찰되는 방법에 '수천 대 1의 경쟁률을 뚫고 공무원 시험에 합격하면 된다'라고 말문을 열었다. 이어 '1차 필기시험부터 5차 면접시험까지 모든 과정을 거치면 파출소에 배치 받게 되고 그 후 3교대로 하루 12시간씩 근무하면 된다'며 풍자했다.

또한 '혹시 파출소에서 심심할까 봐 걱정할 필요 없다. 하루 종일 취객들이 와서 여러분을 즐겁게 해준다. 노래, 춤 심지어 구토도 해줄 뿐 아니라 격투기도 해준다. 여러분들은 맞고만 있으면 된다. 만약 소리를 지르거나 때리면 고소당하니 주의하라'고 덧붙였다.

아울러 '아무 사건사고 없이 일하게 되면 공을 인정해서 나라가 종이로 된 표창장을 준다. 여러분들은 그 종이를 받고 기분만 좋아하면 된다'고 말해 경찰의 열악한 현실과 애환을 풍자했다.

프로그램을 보면서 웃던 필자도, 방청석에서 폭소하던 사람들도 이내 입가에 씁쓸한 조소를 머금을 수밖에 없었을 것이다.

경찰이 매를 맞고, 국민이 아무런 거리낌 없이 경찰서를 부수는 나라는 우리나라밖에 없다. 주차단속과 음주운전 처리에 대한 불만을 품은 시민이 자신의 지프형 승용차를 몰고 파출소로 돌진해 파출소 출입문과 벽, 유리창, 집기 등을 파손시켰다. 굴착기를 몰고 들이닥쳐 경찰 순찰차를 집어던지고 지구대 건물을 때려 부쉈다. 그중 한 명은 경찰이 테이저건을 쏘며 저지하는데도 난동을 거듭하다 허벅지에 실탄을 맞고서야 멈췄다.

이렇게 경찰의 처분이 부당하다고 느껴진다고 해서 경찰서를 부수는 식이라면 대한민국에 남아날 관공서가 얼마나 될까 싶다. 억울하고 분하다고 멋대로 폭력을 휘두를 순 없는 일이다. 그들이 억울하고 분하다고 느낀 처벌은 정당하게 법에 근거한 것들이다.

공권력의 상징인 경찰을 상대로 마구잡이로 폭력을 행사하는 일은 어떤 이유로도 용납될 수 없다. 법치주의를 허무는 사건들은 사회질서 유지 차원에서라도 엄히 처벌해야 한다. 박봉에도 불구하고 범인을 쫓거나 범죄를 예방하기 위해 불철주야 뛰는 경찰들을 격려하기는커녕 마음에 안 든다고 두들겨 패고 경찰서를 부수는 나라에서는 '안전'과 '복지'를 기대할 수 없다. 법치가 바로 서야 복지 또한 가능하다.

어쩌다가 경찰이 '동네북' 혹은 '민중의 봉'이 되었을까? 물론 비리, 부패, 권력 순응 등 경찰 내부의 문제에서 기인한 바도 있다. 하지만 그보다는 무조건 '민중의 지팡이'로서 친절과 봉사만을 강조하고 원칙과 기준 없이 인권을 강조하는 일부 사회의 분위기 탓도 크다.

명백히 불법을 저지른 범법자를 처벌하는 국가 공무원의 정당한 대처를 과잉 폭력행위라며 아우성치는 우리나라와는 달리 외국의 공권력이 매우 강력하다.

흔히 미국 경찰은 전혀 다른 두 가지 얼굴을 갖고 있다고 말한다. 평소에는 마음씨 좋은 이웃의 모습을 한 친근한 공권력이지만 불법을 저지른 사람에게는 저승사자나 야차와 다름없다. 무섭기 짝이 없다. 경찰에 반항하면 체포되는 정도가 아니라 총알세례까지 각오해야 한다. 술에 취해 파출소에서 난동을 부리는 일은 미국에선 상상도 할 수 없다. 미국에서 경찰관 폭행은 중범죄다. 구속 상태로 재판을 받으며 보석도 허용되지 않는다. 10년 이하 징역형까지 받을 수 있다.

그리고 경찰을 대할 때는 항상 말끝에 'Sir'라는 단어를 붙여야 한다. 만약 경찰에게 무례하다고 판단되면 바로 연행하는 곳이 미국이다. 차 밖으로 나와서 손을 들고 앞 범퍼에 엎드리라는 지시를 어기는 사람을 폭행해도 과잉대처로 판단되지 않는다. 왜냐하면 그가 먼저 정당한 경찰의 지시에 불응했기 때문이다. 시민이 경찰의 작전 수행 또는 범인 검거 사진·동영상을 찍게 되면 불쾌하게 여겨 업무방해죄로 연행해가는 경우도 있다. 물론 이 모든 것들이 총기사용이 자유로운 나라니까 생기는 풍경임을 감안하더라도 그들의 정당한 공권력에 협조하는 시민들의 성숙한 의식은 부러울 따름이다.

만약 우리나라라면? 자신이 폭행을 하거나 몸을 주체하지 못해 넘어지고도 오히려 경찰에게 맞았다고 뒤집어씌우는 경우가 허다하다. 자전거를 절도한 15살짜리 중학생이 '다시 갖다 놓으면 되잖아요? 얼마 하지도 않는 것 가지고 왜 지랄이야? 자꾸 이러면 인터넷에 올릴 거예요!'라고 눈 하나 깜짝 안하고 말한다.

소설처럼 각색해 인터넷에 올리면 해당 경찰은 사실 관계와 상관없이 경위서를 작성하는 등 내부 감찰을 받아야 한다. '괜히 건드려서 청와대나 경찰청, 인권위 홈페이지에 민원 올릴까봐' 혹은 '힘이 없어 제압하지 못하는 게 아니라 나중에 시끄러워질까봐' 한대 얻어맞아도 참는 일이 현장에서 생긴다. 자괴감과 회의가 든다.

'공권력의 권위'를 살리기 위해 이런 막장 범법자들에게는 '무관용의 원칙'을 적용해야 한다. 경찰에게 욕을 하는 등 사소한 공무집행방해 행위라도 엄정하게 처리해야 한다. 경찰관에게 욕설이나 폭행을 하고 기물을 파손해도 불구속 혹은 벌금납부, 집행유예처분을 받는 정도에서 그친다. 피해경찰관 역시 손해배상청구를 하지 않는다. 이런 관행은 개선되어야 한다. 적극적으로 피해를 구증하고 불구속 대신 구류나 유치명령처분을 하고, 손해배상청구도 지방청 차원에서 소송대리인으로 직접 수행하여야 한다. 경찰관에 대한 폭언이나 폭행의 피해자는 개인이 아니라 국가라는 인식을 심어줘야 한다.

대한민국 경찰에게 정당한 법치를 실행하고 있다는 자부심 가득한 '경찰혼魂'을 불어넣기 위해서라도 조직 차원에서 '감찰'보다는 '사실 소명'의 기회부터 줘야한다. 그것이 온당하다. 사기가 살아야 공권력이 산다.

또한 국민들 역시 "경찰은 무능하다." "경찰은 믿을 수 없다."는 말을 하기 전에 경찰의 직분을 이해하고 정당한 공권력 사용에 협조하고 이해하는 태도를 가져야 할 것이다. 무시와 불신을 받은 공권력은 결코 국민들을 지켜주지 못한다.

▌ 마구잡이 포돌이

경찰의 가장 강한 권한은 형사입건이다. 입건되면 피의자로 인지된다. 범죄사건부에 등재되고, 지문도 찍힌다. 입건이 되면 '기소'든 '불기소'든 처분을 내려야 한다.

그런데 실무상 입건이 너무 남발되고 있다. 범죄통계 중 폭력 피의자가 제일 많이 산출되고 있다. 그 이유 중 하나가 현행 입건제도 때문이 아닌가, 고뇌한 적이 많다.

형사사법정보망 'KICS'의 도입으로 모든 형사사건은 전산 입력된다. 이는 파출소까지 보급되었다. 파출소로 신고 들어오는 형사사건은 일단 입력한다.

문제는 피의자와 죄명 항목만 입력한다는 것이다. 범죄혐의가 명백한지 아닌지, 입건할 가치가 있는지 없는지 여부를 충분한 시간을 두고 판단해야 함에도 '당일 신고사건은 당일 처리한다'는 원칙 때문에 입력 안하면 일을 하지 않은 것으로 평가받는다. 입력누락으로 인한 책임문제는 고려치 않고 무조건 피의자로 입건한다.

입건되면 범죄사건부, 수사자료표(지문날인), 범죄경력부에도 등재되고, 공무원취업, 여권, 비자발급제한 등 개인의 권리를 침해할 우려가 있음에도 불구하고 이것을 염두에 두지 않는다.

과거 복싱신인왕 선발전 시합 전 날 동생이 형에게 먹이려고 마트에서 삼겹살을 훔친 적이 있었다. 그런 동생을 절도죄로 형사입건해야 할까? 절도의 동기가 중요하다. 법에도 눈물이 필요하다. 그런데 요즘 파출소, 경찰서에서 사건 처리하는 것을 보면 무조건 형사입건한다. 눈물보다는 메마른 법규만 적용한다. 무조건적으로 법을 적용하는 기계 같은 경찰관의 모습을 국민들은 결코 원하지도 않는다.

길거리에 방치된 중고 자전거를 호기심에 타고 간 15세 고아 중학생, 신문지에 싸인 떡 한 뭉치를 가져간 하루 3천 원 벌이 70대 파지 수집상 할머니도 절도로 입건했다. 무전취식, 무임승차도 사기로 입건한다. 그래야 수사관의 실적이 높게 인정받기 때문이란다. 잘못됐다.

훈방이나 계도 조치에 머물 경미한 사안까지 입건으로 이어지고 있다 보니 그 피해는 고스란히 어려운 형편의 서민들이 감당할 수밖에 없다. 그들 중에는 길거리에 버려진 물건을 가져가는 노숙자나 고물

수집상들도 많다. 심지어 검거 인원을 늘리려고 미성년자의 사소한 절도나 경미한 사범을 입건한 사례도 있다. 입건된 후 정상적인 법적 절차를 거치게 되면 그들은 범죄자가 될 수밖에 없다.

생계형 서민들이 수백만 원의 높은 벌금을 내거나 미래가 창창한 청소년들이 설령 기소유예 처분을 받더라도 전과가 남게 되는 등 부작용이 적지 않다.

'마구잡이 포돌이' '서민들을 희생양 삼아 검거 실적을 올리고 있다'며 국민들이 비난하는 것이 당연하다. 입건한 건수를 기준으로 경찰관의 실적 평가가 이뤄지는 폐단의 결과물인 것이다. 입건해 봐야 검찰이 기소유예 처분을 내릴 사안임을 알면서도 입건한다.

일선 경찰도 서민들을 잡아들이는 것이 마냥 달가울 리 없다. 물론 범죄검거 활동이 강화되는 긍정적 측면도 있다. 하지만 막상 사안이 심각하거나 국민들의 일상과 안전을 심각하게 저해하는 강력 범죄에 충실하지 못하게 만들고, 일신의 안위를 챙기지 않고 불철주야 현장에서 열심히 일하는 경찰들을 '한건주의'에 눈 먼 부도덕한 사람들로 몰아간다. 현장을 제대로 이해하지 못하는 성과주의의 평가기준은 반드시 현실적으로 개선돼야 한다.

조사관 역시 자신의 손에 한 인간의 운명이 쥐어져 있다는 사실을 아찔하게 느껴야 한다. 『레미제라블』의 성직자처럼 고뇌해야 한다.

▌'인권'에 묶인 국민 안전

공권력을 집행해야 하는 경찰이 범죄자로부터 조롱을 당하는 우리나라. 어쩌다가 바른 일을 하고 있음에도 불구하고 범죄자나 인권단체의 눈치를 봐야 할까? 자괴감이 쓴 침처럼 고이곤 한다.

경찰이 '인권직무규칙'의 규정들에 얽매여 제대로 일을 하지 못하고, 궁극적으로 국민의 안전과 치안을 책임지지 못한다면 그 규정은 뜯어고쳐야 함이 마땅하다. 파출소의 기물을 때려 부수고, 경찰을 폭행하는 사람들의 인권조차도 마땅히 보호되어야 한다며 '과잉 옹호'를 하는 사람들의 인식은 반드시 바뀌어야 한다.

경찰의 '인권직무규칙'에는 '피의자의 신상정보가 공개될만한 사진 등은 촬영해선 안 된다'라고 명시돼 있다. 이 때문에 천인공노할 범죄를 저지른 흉악범들조차 카메라 플래시 세례 속에서 보호받기 위해 전부 마스크에 모자를 푹 눌러쓰고 있다. 현장검증을 나가면 '이런 뻔뻔한 인간들 모습을 왜 지켜주느냐? 벗겨라!'는 분노에 찬 시민들의 외침이 비일비재하다. 필자 역시 시민들과 같은 입장이다. 하지만 "우리에게는 '인권직무규칙'이라는 것이 있다. 지켜야 한다."라고 말한다.

언론에서 강호순 사건이 발생했을 때 과감히 범인의 얼굴을 1면 톱으로 공개한 것을 보고 속 시원했던 적이 있다. 그는 연쇄살인으로 무고한 여성 몇 명을 잔인하게 성폭행, 살인한 흉악범이다.

인권 단체들은 지난 정권 동안 '가해자 또한 사람이므로 인권을 지켜야 한다' '차별받는 소수자들의 인권을 보호해야 사회가 바로 선다'는 논리로 범죄자들을 감싸왔다. 역으로 범죄를 단속하고 범죄자를 검거하는 경찰과 공권력의 정당한 행위에 눈을 부라렸다. 그런 범죄자의 인권은 중요하다면 무고한 여성들의 인권, 더 나아가 국민들의 인권도 중요한 것이다. 범죄자들의 인권을 주장하던 단체에서 과연 얼마나 피해자 혹은 그 가족들을 위해 실질적으로 뭔가 했던 적이 있는지 반성부터 할 일이다.

'인권'에 발 묶인 우리나라 경찰과 달리 미국 등 선진국은 사뭇 다르다. 여덟 살 초등학교 일학년 여학생을 잔인하게 성폭행해서 평생 몸에 남는 장해를 입힌 조두순의 인권조차도 보호돼야 한다며 목소리를 내는 우리나라와 달리 국외 다른 나라는 흉악범 신상정보를 무참할 정도로 까발린다.

또한 우리나라는 불법폭력시위대에 관용을 베풀다 못해 경찰이 시위대한테 두들겨 맞는다. 그러나 미국 등의 국외에서는 불법폭력시위에는 폭력으로 맞선다. 시위진압 중 경찰은 심각한 부상을 입어도 실효성 있는 보상 대책도 못 받는다. 더욱이 불법시위대가 부상이라도 입게 되면 국가에 대한 손해배상 청구는 물론 온갖 단체들과 언론이 앞장서서 경찰을 비난하기 바쁘다.

반면 선진국의 경우에는 허가받거나 이미 신고가 된 집회를 제외한 불법집회, 다른 이들의 생활을 방해하거나 기물을 파손하는 집회, 경찰의 해산명령에 불응하는 시위대에 대해서는 단 한치의 용서도 없다.

물론 이런 다른 나라 경찰들의 공권력 사용이 무조건 바람직하다거나 우리나라 경찰이 따라가야 한다는 건 아니다. 하지만 지금 우리나라 경찰의 모습과 비교되는 건 분명하다.

흉악 범죄가 계속 일어나는 지금, 시민들이 원하는 건 '공정하고 엄정한 법 집행'이라는 점을 알아야 한다. 인권 도그마를 벗고 엄벌주의를 관철할 수 있는 경찰이어야 국민의 안전을 강력하게 보호할 수 있다.

▌사적私的 복수와 괴담이 넘치는 사회

'법은 멀고 주먹은 가깝다'라는 문장이 이제는 '법은 멀고 복수와 괴담은 가깝다'라는 식으로 치환되는 시대다.

〈친절한 금자씨〉〈오로라 공주〉〈세븐 데이즈〉와 같은 영화 속에서 법이 제대로 응징하지 못하고, 경찰이 지켜주지 못한 피해자의 한과 인권을 지키기 위해 살아남은 가족 등이 사적으로 복수하는 내용이 나온다. 심지어 인기리에 방영된 〈추적자〉와 같은 요즘 드라마 속에서도 이런 사적 복수극은 넘쳐난다.

핏빛 복수극들이 억울한 약자들을 대변해서 시원한 카타르시스를 주는지는 몰라도 경찰인 필자로서는 왠지 참담하다는 느낌을 가질 수밖에 없다.

국민들이 공권력에 대해 가진 '못미더움'이 이런 식으로 나타난 것이기 때문이라 생각하면 자괴와 반성이 든다. 하지만 이런 사적 복수는 명백히 불법이다. 아무리 인류의 마지막 선善, 공동체의 정의를 지키기 위한 방식이라 해도 말이다.

사회악에 대한 법적 응징이 왜 미흡하다고 느끼는지, 국민과 경찰이 생각하는 하는 치안에 대한 생각이 왜 이렇게 극명한 온도차를 가지는지 깊게 생각해야 한다. 인과응보·사필귀정이 반드시 이뤄지는 올바른 법치가 이뤄지지 않는 현실을 반증한다는 것을 깨달아 엄정한 법집행을 해야 한다.

공권력이 위엄과 권위를 잃어가고 있는 것을 알려주는 또 다른 지표는 사회에 횡행하고 있는 각종 괴담들이다. 최근에 수원 오원춘 사건에서 촉발된 '인육 괴담'이 대표적이다. 우리나라에 비밀리에 인육을 제공·유통하는 조직이 있어 실종 사건이 많이 발생한다는 것이 괴담의 골자였다. 그리고 이 괴담이 줄 사회적 파장을 고려해 정부 혹은 경찰 기관이 이를 감추고 있다는 음모론도 이어졌다.

괴담은 사회 불안과 불신의 그림자라고 한다. 강력 범죄가 잇따르는 등 사회가 불안하고 정부에 대한 불신이 강할수록 괴담은 더 자주 등장하고 더 큰 파괴력을 갖게 된다. 특히 어린이와 여성 등 약자를 대상으로 저질러지는 흉악 범죄, 가난과 실업으로 사회생활에 적응하지 못한 일부의 사람들이 불특정 다수를 대상으로 저지르는 '묻지마 범죄'가 공공연히 벌어지는 요즘 갖은 괴담들이 출몰하고 있다.

끔찍한 범죄가 이어지면 대중은 가장 먼저 공권력 부재와 무능을 탓하게 된다. 스마트폰 등 IT기술의 발전도 괴담의 확산력과 파괴력을 높였다. 인터넷이나 트위터 등에서 도는 괴담은 몇 분도 안돼 확대되고 재생산된다.

괴담 유포를 법적으로 제한하자는 주장이 있다. 허위 사실을 유포했다고 해도 실질적인 피해가 발생하지 않으면 처벌하기 어렵지만 괴담 유포로 공권력이 낭비되는 상황이라면 제재방안을 마련하는 것도 필요하다.

하지만 그보다 먼저 사적 복수와 괴담이 배태될 수밖에 없는 사회 불안을 가라앉히기 위해 더 강력한 공권력의 필요성에 대한 국민 모두의 인식과 합의가 선행돼야 한다. 이런 공감대와 합의를 바탕으로 경찰도 강한 공권력을 집행할 수 있어야 한다.

공공의 선과 정의를 바로 세우기 위해서는 공공의 노력이 필요한 법이다. 괴담이 현실이 되는 세상…. 경찰인 필자도 너무 무섭다.

창조적 파괴

독수리는 가장 오래 사는 새다.

무려 70년을 사는 독수리는 인간 나이로 40살이 될 때

매우 어려운 결정을 내려야 한다.

그때가 되면 발톱이 안으로 굽어진 채 굳어져서

먹이를 잡는 것조차 어려워진다.

부리는 가슴 쪽으로 굽어 가슴을 파고든다.

1년 쯤 더 살다가 죽을지,

아니면 고통스러운 변신의 과정을 통해 새롭게 태어나 30년을 더 살지

선택해야 하는 기로의 순간이 다가온다.

여러분이 만약 독수리라면 어떤 선택을 할 것인가?

1. 곪은 종기들

▌먼저 경찰과 검찰부터 통하라!

경찰과 검찰 사이에 논의되는 수사권 조정과 관련한 모습들이 두 조직 간 알력다툼으로 비춰지는 면이 없잖아 있다. 어느 검사의 비리 수사를 둘러싸고 이중수사 논란을 벌이는 모습에서 자칫 두 조직의 팽팽한 대립이 집약된 것으로 이해하는 국민들이 많다.

문제는 경찰과 검찰 양쪽 다 수사구조 조정팀이 구성되어 있음에도 불구하고 거의 대화와 소통이 없다는 데에 있다. 대부분의 사건에서 수사, 영장청구, 검찰송치 등 사건처리를 하는 일선 경찰은 검찰과의 소통이 매우 필요하다. 서면으로만 지휘건의를 하고, 게다가 온라인 전산처리하여 검찰에 보내면 결과가 내려오는데 시간이 엄청 소요된다.

수사기록에 다 기재할 수 없는 많은 내용들이 있음에도 불구하고 서면으로 지휘건의를 하다보면 의도와 전혀 다른 지휘의견이 내려오기도 한다. 심지어 이미 다 조사기록에 잘 담겨 있는데도 불구하고 엉뚱한 지휘가 내려올 때도 있다. 거짓말 탐지기 조사, 대질 조사 등 당사자가 원치도 않고 시간도 많이 걸리는 내용들이 하달된다. 경찰 입장에서는 사건 진실이 무엇인지를 규명해야 하는데 현실과 동떨어진 검사의 지휘 내용을 받으면 당혹스럽기 짝이 없다. 이럴 때마다 필자가 느끼는 것이 '서면보다는 수사 경찰과 검사가 서로 만나 사건에 대해 허심탄회하게 이야기하는 기회가 필요하지 않나'라는 것이다.

경찰과 검찰은 사건의 실체를 규명하여 죄 지은 사람은 처벌하고, 죄 없는 사람은 그의 누명을 벗겨줘야 한다. 그런 면에서 양 기관은 서로 협력하고 공조해야 마땅하다. 범죄는 기동화·국제화·조직화되어가고 있다. 범죄 조직들도 카르텔처럼 굳건히 공조하고 있는데 정작 범죄와 맞서는 경찰과 검찰은 서로 대화와 소통도 하지 않은 채 콩가루처럼 흩어지는 것은 심각한 문제가 아닐 수 없다.

기관 존재의 의미를 인정하고 존중해줘야 하는데 서로의 업무 내용을 불신하고 특성을 인정하지 않는다. 형사소송법상 법규정에 얽매인 '지휘' 의미에 대한 다툼보다는 인간적으로 서로 존중해주고 배려해줄 때 사건을 공정하고 신속하게 처리할 수 있다. 국민들은 그런 경찰과 검찰의 소통을 진정으로 원한다.

현재 검찰과 법원만이 협의하는 양형문제에 경찰도 참여해야 한다. 일선 현장에서 대부분의 사건을 수사하고 있는 경찰이 충분히 의견을 개진할 필요가 있다. 경찰이 사건의 실체내용을 수사기록에 그대로 잘 담아야만 검찰과 법원이 공정하게 재판할 수 있다.

수사경찰도 법원 공판과정에 적극적으로 참여해 수사과정의 의견을 개진할 수 있는 기회를 부여해야 마땅하다. 공판 과정에서도 경찰과 검찰은 서로 협력하는 시스템을 만들어 나가야 한다.

필자는 피해가 경미한 우발적 사건은 즉결심판에 회부하여 직접 구형의견도 제시하는 등 법원과 소통을 지속적으로 해나가고 있다.

이러한 시도를 통해 경찰도 양형감각을 익혀 나가는 것이다. 경미한 사건에 대해 법원이 경찰 의견을 충분히 존중해주고 있다.

'수사권 조정 협의체'만 구성해 놓고 서로 대화와 소통을 하지 않는 것은 '눈 가리고 아웅' 하는 꼴이다. 일선 수사실무상 검찰과 협의해야 할 산적 과제들은 자주 만나 대화하면서 풀어나가야 한다. 중앙본청 차원의 협의체 구성뿐 아니라 실무단계인 일선 경찰서 단위에서도 경찰과 검찰이 자주 만나 토론하고 대화하는 장을 마련해야 한다. 서면으로만 지휘를 받으려고 해서도 안 되고, 법규정이나 자구에 얽매여 경찰을 지휘하려고 해서도 안 된다.

바둑의 복기처럼 사건이 끝난 후에도 무엇이 문제였는지, 보강할 점은 없는지에 대해 서로 숙의해야 한다. '지휘'를 권력이 아니라 국민을 위한 최상의 선택으로 이해해야 한다.

사람과 사람 사이에는 대화가 필요하다. 실체적 진실 발견이라는 공통의 과제를 위해 어떻게 하면 되는지 서로 협력하고 소통해야 한다. 필자는 대화 위주의 형사소송 시스템과 형사사법 시스템이 대한민국에 잘 정착되기를 간절히 염원한다.

▌지휘관도 소통을 배우자!

지휘관이 바뀔 때마다 늘 소통을 외친다. 소통과 화합 지휘관의 통상적인 지휘방침이자 취임사에 늘 들어가는 단골메뉴다. 그러면서 워크숍과 토론회를 개최한다. 보여주기식 이벤트다. 문제는 거기에 토론과 소통이 없다는 점이다. 많은 사람들이 참여하지만 참여자에게는 말할 기회가 없다. 짜 맞춘 각본대로 질문과 대답이 이어질 뿐.

손을 들어 청장께 건의하고 싶은 이야기를 하라고 한다. 대부분은 쭈뼛거린다. 약삭빠른 사람은 청장의 구미에 맞게 지휘관 칭찬과 자기 홍보만 한다. 질문도 아니다. 칭찬하는 소리를 하지 말라고 해도 한다. 왜냐하면 지휘관이 싫어하지 않기 때문이다.

큰 맘 먹고 지휘관의 입에 쓴 이야기를 하면 지휘관의 표정이 일그러지고 대답 역시 그것은 질문하는 사람이 오해하고 있다고 일축해버린다. 머쓱해진 질문자는 손을 내리고 만다.

지휘관 말씀과 특강도 엿가락처럼 늘어져 있다. 그 시간이 제일 길다. 특강이라는 타이틀이 아깝다. 일방적인 훈시 쪽에 가깝다. 지휘지침 대로 따라야 하는데, 안 하니까 잘 따르라는 내용뿐이다. 그런 다음 사진촬영, 식사, 악수… 그렇게 끝난다.

외부특강도 경찰업무와 전혀 관련이 없는, 있더라도 실무업무를 하지 않은 사람들이 초청된다. 흥미가 없으니 눈을 지그시 감는 사람들이 여기저기서 속출한다. 시간도 아침부터 오후 늦게까지 한다. 특별한 이슈도 없다. 워크숍, 토론 횟수가 많다고 소통횟수와 비례하는 것은 아니다.

화상회의도 마찬가지다. 직원들이 순찰도 하고 민원인 상담도 해야 하는데 내부망 화상회의를 시청해야 한다. 이해가 되지 않는다. 화상회의 중 회선이 끊길까봐 정보통신분야 직원들은 항상 긴장하면서 대기해야 한다.

결론적으로 우리네 지휘관은 소통방식을 모른다.

소통하려면 먼저 들어야 한다. 자신의 주장을 내세우는 것을 자제하고 들어만 주어도 좋은 소통이다. 그리고 지휘관은 결코 속내를 드러내지 말아야 한다. 속내를 드러내는 순간 부하직원들은 지휘관의 구미에 맞는 말만 하기 바쁠 수밖에 없다.

당연히 업무도 많이 알아야 한다. 우리 경찰 지휘관들은 너무 빨리 승진하기 때문에 경찰의 다양한 업무를 잘 아는 경우가 드물다. 정책부서에서만 근무하다 보니, 일선 현장경험이 적다. 자기가 근무한 분야 외의 다른 부서의 일은 잘 모른다.

현장경험이 적으니 지휘관이 되고 나서야 현장체험을 강조하는 것이다. 정책부서에만 있다 보니 페이퍼 보고를 중시한다. 페이퍼 워크를 잘하는 사람들만이 일 잘하고 능력 있는 사람으로 간주한다.

필자가 미국 경찰서를 방문했을 때 일이다. 서장과 경사인 직원이 편안한 복장으로 편안하게 앉아 마치 친구처럼 이야기하고 있었다. 그러면서 호칭은 깍듯이 'Sir'을 붙였다. 이것이 바로 진정한 의미의 소통이 아닌가 싶었다. 우리는 직접 전화하기도 어렵다. 항상 지휘계통을 밟으라고 하니 신속성과 정확도가 떨어져서 제대로 전달이 안 된다.

지휘관부터 자신이 정말로 소통할 능력과 여유가 있는지 타인을 통해 검증받아야 한다. 너무 말을 많이 하는 것은 아닌지, 너무 내 주장을 고집하는 것은 아닌지 반성해야 한다. 진정한 소통은 자신을 낮추는 데서 시작된다는 점을 명심해야 한다.

지휘관에게 소통능력의 부재는 엄청난 파급력을 가진다. 자칫 조직의 경직성과 조직원들의 불통不通까지 불러일으킬 수 있다. 이는 나아가 국민의 불편과 불만, 그리고 불안을 초래할 수 있다.

필자 역시 경찰생활을 오래하다 보니 자신도 모르게 욕설이 나오고 사용하는 언어도 거칠다는 것을 느낄 때가 많다. 표정도 늘 굳어있고 입가에서 미소도 찾아볼 수 없다. 심지어 필자 주변의 많은 경찰관들이 적개심 가득한 말을 서슴지 않고 내뱉는 것을 보기도 한다. 주변 환경이 그렇게 만드는 면이 있다.

경찰만큼 다양한 사람들을 만나는 직종은 어디에도 없다. 유치원에 다니는 어린이, 초등학교 학생부터 대학생, 대학원생, 노인, 부녀자 등 다양한 계층과 연령대의 사람들을 만난다. 직업도 다양하다. 내성적인 사람, 말 많은 사람, 자기자랑만 하는 사람, 불같이 화만 내는 사람 등 사람마다 성격도 다양하다.

범죄자, 피해자, 목격자, 신고인의 신분으로 만난다. 112신고전화로, 조사관과 피조사관의 신분으로, 탐문조사과정에서 다양한 형태로 만난다. 처음부터 신분을 밝히지 않은 채 묵비권으로 일관하는 사람, 변호사 입회하에 말하겠다는 사람 등 조사태도도 다양하다.

경찰은 불가피하게 업무상 이러한 다양한 사람들과 접촉하고 소통하고, 대화를 나눌 수밖에 없다. 문제는 이러한 사람들을 대할 때 어떻게 대해야 되는지에 대한 교육이 전무하다는 것이다. '소통'에 관한 조직 철학 부재의 결과다.

미국 FBI 리드신문기법은 미국범죄수사 환경에 맞는 신문기법이지 한국형 범죄수사 환경에 맞는 기법이 아니다. 우리나라의 범죄, 범죄자 환경을 연구하여 그에 맞는 신문기법을 개발해야 한다. 신문기법 뿐 아니라 112신고, 탐문조사 과정에서 어떻게 신고내용을 제대로 처리해야 하는지, 탐문조사 시 주민의 협조를 구할 수 있는 질문은 무엇인지에 대해 연구해야 한다.

일선 조사, 형사 업무에 경륜이 많은 노련한 경찰관을 활용할 필요도 있다. 이들은 다양한 사람들을 접촉한다. 이런 접촉 자료는 112 지령실 녹음장치, 피의자, 피해자·참고인 조서, 자술서 형식으로 남겨진다. 이것들을 다양하게 분류하여 검토·분석하면 좋은 대화, 소통분석 자료가 될 수 있다.

'소통'에 대한 지휘관의 철학 하나에 조직 말초 부분까지 많은 것들이 바뀔 수 있음을 명심해야 한다.

지휘관의 소통 스킬 UP을 위한 제안

1. 부속실을 포기하라!

행안부 등 다른 부처 실·국장도 국장실을 통합비서 제도를 운영하면서 별도 부속실을 없애고 있다. 전화를 받기 위해 아까운 경감, 경위, 경장 등 고급 인력이 근무할 필요가 전혀 없다. 굳이 비서가 필요하다면 그들이 소속된 과원 중 일부를 겸직시키면 된다. 사무실을 같이 연결해 놓으면 공조협력이 잘되고 개별 부속실을 만들지 않아도 된다. 끈끈한 연락 체계를 갖추고 있는 부속실 직원들 사이의 정보 공유로 그간 인사보안이 지켜지지 못한 면도 있다. 진정 소통을 원한다면 어려운 '문지기'를 없애야 한다.

2. 회의 주재 방법을 따로 배워라!

질문하는 방법, 답변하는 방법, 요약하는 방법, 유머러스하게 회의를 이끌어 가는 방법, 중간 중간에 휴식을 취하면서 회의를 진행하는 방법 등을 제대로 숙지하고 있어야 한다. 조직의 지속가능한 발전을 위해서 가장 필요한 소통의 장이 되어야 할 '회의'를 회의(懷疑)하게 만들어서는 안 된다.

3. 말하기 전에 경청하라!

지휘관은 직원들이 편안하게 이야기할 수 있도록 화를 내서도 안 된다. 항상 미소를 머금어 상대방을 무장해제 시켜야 한다. 그래야 바른 소리, 쓴 소리가 나올 수 있다. 쓴 약이 몸에 좋듯이 진심어린 질책에 귀를 기울여야 한다. 회의 시간, 참석자, 휴게시간, 회의장소도 편안한 소통이 되도록 조절해야 한다. 미국 CNN 토크쇼를 보면 30~40분 정도 자유롭게 이야기한다. 차도 마시면서 농담도 한다. 우리 지휘관도 그런 여유를 알면 좋겠다.

▌경찰 속 특권층(?)

본청과 지방청에 근무할 사람은 반드시 일정기간을 다양한 현장부서에서 경험을 쌓은 사람들로 배치해야 한다. '현장에 강한 경찰'이 공염불로 끝나지 않으려면 반드시 현장 안에서 '하드 트레이닝'을 받아야 한다. 그럼에도 불구하고 우리의 현실은 그렇지 못하다. 그 원인 중 가장 크고 강력한 것이 바로 '경찰대'라는 왜곡된 경찰 입직 경로 때문일 것이다.

경찰대는 1981년 경찰 초급 간부 육성을 위해 설립됐다. 전체 경찰 중 비율로 보자면 소수임에도 경찰대 출신들은 고위직을 장악하고 있다. 경찰대 출신은 졸업 후 바로 경위로 임용된다.

미국 경찰은 경위가 되려면 10~20년이 걸린다. 그런데 한국의 경찰대학은 고등학교 졸업 후 4년만 지나면 경위가 된다. 무슨 근거로 경위라는 계급장을 주는지 모르겠다는 이야기다. 그들은 공부 하나 잘했다는 이유로 경위부터 임용되고, 공짜 수업을 받고, 급여까지 받느냐고 한다.

그러나 아무리 수능, 내신이 뛰어나다 해도 경찰대학에 들어오면 바보가 된다. 교수들에게서 얻을 것이 없기 때문이다. 교수진 중에서 현장 실무경험에 노련한 사람들이 없다. 있는 것은 그저 경찰, 행정, 법학 박사학위 뿐이다. 한번 교수가 되면 영원히 교수다. 1기 때 교수가 현재까지 교수다. 경정, 경감 교수요원들이 있는데 거의 경찰대학교 출신이다. 본래 교수들과 현직 경찰대 출신 교수요원들 사이에는 갈등이 있다.

경찰대 학생들은 입학 후 한 학기만 지나면 진로가 정해진다. 고시

공부를 통해 행정·사법·외무고시에 합격하면 그 분야로 진출한다. 영어, 중국어, 일어 등 제2외국어를 열심히 공부해 해외유학주재관으로 가려고 한다. 꼴찌로 졸업해도 걱정 없다. 경위계급장은 수여되니까. 꼴찌라도 내부에서는 우수인재라고 떠받든다.

졸업 우수생들 중 일부는 서울대 행정대학원 석사과정에 진학한다. 그것도 국비다. 자기 돈을 들여 공부하는 시스템이 아니다. 단지 수능, 내신, 국·영·수 성적이 좋다는 이유만으로 기동대, 방순대 소대장으로 재직하면서 고시공부에 매달린다. 대원들 관리는 거의 신경 쓰지 않는다. 일부 소대장은 고시공부를 하면서 급여와 수당도 받는다.

소대장 재직 중 고시에 합격하면 행정부처로 간다. 사법 시험에 합격하면 연수 후 일정한 기간이 지나면 경감, 경정으로 자동 승진된다. 큰 특혜다. 고시합격하지 않아도 소대장 수료 후 순환보직 2년만 지나면 본청, 지방청 기획부서에 들어간다.

경찰대출신 지휘관이나 본청 근무자 중 지·파출소 3년 이상 현업 근무자가 과연 몇 명이나 되겠는가? 거의 없을 것이다. 현장경험 축적보다 승진에만 급급해 내근 기획부서만 선호하니 현장을 잘 모른다. 현장을 잘 모르는 지휘관이 어떻게 현장치안행정을 하겠는가? 지휘관이 되어 지·파출소 현장을 체험한다고 바뀌지 않는다.

본청과 지방청의 주요보직인 인사, 감찰, 정보도 경찰대학이 독점해서는 안 된다. 경찰수사권 독립의 논리처럼 경찰내부조직의 기능 간 견제와 균형을 통한 특정세력의 독점을 막기 위해 개방된 인사운영이 필요하다.

현장이라도 굵직굵직한 강력사건이 많아 공적을 쌓아 승진에 유리한 서울 강남 3구(강남, 서초, 송파)나 청와대, 본청 지방청 정보 기획 등 요직에 가게 된다. 청양 등 군단위 경찰서나 지·파출소에서는 경찰대 출신을 찾아볼 수 없다.

본청 기획부서의 90% 이상이 경찰대 출신이다 보니 외국어 획득, 타 부처 교육, 대학원 진학 등 승진 시 가점요인도 그들에게 유리하도록 만들어져 있다. 순경 출신 등 현장업무에 종사하는 사람들은 본청에 근무 기회조차 잘 주지 않는다. 그들만의 네트워크가 길드처럼 단단하게 구성돼 있다. 조직 안에서 경찰대 출신은 이미 동문들끼리 결속력이 강한 것으로 정평이 나 있다. 선배들이 승진을 이끌어준다. 경찰대 출신들이 문제에 접하면 그들끼리는 서로 구제해 주려고 노력한다. 그래서 형평성에 어긋나는 징계처분이 내려지기도 한다.

경찰대는 전액을 국비지원한다. 아까운 제 돈 들여서 공부하지 않았기 때문인지 자기 희생정신이 부족하다. 조직에서도 늘 떠받들어졌기에 힘들고 더럽고 어려운 일은 안 하려 한다. 파출소 순찰차 운전, 주취소란자 연행, 형사강력팀 탐문, 잠복근무, 경제팀 고소·고발사건처리 등 힘든 일을 꺼린다. 현장과 거리가 멀고 민원시비가 적어 징계 우려도 적은 본청 기획부서, 특히 정보, 외사, 수사기획업무를 선호할 수밖에 없다. 게다가 현장직원을 불신한다. 현장경험이 적으니, 현장에 맞는 정책기획이 되지 않는다. 이벤트성 기획이 많다. 징계, 감찰로만 직원을 감독하려 든다. 타 부처 직원들과의 유대감도 적고, 직원들과의 융화도 잘되지 않는다. 경찰대학 폐지 이야기만 나오면 조직을 분열시킨다고 야단이다. 폐지 논리에 맞서다 못해 한 술 더 떠서 경찰대학원을 만들어야 한다고까지 주장한다.

경찰은 다양한 일을 하는 업무이다. 철학, 심리학, 법학, 역사, 사회학 등 인문학뿐 아니라 물리, 화학, 수학 등 기본 이공계 지식도 필요하다. 그런데 경찰대학에는 법학과, 행정학과 외에는 없다. 경찰대학 교수들도 법학, 행정학 외에는 기초 인문학, 이공계 지식에 정통한 교수가 없다. 이런 교육환경에서 어떻게 고급 초급 경찰간부가 양성된다 말인가?

경찰대학이 존립할 근거가 없다. 간부 후보생 고시특채제도도 존치할 필요가 없다. 순경부터 시작해야 한다. 경찰은 다양하게 구성돼야 한다. 고등학교 국·영·수 성적과 법·행정학 지식이 경찰 승진을 좌지우지하면 안 된다.

파출소 112신고 출동근무나 잠복근무 등 밑바닥 현장근무부터 단계단계 다양한 경험을 쌓으면서 승진하여야 한다. 수능성적이나 법학지식이 남보다 뛰어나다고 특정 고위계급부터 시작하는 것은 불공평하다. 다양하고 오랜 현장실무경험을 쌓으면서 올라가야 만능 지휘관이 될 수 있다. 그것이 본인들의 발전과 경찰조직의 발전을 위해 좋다.

대만처럼 경찰대 정원을 줄이고 순경이나 경장 중에서 우수인력을 선발하여 경찰대에 편입시키는 방법도 좋다. 아니면 아예 경찰대를 없애고 미국처럼 계급정년에 상관없이 현장 근무자에게는 더 우대를 해서 전문성을 살릴 수 있도록 하는 것도 괜찮다고 필자는 생각한다.

▌이해하기 어려운 특진과 승진

경위만 돼도 결재만 하려 든다는 말이 있다. 발생, 인지보고서, 피의자신문조서, 피해자진술조서 거의 대부분 경사 이하 계급에서 담당한다. 순경, 경장, 경사는 경찰의 핵심 현장근무인력이다. 이들 부서에 근무하는 사람들이 다양한 경력, 경험을 쌓을 수 있도록 보장해 줘야 한다.

한국 경찰에만 있는 제도가 특진이다. 검찰도 없는 제도이다. 사회적으로 주목받을 만한 사건을 해결했을 때나 특별단속기간 중 단속공적이 뛰어난 경찰관, 우수제안을 통해 경찰업무를 발전시킨 경찰관을 선발해 한 계급씩 승진을 시켜준다. 문제는 이런 특진이 원칙도 없이 자주 이루어진다는 것이다. 절차상 특진기준, 특진심사위원회라는 것을 두고 있지만 말이다. 예전에 경위에서 경감승진은 간첩을 잡거나 대규모 조직 폭력배를 잡아야 가능했다. 그런데 요즘에는 너무 경감 특진을 쉽게 시킨다. 공적내용도 승진계급에 비해 미흡하다. 심사승진자보다 더 빨리 승진시킨다.

특진발표가 나면 기뻐하는 사람도 있지만 허탈해 하는 사람도 많다. 특진공적 내용이 선뜻 공감이 안 되기 때문이다. 그럴듯하게 포장하고 윗선과 친분을 이용하면 된다고 한다. 지방청, 본청에서 서류심사, 대상자 면접심사에 의해 선발되는 경우도 마찬가지다. 지휘유공, 첩보실적유공, 검거유공, 행정발전유공 등의 명목을 붙여 한사람에게 공적이 돌아간다. 그 사람이 실제 특진할 만큼 탁월한 공적을 세웠는지에 대한 정확한 검증도 하지 않는다. 본청, 지방청 심사위원회가 있다고 하지만 그들이 실제 공적내용을 어떻게 알겠는가? 서류로만 포장된 글에 속아 심사하기 때문에 공정성 시비가 일기 십상이다.

1년에 두 번 특진한 적도 있었다. 말이 안 되는 이야기다. 그러니 계급에 권위가 서지 않는다. 특진한 사람보다 특진하지 못한 직원이 많다. 부서 편중도 심해서 대부분 형사가 많다. 살인, 강도, 강간 등 보도가 많이 나고, 사회적 이목을 집중시킬 수 있는 사건들이 강력사건이 많기 때문이다. 교통사고조사, 고소, 고발사건을 열심히 공정하게 처리해 보았자 특진할 기회가 없어 의욕이 많이 떨어진다. 부서, 기능 간에 특진 편차가 너무 심하다.

이러다 보니 수사기능만 경찰이냐는 이야기가 나오고 그에 맞춰 경무, 홍보기능도 특진을 시켜준다. 행정발전유공이란 것이다. 이것도 본청, 지방청에서 차지한다. 예산, 장비, 기획, 분석업무에 종사하는 속칭 외부에 빛이 안 나고 스트레스 많은 서무업무에 종사하는 경찰관은 특진할 기회가 적다.

경찰관은 수당도 적다. 외부 출장기회도 적고, 일도 재미없고, 스트레스도 많이 받는다. 그래서 그들은 시험, 심사승진에 매달린다. 시험, 심사승진에 전념하고, 첩보수집, 교육, 직장훈련, 워드자격증 취득 등 가점획득에 전념한다. 인사고과평정 시 상사 근무평정에서 외근형사보다 잘 받을 수밖에 없다. 현 근무고과평정도 이런 서무에 유리하게 되어 있다. 조사, 외근 형사 등 현업업무에 종사하는 사람은 자기관리를 내근 서무에 비해 잘하지 못한다. 결국 승진배수 안에 포함되기 힘든 것이다.

차라리 특진제도를 없애야 한다. 특정사건해결로 우연에 의한 특진은 사라져야 한다. 기본업무에 충실했을 뿐인데 이것이 특진의 중요

요소가 된다는 것은 어불성설이다. 모든 것을 근무평정 요소에 포함시켜야 한다. 형사개개인 범죄첩보수집, 조사능력, 검거능력, 분석능력, 희생봉사정신, 인간성 등을 평가 요소로 삼아, 개인별 사건해결 능력에 포함시켜 근무평정에 산정해야 한다.

고속 승진하는 사람은 총경에서 경무관으로 5년 만에 승진하기도 한다. 누구는 계급정년에 임박하여 승진하는데 말이다. 단순히 관운 탓일까? 명분은 그럴듯하다. 지역, 출신 안배, 소외받은 부서 격려, 모두가 공감하는 공정한 인사…. 그러나 대다수의 경찰관들은 공감하지 않는다. 승진계급에 걸맞은 일정기간 경력을 가진 사람들에게 승진자격을 부여하고 있지 않기 때문이다. 청장은 경찰의 최고 총수다. 그런 청장은 근무평정을 전국의 총경이상자에 대하여 근무평정을 매긴다. 지방청장, 실장, 국장이 1차 평정 후 차장이 2차 평정, 본청장이 3차 평정을 한다. 본청장의 점수가 배점이 높아 경무관승진 여부를 좌우한다. 그런데 전국의 수많은 총경을 경찰청장이 어떻게 다 알 수 있을까? 의문이다.

청·차장도 자기 옆에 가까이 있는 사람, 본인과 같이 근무했던 사람 외에는 잘 모른다. 그런데도 그들의 고과가 승진을 좌우한다. 무슨 근거를 가지고 평정을 하는가? 승진대상자가 제출한 자기업무성과기술서, 감찰의 세평, 동료, 상·하 직원들의 인물 평등을 고려하여 평정한다고 한다. 과연 그들의 평가가 객관적일까? 자신과 같이 근무했던 사람, 혈연, 지연, 학연에 의해 연결된 사람에게 배점이 높게 갈 수밖에 없는 현실이다.

해마다 승진철만 되면 나오는 것이 출신지역, 입직경로다. 출신지역은 인사기록카드에서 없앴다고 하면서도 출신지역을 안배한 인사라는 평을 버젓이 보도자료에 올린다. 출신지역은 자기가 선택하는 것이 아니다. 헌법상의 평등원칙에도 맞지 않는다. 하지만 이것이 대한민국 고위직 경찰 승진인사의 현실이다.

본청, 지방청 출신이 일을 많이 한다고 승진을 많이 시킨다. 그러다 보니 일선 현장부서는 짧게 근무하고 전부다 본청, 지방청 기획부서로 일찍 올라와서 장기간 근무한다. 위험부담이 적고 징계 위험성도 없다. '현장에 강한 지휘관'은 연설사에서나 나오는 말이 됐다.

인사 대상자들이 자기가 왜 승진이 되어야 하는지 명분을 인사권자에게 떳떳이 소신 있게 발표할 기회를 주어야 한다. 그리고 왜 자신이 그렇게 평가받았는지에 대한 회답을 줘야 한다. 현장근무 경력자를 우대해 주고, 출신 지역에 관계없이 승진시켜야 한다.

경찰관의 승진을 평가하는 항목이 있다. 제1평정요소로 업무발전 기여도, 교육훈련, 첩보, 포상, 근태가 들어간다. 업무발전 기여도는 대부분 만점이다. 교육훈련도 매월 1회 실시하는 직장훈련에만 참석하면 만점이다.

긴급히 출장, 파견근무, 병가로 인해 직장훈련에 참석 못하면 사유서를 제출하여야 한다. 그렇지 않으면 감점이다. 계급별 기본교육도 이수하여야 만점이다. 포상은 예전 15점에서 7점으로 낮아져 거의 만점이다.(*2013년부터는 15점으로 상향조정) 경찰청에 근무하는 직원들은 거의 대부분 경찰청장 표창, 외부부처 표창을 받기 때문에 점수를 초과한다. 근태도 무단결근 등이 없으면 거의 만점이다. 별 차이가 나지 않는다. 차이가 나는 것이 있다면 첩보점수 정도다. 첩보점수의 배점은 상보, 중보, 기록, 참고 순으로 배점을 한다. 매월 첩보를 많이 제출하여야 하고 제출된 첩보 중 범죄 첩보의 경우 입건, 기소의견으로 송치되면 고득점을 받는다. 정보 첩보 중 사회적 이목을 끄는 중요한 정책 첩보, 기획 첩보는 고득점을 받는다.

문제는 첩보점수를 '누가 어떻게 매기는가?'이다. 범죄 첩보의 경우 제출한 첩보가 입건, 기소의견으로 송치되는지 수사결과에 따라 판단된다. 그런데 대부분 이런 시간적 여유를 갖지 않고 제출당시에 미리 담당자가 임의로 판단한다. 내용만 보고 상보, 중보, 기록, 참고인지를 판단한다. 수사 중인 사건, 수사가 종결된 사건, 수사가치가 적은 사건인지 여부를 여러 사람들이 모여서 확인된 자료를 가지고 토의하지도 않고 임의로 판단한다. 부정확하다.

제2, 제3평정요소인 계장, 팀장 과장, 서장의 평정도 마찬가지다. 많은 사람들의 능력, 인품, 성실성을 하나하나 다 알 수 없어서 제1 평정요소를 잘 관리한 사람, 배명일, 임용일이 빠른 사람부터 점수를 줄 수밖에 없다. 부서 내에 경쟁자가 적으면 유리하고, 경쟁자가 많으면 불리하다.

11월에 갑자기 인사이동으로 경찰서로 전입해 온 직원을 과장, 서장이 평가할 수 있단 말인가? 가점 항목인 석·박사, 어학, 컴퓨터점수, 자격증, 해외주재관점수, 외부위탁교육점도 삭제되어야 한다.

요즘 회사신입사원 입사 시 면접에서 좌우된다. 다양한 형태의 질문, 그리고 토론, 심지어 일주일간의 합숙훈련, 등산, 행군, 회식을 통해 과제가 주어지고 그 과제에 대해 응시자가 어떻게 문제를 해결하는지 등을 관찰한다.

심층면접, 브레인스토밍, 다양한 형태의 사람들과의 조화, 협동심, 문제해결 능력을 검증해야 한다. 경찰채용, 승진에서 면접은 있다. 중요보직을 공모해 놓고 면접도 실시한다.

그런데 그 면접은 형식적이다. 면접관 스스로 그런 이야기를 하는 경우도 있다. 점수화하지도 않는다. 무엇보다도 면접위원들 자체부터 준비를 하지 않는다. 대상자들에 대한 자세한 이력조차 검토도 하지 않는다. 무엇을 물어보아야 하는지조차 모른다. 면접결과에 대한 점수도 공개하지 않는다. 면접에 응하지 않는 자가 보직에 임명된 경우도 있다.

미리 상세한 질문서를 작성, 대상자(응시자)에게 자필로 작성하게 한 후 이를 근거로 심도 있는 질문을 해야 한다. 질문에 대하여 면접관끼리 사전에 충분한 검토를 하여야 한다. 과제물을 주고 이를 해결할 수 있는 능력을 봐야 한다. 특히 혼자와 그룹에서 어떻게 해결하는지를 살펴보아야 한다. 시간이 다소 걸리더라도 인성이 좋은지, 안 좋은지를 걸러내어야 한다. 동료, 상사면접, 파출소현장체험 면접, 집회시위동원 등 다양한 현장을 통해 면접이 이루어져야 한다.

총경은 경찰의 꽃이다. 단위기관장으로서 가장 책임 있는 자리이다. 순경부터 출발해서 총경이 되면 꿈을 이룬 것이다. 그런 총경이 경정에서 몇 년 만에 될 수 있는가? 경정 계급정년은 14년이다. 빠른 사람은 경정 5년차에 총경으로 승진한다.

총경 계급정년은 11년이다. 총경보직은 경찰서장부터 지방청, 본청 과장, 기동단장에 보해진다. 경찰서장도 1, 2, 3급지 경찰서장 등 다양하다. 빠른 사람은 총경 승진 후 5년 만에 경무관으로 승진한다. 경찰서장 1년 하고 외국 주재관 3년, 그리고 본청과장 1년 만에 승진한다. 지방청 과장도 경험하지 못한다. 경무관 승진 후 또다시 외국 주재관으로 파견된다. 경찰의 다양한 기능 보직을 거치지 않는다.

그리고 어떻게 지방청장, 경찰청장이 될 수 있겠는가? 지방청 과장은 서로 안 하려고 한다. 해봐야 승진에 보탬이 안 되기 때문이다. 대신 해외주재관은 해외경험도 하고, 자녀교육에도 좋고, 가점까지 부여된다. 자체사고발생, 대규모집회시위 잘못 대처로 인한 문책 관련 징계위험성도 적다. 지방청 과장을 안 하려고 하니, 지방청장을 보좌하고, 경찰서를 지휘감독 하는 기능이 약하다. 1년 만에 교체된다.

경무관도 승진 1~2년 만에 치안감으로 승진한다. 경무관이란 계급이 큰 의미가 없다. 지방청 부장, 본청 심의관, 국장 역할인데 경험할 기회를 안 준다. 어떤 치안감은 본청 국장은 하지 않고 지방청장만 한다. 국회, 기획업무도 한번 안 하고 승진한 사람이 많다.

바뀌어야 한다. 경찰의 지휘관, 관리자는 경찰의 다양한 보직을 경험하도록 하여야 한다. 남이 가기 싫어하는 보직, 위험부담이 많은 보직을 필수보직으로 거치도록 하여야 한다.

해외주재관 근무 가점제도는 폐지해야 한다. 누가 사건, 직원관리에 신경 쓰겠는가? 어학공부 등 가점만 신경 쓰는 사람이 승진해서는 안 된다. 열정을 가지고 희생, 봉사정신이 투철한 사람이 승진하여야 한다. 마른자리, 꽃보직만 탐한 사람은 수뇌부가 되어서는 안 된다. '현장에 강한 경찰'은 여기서부터 태어나는 것이다.

2. 살기 위해서는
변해야 한다

▌현장을 강화하라!

선진국의 경찰관 1인당 담당인구는 모두 400명 이내다. 반면 우리나라는 400명이 훌쩍 넘는다. 그런데 턱없이 부족한 현장 경찰인력과는 대비되게 본청, 지방청, 경찰서 기획인력부서는 비대하다. 본청의 경우 경찰대 졸업 후 기동대 마치고 2년 순환보직을 갓 마친 사람들로 가득 채워진다. 지방청도 젊은 사람, 경찰서도 신임순경들이 2년 순환보직도 채우지 못한 채 '과'나 '계'의 서무업무를 맡고 있다. 정년을 바라보는 나이 지긋한 경찰관이나 경찰서 내근업무에 부적합한 직원들로 파출소 인력이 배치된다. 기동성과 판단력이 제일 필요한 부서의 인물들을 빼내서 기획부서를 보강하는 꼴이다. 현장집행 업무보다 기획·지시·감독·감시 기능 인력이 강화된 가분수 조직이 됐다.

사건사고는 현장에서 많이 일어난다. 현장 중 거의 대부분이 파출소에서 초동 조치한다. 형사가 출동한다 해도 1차적으로 112 지령실에서는 관할 파출소 순찰차가 제일 먼저 도착한다. 그 다음 형사기동대 차량이 도착하고 현장 감식 차량과 요원이 도착한다.

112신고가 들어오면 출동하여 피의자, 피해자를 구분하고 현행범으로 체포하거나 임의동행보고서를 작성한다. 피의자가 특정되지 않으면 발생보고서를 작성한다. 경찰서에서 취급하는 사건의 대부분이 이처럼 파출소에서 이첩된 것들이다.

경찰서와 파출소의 관계는 검찰과 경찰의 관계와 같다. 전체 사건의 97%를 경찰이 취급하고 3%만 검찰이 인지하는 것처럼, 파출소가 대부분의 경찰업무를 담당한다. 경찰의 형사당직반이 검찰이라면 파출소는 경찰서가 된다. 따라서 파출소 직원도 분명 사법경찰리나 사법경찰관과 같은 수사요원이다. 그것도 매우 중요한 초동수사요원이다. 이들 인원을 충분히 보강해야 하고, 그들의 수사역량을 키워야 한다.

그에 못지않게 중요한 것이 기능과 역할의 조정이다. 통합할 건 합치고 불필요한 건 폐지해야 한다. 여성청소년계는 여성과 청소년 사건처리 지도 업무를 담당한다. 실제로 취급하는 분야는 14세 미만 청소년 범죄수사, 살인과 강도 등 강력범죄를 제외한 5인 이내 청소년 절도범 수사, 성매매사범 수사 등이다. 강력범죄나 5인 이상의 소년 범죄는 형사에서 담당하게 돼 있다. 여성청소년 수사와 형사를 구분할 필요가 있을까? 절도사건도 수사를 해야 범죄자 수를 알 수 있다.

5인 이내인가 아닌가의 범죄자 수를 가지고 구분한다는 것은 설득력이 없다. 형사에서 담당하도록 하는 것이 맞다. 특별히 청소년계를 둘 필요가 없다.

성매매사건도 마찬가지다. 일반 형사사건과 다르게 취급할 이유가 없다. 성매매가 사회적 취약계층인 여성을 대상으로 하고 여성 수사관이 배치되기 때문에 여성청소년계에서 관할한다는 것은 말이 되지 않는다.

여성을 상대로 한 성폭력, 살인, 강도, 절도 같은 강력범죄는 형사에서 다루면서 그와 깊은 관련이 있는 성매매를 따로 관리하는 것은 비현실적이다. 파출소 직원도 헷갈린다. 범인을 검거하고 나서도 넘겨야 할 곳이 여성청소년계인지, 형사계인지 곤혹스러워한다. 우왕좌왕하면서 처리가 미뤄지는 경우도 허다하다.

여성청소년업무가 수사가 아닌 생활안전국기능에 소속되어 있다는 것도 불합리하다. 생활안전의 주된 업무가 범죄수사가 아닌 예방과 순찰 업무인 이상 수사업무는 수사부서로 통합해야 한다. 다만 검찰에서처럼 전문기능을 두어 여성청소년 업무를 담당하게 하면 된다. 그렇게 되면 시너지 효과가 클 뿐만 아니라 인력 활용과 범죄자 관리, 장비, 예산 운용에서 효율성을 높일 수 있다.

외사와 보안 그리고 수사의 경계도 애매하다. 범죄에 국경이 따로 없는 현상이 갈수록 심화되고 있다. 국내범죄, 국제범죄가 따로 있을까? 사이버 활동과 모바일의 확산으로 범죄 관할이 무의미해지고 국제화, 광역화되는 현실에서 국제범죄수사를 외사에서 별도로 담당하는 것은 의미 없다. 보안범죄 역시 국가안보 관련 범죄만 따로 취급하기 어렵다. 수사를 하는 과정에서 범죄의 성격이 파악되는 경우가 적지 않다. 수사착수 단계에서는 구분하기 어렵다.

통합적으로 관리하는 방향으로 가야 한다. 현재처럼 경무(총무)와 정보통신, 정보 기능을 제외한 모든 부서에서 수사기능을 가지고 있는 것은 효율성, 전문성 측면에서 바람직하지 못하다.

경찰의 수사경과 운영은 재검토돼야 한다. 수사업무와 직접적으로 관련이 없는 예산이나 교육, 서무 업무에 종사하는 사람들이 수사경과에 선발될 이유가 없고, 수사 실적보다 첩보 제출과 교육, 가점(학위, 자격증 등)에 따른 배점이 많은 승진심사 기준도 바뀌어야 한다. 사건수사에 바쁜 외근 수사요원들을 충분히 고려해야 한다. 첩보 제출도 결과로 평가해야지 작성내용만 보고 점수를 부과해서는 안 된다.

조직도 유사기능은 통합하고 통합된 부서에서 업무영역에 따라 서무(사건과), 수사(직접수사), 검거(수배자 검거), 분석송치(증거물 관리, 기록 검토)팀으로 운영해야 한다.

부 구성도 검찰처럼 형사부, 특수부, 강력부, 공안부로 분류해서 운영할 필요가 있다. 형사부는 구역별로 일반 고소고발이나 형사사건을 취급하되 전문 분야를 지정하여 특별단속과 기획수사 업무를 병행케 하는 것이 효과적이다.

검찰청 관할로 수사경찰청을 별도로 운영하는 방안을 적극 검토해 보아야 한다. 지금처럼 모든 경찰서에서 형법범, 특별법범 등 죄종별로 구분하여 경제·지능·형사팀으로 사무분장을 하는 것은 현실을 도외시한 결과다. 이로 인해 죄종별 배당을 둘러싼 사건 떠넘기기가 벌어지고 수사가 지연되면서 민원이 발생되는 것이다. '수사는 생물'

이라는 말처럼 수사가 진행됨에 따라 죄명도 달라지는 현실을 감안하여 제도와 조직을 개편해야 한다.

▌누구나 납득하는 실적평가

관서, 개인 실적으로 평가한다. 좋은 이야기이다. 열심히 일한 사람이 좋은 평가를 받고, 승진·보수면에서 대우받는 것은 좋은 이야기다. 열심히 일하는 사람과 일하지 않는 사람이 똑같이 평가받아서는 안 된다. 그런데 문제는 평가방식이다.

현재 평가방식에는 문제가 많다. 평가지표도 문제고, 평가를 하는 사람도 문제다. 평가지표가 어떻게 만들어졌는지 잘 알지도 못한다. 누구를 위한 평가지표인지도 모른다. 평가하는 사람도 실무를 잘 모르기는 마찬가지다. 그러니 평가결과에 대해 수긍할 수 없는 것이다. 그런데 그 평가결과를 놓고 공정하고 훌륭한 평가라고 이야기한다. 대다수 직원들은 납득하지 않는데, 지휘부만 좋은 평가라고 침을 튀긴다.

예를 들면 파출소 직원을 평가할 때, 범인검거 실적으로 평가한다. 파출소 직원들이 첩보를 수집, 탐문, 잠복해서 범인을 검거하는 사례는 적다. 주민 신고에 의해 검거되는 사례가 많다. 그날 근무한 파출소 직원 전체가 좋은 평가를 같이 받는다.

112처리신고건수 20%, 강·절도 발생감소율 20%, 범인검거율 30%, 주민만족도 30%로 평가방식을 바꾸었다. 강·절도 발생감소율은 전년 동기간 대비로 실적을 산출한다. 파출소에서 순찰을 잘하면 강·절도 발생을 막을 수 있기 때문에 지표로 삼았다.

순찰과 강·절도 발생 증감과 상관관계가 있을까? 강·절도범은 순찰과 관계없이 발생한다. 오히려 순찰차가 한번 지나가면 다시 오지 않으니까 더 할 수 있다. 강·절도 발생은 그 지역에 우범자가 많이 거주하고 있거나, 원룸과 임대주택 등 방범이 허술한 지역에서 많이 발생한다. 그럼에도 불구하고 이것을 성과지표로 삼는다는 것은 말도 안 되는 이야기다.

다음으로 112처리 건수다. 112신고는 신고 빈도에 따라 다르다. 어떤 지역은 주민이 방문하거나 파출소로 전화해서 신고하는 경우도 있다. 그런데 이것은 실적으로 잡아주지 않는다. 그러니 직원들이 방문신고에 대해 '죄송하지만 112로 신고해 달라!'고 요청하는 해프닝을 벌인다. 직원들이 공중전화로 허위신고를 해서 실적을 올리는 사례도 있다. 낮 뜨거운 이야기다.

다음으로 범인 검거율이다. 강·절도 검거 건수만 점수를 산정하고 있다. 강도가 높고 절도는 점수배점이 낮다. 18세 미만의 미성년자가 단순 호기심에 저지른 자전거와 오토바이 절도, 생계형 절도는 잡아도 실적으로 인정해주지 않는다.

자전거, 오토바이가 생계수단으로 중요한 사례가 많다. 어렵게 돈을 모아 자전거를 구입한 불우 청소년과 오토바이를 생계로 삼아 택배업을 하는 장애인에게 자전거와 오토바이는 중요하다.

이런 자전거와 오토바이를 수사하여 검거해도 피해가 경미하고 훔친 도둑이 생계형 절도범이라고 하여 검거실적을 인정해주지 않는다는 것이 말이 될까? 자전거, 오토바이 절도범을 검거해야만 상습범을 막을 수 있다. 특히 오토바이 절도의 경우 상습범이 대부분이라 방치할 경우 더욱 상습적인 범죄발생이 우려된다. '바늘도둑이 소도둑'이 되는 것은 막아야 한다. 그러니 실적을 인정해줘야 한다. 실적은 인정해 주되 형사처벌보다는 초범의 경우 선도조건부기소(입건)유예처분을 받도록 제도적으로 풀 문제이다.

실적으로 인정해주지 않는데, 잡을 사람이 누가 있겠는가? 친親 서민정책에 역행하는 발상이다. 사건처리를 하면 절도발생 건수로만 올라가기 때문에 사건처리를 꺼리고 있다. 자칫 직원들이 직무유기로 입건될 수 있다. 사건처리일지, 근무일지에 기재도 하지 않는다.

잘못된 실적평가로 인한 부작용도 만만치 않다. 첫 번째는 바로 졸속수사가 될 여지가 커진다는 것이다. 고소, 고발사건의 경우 무혐의 송치사건이 많다. 그런데 이런 사건은 2개월 내에 송치해야 점수가 있다. 2개월을 초과하여 무혐의가 되면 점수가 없다. 사건을 빨리 해결하고 싶은 것은 누구나 원한다. 문제는 이것이 수사관 힘만으로는 안 된다는 것이다. 수사관계자들이 협조를 해주어야 한다. 피고소인, 참고인들이 출석을 해주어야 수사를 빨리 끝낼 수 있다.

검사지휘도 받아야 하니까 검사도 잘 만나야 한다. 지휘를 많이 하거나, 늦게 지휘가 내려오면 2개월을 훌쩍 넘기게 된다. 수사는 신속도 중요하지만 공정성도 중요하다. 사건당사자들이 주장하는 사실을 조사하려면 당사자가 제시하는 증인(참고인), 물증(서류 등)에 대한 확인이 필요하다. 꼼꼼히 조사하려면 시간이 필요한데, 그 시간을 2개월밖에 주지 않는다. 그러니 수사관들은 검사에게 먼저 송치 받게 하고 그 다음 보강조사를 요청해 달라고 사정한다. 빨리 처리하기 위해서 자료 조사가 미흡해질 가능성도 커진다. 크게 잘못됐다.

두 번째는 끼워 맞추기 수사다. 조직 폭력배검거도 그렇다. 폭력행위 등 처벌법상의 조직범죄로 인정되어야 점수가 높다. 인원과 강령, 조직성으로 평가한다. 특진도 시켜준다. 끼워 맞추려 한다. 검찰, 법원에서 무혐의 처리되거나 무죄 선고되기도 한다. 공소장이 변경되어 죄명이 바뀌는 경우도 더러 있다.

세 번째는 억울한 전과자가 양성될 우려가 있다는 것이다. 형사입건 없이 즉결심판에 회부해도 될 사람이 형사입건된다. 무전취식, 무임승차도 사기죄로 형사 입건된다. 아무것도 모르는 영세 고물취급업주가 도난품을 싸게 매입했다는 이유로 장물취득범으로 형사입건된다. 폭력가담 혐의가 적은데도 폭력조직의 명수를 채우기 위해 입건된다. 검찰에서 풀려난다. 검찰에서 기소 유예되거나 무혐의로 불기소처분된다.

고객만족도 평가를 도입한다고 한다. 누가 고객인가? 고객을 어떻게 선정하고, 어떤 절차로 평가할 것인가? 어느 수사기관도 고객평가제를 도입한 나라는 없다. 고객은 사람에 따라 다르다. 수사는 상대적인 것이다. 고소인은 고소사건이 기소의견으로 송치돼야 하고, 피고소인은 무혐의 기소의견으로 송치돼야 만족한다. 가해자 입장에서는 석방되어야 하고, 피해자 입장에서는 가해자가 구속되고, 피해도회복되어야 한다. 양쪽 다 만족시킬 수 없다. 누가 누구를 평가한단말인가? 파출소나 경찰서가 일반 관공서나 백화점 혹은 공항 등 접객서비스를 펼치는 기관이나 기업하고는 확연히 다르다는 점을 먼저 인정해야만 한다.

지금의 평가가 공정하다고 느끼는 경찰관들은 많지 않다. 일방적이고, 검증방법과 절차도 미흡한 평가라 느낀다. 그럴 수밖에 없는 것이 지금의 평가지표는 경찰서마다 다른 실정들을(예를 들면 수사관 실력과 경력, 치안수요 등) 전혀 고려하지 않은 것들이다.

실적평가는 추진하되 평가지표는 고민에 고민을 거듭해야 한다. 100% 공정한 평가는 어렵다. 그렇지만 누구나 공감 받을 수 있는 평가가 되어야 한다. 수사의 목적은 무엇인가? 공정하고 신속한 수사다. 신속과 공정지표 중 공정지표에 더 비중을 두어야 한다.

현재 경찰의 수사관 평가는 입건 기소에 치우쳐 있다. 고소, 고발사건의 70% 이상이 무혐의임에도 이에 대한 평가는 없다. 단지 과정상의 평가라고 하여 피의자 신문조서, 진술조서 횟수, 수사 중간결과 통지 횟수 등에 의해 가점만 주고 있다.

입건기소 의견송치 점수도 기소송치 죄명의 법정형에 따라 배점한다. 살인이 가장 높다. 살인사건은 운이 많이 좌우한다. 현장에서 살인범이 검거되는 경우에는 손쉽게 고득점이 된다. 그렇지 않고 미제 살인사건의 경우에는 점수도 없다. 아동실종, 납치사건이라도 발생하면 경찰서, 지방청수사대까지 수사본부가 설치되면 그야말로 경찰서는 공친다고 봐야 한다. 이것이 공정한 평가인가?

피고소인이 많거나 피고소인 주소가 전국으로 퍼져 있는 경우, 계좌추적, 통신자료추적 등 시간이 많이 소요되는 사건 등은 기피한다. 해보았자 실적점수에 반영되지 않기 때문이다. 그저 손쉽게 득점할 수 있는 사건만 골라서 하는 직원이 많다. 현장에 나가거나 탐문수사도 하지 않으려고 한다. 그래봐야 실적도 안 생기기 때문이다. 차라리 사무실에서 그 시간에 쓸데없이 수사서류를 만들거나 피의자, 피해자에게 수사진행사항통보서나 작성해 관련점수를 얻는 편이 낫다.

누구를 위한 점수이고 실적인가? 실적을 평가하는 지표가 수사관 모두를 납득시킬 수 있는 지표인가를 지휘부는 깊게 고민해야 한다.

3. 생명처럼
사건을 다루는 경찰

▋유능한 형사님으로 해주세요!

대학병원에 가면 특진이란 것이 있다. 환자가 유명한 의사에게 직접 진료를 받도록 예약하는 것이다. 그 사람에게 가면 신뢰가 간다. 오진이 안생기고, 빨리 치료하고, 완쾌된다. 그러기에 일반 진료비보다 돈을 더 많이 낸다. 만약 의사를 잘못 만나 진단, 처방, 치료(수술)를 잘못하면 목숨이 위태로울 수 있다. 수사도 병원 특진시스템을 벤치마킹해야 한다.

고소, 고발 등 수사민원사건도 마찬가지다. 담당수사관을 잘 만나야 한다. 수사관이 누구냐에 따라서 결과가 달라진다. 물론 송치(지휘)검사, 판사도 잘 만나야 한다. 수사관도 경력, 인품, 실력이 천차만별이다. 수사경력이 1년부터 최장 20년까지 다양하다. 노련한 수사관에만 사건을 배당한다면 형평성에 문제가 생긴다. 초임수사관은 난이도가 쉬운 사건부터 어려운 사건으로 천천히 배당해야 한다. 사건마다 정·부 책임자를 지정하여 공동으로 수사하도록 해야 한다. 한 사람에게 조사를 맡기면 선입견에 빠질 수가 있다. 수사는 신속도 중요하지만 더욱 중요한 것은 공정하게 처리하는 것이다.

사기고소사건, 절도범죄 신고는 어떠한가? 고소사건은 민원실에서 접수하고 수사지원팀에 배당된다. 지원팀에서 경제팀을 거쳐 순번대로 배당한다.

절도범죄는 어떤가? 파출소당직 팀을 거쳐 형사당직 팀에서 접수, 담당한다. 배당이란 것에 큰 의미가 없다. 경제팀, 지능팀, 사이버팀, 형사팀, 강력팀 등 많은 팀들이 있다. 죄종별로 구분해 팀별로 배당한다. 죄종이란 것은 고소인의 고소장에 기재된 내용대로 판단한다. 때문에 어느 팀에서 처리할 것인가 놓고 의견이 분분하다.

시간이 많이 걸리고, 민원 소지가 많은 사건은 서로 맡기를 꺼린다. 고소장에는 경제, 지능, 형사사건 등 여러 죄명이 나열되어 있다. 갈등이 생기는 구조다. 서로 안 맡으려고 하다 보니 접수부터 배당까지 시간이 많이 걸린다.

과연 경찰서에서 경제, 지능, 사이버, 형사팀 구분이 필요할까? 일반인은 경제, 지능팀이 무엇을 하는 곳인지 잘 모른다. 경제 사건과 지능 사건은 어떻게 다른지 분명하지도 않다. 외근수사가 필요한 부서와 주로 사무실에서 당사자가 제시하는 증거서류를 가지고 판단하는 조사부서로 구분하는 것이 효과적이다.

병원에서는 환자에게 우선 증상 설명을 듣고, 다양한 검진을 받게 한 후 내, 외과 중 어디로 보낼 것인지, 외과라면 그중에서도 흉부외과, 신경외과, 정형외과로 보낼 것인지를 결정한다.

경찰도 이렇게 사건을 획일적으로 죄종에 따라 배당하는 방식도 바뀌어야 한다. 사기사건이라도 현장출장, 잠복, 탐문수사가 필요한 경우에는 외근부서에 배당하여야 하고, 단순히 사실 진위여부가 쟁점인 경우에는 조사부서에 배당해도 된다.

명칭도 경제, 지능범죄팀이 아닌 일반조사팀, 특별조사팀(외근배치)으로 구분돼야 한다. 사건을 배당하는 담당자도 접수된 사건을 분석하고 수사쟁점, 방향을 읽을 수 있는 경험하고 노련한 사람으로 배치해야 한다. 배당하는 경우에는 사건쟁점과 조사방향에 따른 개략적인 설명을 곁들여야 한다. 배당하는 사람은 담당수사관이 어떻게 사건을 처리하는지에 대해서도 수시로 모니터링해야 한다. 계급이 중요하지 않다. 실력과 경륜이 중요하다.

사건도 이 사건이 어떠한 성격이고 누가 어느 부서에서 담당해야 공정하게 잘 처리할 수 있는지 여부를 결정해야 한다. 병도 초진이 중요하다. 사건 역시 오진이 나지 않도록 잘 배당해야 한다. 실력 없는 수사관에 배당되어 패가망신당하는 사례가 없도록 신중에 신중을 기해야 한다.

배당하는 사람은 처리 경험도 중요하지만 개개인의 성품도 잘 고려해야 한다. 성격이 급한 사람에게 쟁점이 많고 이해관계가 복잡한 사건을 배당할 수는 없다. 마당발처럼 좋은 범죄첩보를 잘 발굴하는 사람, 첩보를 분석하여 조사를 잘하는 사람, 범인이 특정되면 빠른 시간 내에 잘 잡는 사람, 통신, CCTV 분석을 잘하는 사람 등 저마다 특성이 있다. 특성에 맞게 직원들을 잘 활용해야 한다.

수사 중 범인이 특정되면 검거에 신경 쓸 수 있도록 검거팀을 편성·운영할 필요가 있다. 출국금지 조치를 해야 하는지, 지명통보와 수배를 해야 하는지, 검거를 위해 통신, 계좌, 신용카드, 사이버추적 수사가 필요한지 여부를 결정해야 한다.

검거 후 피해변상이 가능한지, 가능하다면 어떤 절차와 방법이 있는지도 친절하게 안내해 줘야 한다. 막연히 법원에 가서 알아보라는 말로 대체해서는 안 된다.

환자의 몸 상태를 살펴보듯 범죄 상황에 대한 올바른 진단을 하고, 그에 걸 맞는 치료를 하듯 맞춤형 수사를 해야 한다. 또한 사후에도 퇴원자를 관리하듯 피해자에 대한 여러 가지를 세심하게 배려하는 경찰로 변신해야 우리 국민들이 범죄피해로 인해 더 이상 아파하지 않게 될 것이다.

▌부실수사 막는 꼼꼼한 기록검토

고소, 고발 사건이 접수된다. 범죄첩보 보고서가 제출되고 담당자가 지정된다. 파출소에서 임의동행보고서, 발생보고서, 현행범체포 보고서가 경찰서 형사과로 이첩된다. 서류 말미에 수사지휘란에 담당, 팀장, 소장, 과장 수사지휘 내용과 서명결재가 들어가는 부분이 있다. 그런데 이 부분이 공란으로 비어있다.

작성할 내용이 없다. 경찰 자체 내 지휘를 어떻게 하여야 하는지 실무교육도 없고, 부실하다. 심지어 팀장, 과장 서명날인도 없다. 지휘란에는 그저 '수사철저' 등 판에 박힌 문구만 써있다.

범죄혐의가 있어 수사자료 표에 등재하는 인지보고서가 중요하다. 한 사람이 전과자가 되느냐의 여부가 결정되는 중요한 순간이기 때문이다. 인지되는 범죄혐의사실, 증거관계, 인지경위, 적용 법률을 잘 살펴보아야 한다. 그런데 이것을 제대로 살펴보고 검토하지 않는다. 필요하면 이에 대한 점검부분을 삽입해서라도 확인·점검하여야 한다.

다음으로 현행범, 긴급체포, 체포, 압수수색 등 영장청구 시에도 꼼꼼히 확인해야 한다. 체포, 구속, 압수수색의 필요성에 대한 소명자료가 충분한지 여부에 대하여 확인에 확인을 더해야 한다. 한사람의 인신(생명과 신체의 자유)과 관련된 중대한 사안이기 때문이다. 그런데도 이에 대해 팀장과 과장의 결재란만 있다.

서장은 송치 관서장이면서도 거의 한 번도 인신 구속영장에 서명날인하지 않는다. 과장 전결로 끝낸다.

통신자료와 확인자료 요청서도 마찬가지다. 전자결재로 처리하다 보니 첨부된 소명자료를 볼 수가 없다. 수사상 필요한 것인지, 제공 요청범위가 너무 많은 것은 아닌지를 점검할 수도 없다.

체포된 자가 석방되거나, 영장이 기각되거나 하는 경우에도 서장에게 보고하지도 않고, 결재를 받지도 않는다. 그저 서장에게 보고되는 것은 요약보고서뿐이다. 검사에게 지휘를 건의할 때, 검찰의 기소, 불기소장에 해당하는 의견서를 붙여 송치할 때도 서장의 결재부분이 없다. 물론 과장도 작성 후 사후 결재를 하기 때문에 제대로 보지 않는다.

　내사사건 종결 부분도 종결이유 부분에 대하여 세세히 꼼꼼히 살펴보아야 한다. 그러나 형사사법정보망 개통이후 전자결재가 너무 많아져 기록검토를 꼼꼼히 보지 못한다. 이는 부실수사, 인권침해시비, 국민 불신, 피해로 이어진다는 점을 명심해야 한다.

Part 2

나는 범죄 기는 경찰

스마트 시대를 경찰은 제자리걸음으로 살아가고 있다.

범죄는 스마트해졌는데 수사는 아날로그 방식을 답습한다.

법 때문에 혹은 규정 때문에 혹은 조직 문화 때문에

어쩔 수 없다는 경찰의 목소리는 답답하기 짝이 없다.

법 때문이라면 법을 바꾸어야 하고

그런 규정이라면 과감히 뜯어고쳐야 하고

조직 문화라면 바뀌야 한다.

그래야 대한민국 경찰이 똑똑하고, 강해질 수 있다.

경찰도 이제 스마트 시대를 고민해야 한다.

1. Smart를 막는 것들

▌골병들게 만드는 형사당직

보통 사건은 야간에 많이 발생한다. 대부분 밤 10시에서 새벽 4시 사이가 많다. 신고사건이 대부분이다. 살인, 강도, 조직폭력 등 강력사건 신고가 들어오면 파출소 직원이 순찰차를 타고 제일 먼저 출동하고, 관련자와 사건을 형사당직팀에 인계한다.

이때 신고사건은 형사당직팀으로 전해진다. 심야, 새벽에 동행되는 쌍방폭행사건, 변사사건 등 각종 사건, 피의자 조사업무에 시달리는 야간근무는 혹독하다. 그것도 모자라 규정상 오후 3시까지 그날 취급한 당직사건을 조사하는 경우도 있다.

2급서는 3개 팀이 3일에 한 번씩, 1급서는 4~5일에 한 번씩 당직을 한다. 24시간 당직업무를 한다. 그럼 이틀간 휴식을 취한 후 다시 당직에 들어가야 한다. 자신이 당직 때 취급했던 사건은 자신이 처리하여야 한다. 다른 팀에게 인계하기가 어렵다. 그런데 그 팀의 당직이 돌아오기까지 많은 시간이 걸린다. 그 시간 동안 민원인들 조사는 미뤄진다. 사건처리가 지연될 수밖에 없다.

이런 현행의 형사당직 시스템이 현장에 강한 형사의 양성을 막고 있다. 엄밀히 말하면 파출소 동행사건 재조사가 형사의 주된 업무는 아니다. 형사의 주된 업무는 절도, 강도 등 강력사건을 수사하여 범인을 검거하는 것이다. 범죄첩보를 수집하기 위해 우범자 정보도 수집하고 범죄자를 쫓고, 추적하기 위해 탐문도 열심히 하여야 한다. 관내 미제사건을 해결하기 위해 분석도 하고 열심히 뛰어다녀야 한다.

과학수사팀도 당직한다. 현장감식 업무가 메인이지만 범죄경력 조회업무도 한다. 범죄정보 시스템이 전산관리 된다고 하여 과학수사과에서 담당하여야 한다는 것이 그 논리다. 파출소에서도 할 수 있도록 해야 한다.

현행의 당직 시스템은 검찰청과 법원과 유기적인 연계도 안 돼 있다. 검사, 판사는 경찰처럼 24시간 사무실에 있지 않다. 23시 이후에는 퇴근해 집에 간다. 그래서 문제가 생길 때도 있다. 23시 이후 유치장에 입감해야 하는데 검사 긴급 체포장 승인이 없어 입감을 못한다. 검찰청 당직 직원에게 연락을 부탁하면 자정이 지나서 도저히 검사에게 연락을 못하겠다고 한다. 시간을 넘기면 불법체포다. 그 오명은 경찰이 고스란히 뒤집어써야 한다.

변사체 처리도 마찬가지다. 유족들은 한시라도 빨리 변사체 처리를 해달라고 아우성이다. 당직 검사에게 연락을 한다. 만약 연락이 되지 않는다. 이럴 경우 난감하기 짝이 없다.

지금은 모바일 시대다. 공용모바일로 변사체사진을 찍고, 유족조서, 수사보고서를 붙여 전송해도 된다. 굳이 검사가 실제 서류를 볼 필요성이 없다. 모바일로 지휘할 수도 있다. 스마트폰이 보편화된 시대에 맞춰 검찰수사지휘도 스마트해져야 한다. 검사지휘가 오래 걸릴수록 사건 해결에 어려움이 많다. 범죄는 기동화, 지능화되는데, 검사지휘는 아직도 구시대적이다. 수사권 조정 논의 때 이 문제도 함께 거론되어야 할 것이다.

사회적 이목이 집중되는 사건만 책임지는 별도 전담팀 편성 등은 문제가 많다. 인원도 주지 않고 전담팀을 운영하다 보니 형사들의 피로가 심하다.

언론에서 떠들썩한 실종 사건이 생기면 실종전담팀, 강력사건이 발생하면 강력팀이 만들어진다. 마음대로 쉴 수도 없다. 항상 24시간 대기하면서 긴장의 연속 속에 산다.

지능, 경제팀 수사 분직도 있다. 사기, 풍속사범 신고가 들어와 파출소에서 조사를 인계하면 처리해야 한다. 야간에 접수되는 사기 등 고소와 고발사건을 처리한다. 실제로 취급하는 것은 무전취식, 무임승차가 대부분이다. 즉결심판으로 회부해도 충분한데 사기사건으로 입건한다. 여성·청소년 분직도 만들어야 한다. 가출, 실종자수색업무와 청소년범죄수사를 위해서다. 서 실정에 따라 다르지만 1~2명이 밤을 꼬박 새우며 근무한다. 선거철이 오면 선거사범 수사 분직도 만든다. 지능팀에서 담당한다. 경찰서가 큰 곳은 정보보안 분직이 있다. 정보보안 상황을 처리하기 위해서다.

분직이 많다 보니 일반당직 근무인력이 적다. 112 지령업무가 제일 중요한데 1~2명이 근무한다. 화장실 가기도 바쁘다. 신고가 들어오면 대화도 하고, 대화내용을 적기도 하고, 입력하기도 하고, 지령도 하고, 지령내용을 입력하기도 하고 눈코 뜰 새 없이 바쁘다. 여기에 상황실이 또 있다. 중요사건, 재해발생 시 서장을 대신하여 업무를 지휘하는 사람이다. 실장은 계급이 경정 이하 간부다. 상황실에 위치하라고 한다. 그런데 대부분 업무는 지령실에서 처리한다. 부실한 지령실 근무로 인한 끔찍하고 안타까운 일이 저기 수원에서 일어났던 것을(오원춘 사건: 112 지령실의 부실한 지령으로 초기 범행 장소의 특정과 수색에 어려움을 겪어 여성 피해자의 잔인한 희생을 결국 막지 못했다) 우리 국민들은 잘 알고 있다.

경기청의 경우 서 단위 112신고지령실을 지방청으로 통합하여 운영한다. 하지만 신고접수를 맡은 지방청 직원들의 지리감 숙지가 제대로 되지 않아 서 단위 112신고지령실 직원을 통해 이중지령이 되는 경우가 많다.

112신고출동 직원과의 소통은 신고자의 관할 경찰서 112신고지령실 요원들이 훨씬 잘 한다는 점을 제대로 파악하지 못한 사업이다. 특히 112신고접수통합시스템 중에서 현장에 출동한 순찰차 위치추적의 경우, 지방청에서 일부 직원들을 실시간 감시하는 것으로 여겨져 능동적이고 적극적인 신고처리능력 함양에 역행한다고 생각된다.

당직과 관련된 근무환경이나 복지도 형편없다. 그토록 많은 야간 분직, 당직팀을 소화할 숙직실이 턱없이 부족하다. 숙직실은 거의 창문이 없다. 환기도 안 된다. 이불세탁도 잘 안 이루어진다. 분직 사무실 의자에 앉아 피곤에 지쳐 졸기 일쑤다.

넓은 사무실에 몇 명이 앉아 텔레비전, 에어컨(겨울엔 히터)을 작동하다 보니 전기료가 많이 든다. 낭비다. 업무량을 분석해야 한다. 어느 시간대에 어떤 업무가 많은지를 분석해야 한다. 걸맞게 인력을 재배치하고 업무를 조정하여 근무시간을 탄력적으로 조절해야 한다.

숙직실도 쾌적하게 바꾸어야 한다. 숙직은 밤을 지새우므로 한 번 하고 나면 사람이 맥이 없어진다. 그나마 숙직 후에 직장훈련, 아침회의, 잔무처리 등이 많은 경우 일찍 퇴근도 못한다. 경호근무, 집회시위 동원근무도 있다. 파김치가 된다.

죄종별 수사체제도와 형사 당직 시스템을 전면 재개편해야 한다.

경찰서에 죄종별로 사건을 배당할 실익이 없다. 당사자의 주장을 들어보고 조사할 사건인지, 직접 현장조사, 탐문조사가 필요한 사건인지 여부에 따라 사건을 배당하면 된다.

사이버 공간을 이용 명예훼손, 모욕, 사기를 범한 경우에 무조건 사이버 수사팀에 배당한다. 하지만 사실 요즘 범죄는 사이버 공간과 비사이버 공간의 경계가 모호하다. 사이버 수사 기법은 강력사범, 경제사범 수사에도 필수적이다. 형사라면 모두 경험해 보아야 한다. 굳이 사이버 수사 요원이 처리할 실익이 적다. 다만 특별히 집중, 불시 단속을 할 경우 그 사건을 많이 취급한 경험 풍부한 조사관과 팀을 지정해 운영하면 된다.

무전취식, 무임승차는 사기사건이라 경제·지능팀에서 담당하고,

폭력 고소사건은 형사사건이라 형사팀에서 담당해야 효율적이라는 논리는 설득력 떨어진다. 공무집행 방해사범은 경찰청의 경우 지능범죄수사과에서 지능범죄라고 담당한다. 일선에서는 파출소에서 처리하고 형사당직팀에서 조사한다. 본청 기획 관리부서와 일선 실무 집행부서와 일치하지도 않는다.

불법 집회시위사범도 그렇다. 폭력행위등처벌에관한법률위반, 업무방해, 교통방해죄 등으로 처벌된다. 일선서 지능팀에서 담당할 필요가 없다. 오히려 형사팀에서 처리하는 것이 적합하다. 당사자가 제기하는 고소장에 적시된 죄명에 의해 배당하는 것은 비능률적이고 바람직하지 않다.

조사 분직은 형사당직에 포함시켜야 한다. 야간에 조사 분직에서 처리하는 사건은 무전취식, 무임승차 등 간단한 사건이다. 사기라고 해서 죄종별 분직제 운영이란 차원에서 조사 분직(경제, 지능팀)을 운영한다. 형사당직에서 능히 처리할 수 있다. 밤에 별도로 수사 분직에서 처리할 필요가 없다.

실종, 여성·청소년 분직도 마찬가지다. 굳이 별도 분직을 만들 필요가 없다. 형사당직에서 능히 처리할 수 있다. 굳이 얼마 안되는 인원을 가지고 실종팀을 편성·운영할 필요가 없다. 여성·청소년 분직도 일반 형사사건과의 모호한 사무 분장 때문에 책임 떠넘기기가 일어나 신속한 사건처리를 어렵게 만든다. 형사당직팀으로 모든 업무를 일원화해야 한다.

2, 3급지 경찰서에 운영 중인 과학수사 분직도 마찬가지다. 간단한

감식은 형사당직에서 하도록 해야 한다. 굳이 근무여건이 좋지 않은 사무실에서 24시간 대기할 필요가 없다. 경찰서 과학수사팀 업무가 국과수 같은 감정기관처럼 정밀함을 요하지 않는다. 제대로 현장보존 조치하고, 증거물이 수집될 수 있도록 하면 된다. 또한 형사라면 지문감식 등 간단한 감식 정도는 할 줄 알아야 한다. 기초 지문감식 조차 못하는 형사가 형사인가? 집에서 대기하고 있다가 전문감식이 필요하면 현장으로 달려오면 된다.

과학수사 업무와 관련이 적은 범죄경력 조회확인은 예전처럼 상황실에서 하든지, 형사당직실에서 처리하면 된다. 여러 사람이 감시할 수 있고 당직팀장, 상황실장이 책임지고 감독하면 된다.

당일 형사계에서 조사할 필요가 적은 불구속 사안이면 굳이 형사당직팀으로 인계할 필요가 없다. 형사당직팀 인계로 피의자 조사시간, 임의동행 대기시간이 길어져서 인권침해로 비난받을 소지가 높다. 형사당직팀이 관내 파출소로 진출 사건을 처리하거나, 중요사건인 경우 파출소를 거치지 않고 직접 신병처리 등 사건처리하는 방식으로 전환해야 한다.

형사들이 피곤하지 않아야 외근형사활동도 잘 할 수 있다. 형사는 사무실에서 근무하지 말아야 한다. 미제사건을 해결하기 위해 용의자를 추적하고 미행도 하고, 잠복근무, 탐문도 해야 한다.

지금 근무는 사무실에 앉아 출동대기만 기다린다. 형사라고 보기 어렵다. 권총도 차지 않는다. 수갑도 항상 휴대하지 않는다. 범죄자가 오면 즉각적으로 대처하기 어렵다. 경찰로 들어올 땐 날렵했던 직원들이 시간이 갈수록 배가 나오고, 잘 뛰지 못한다. 고혈압, 당뇨, 디스크가 많아진다. 범죄자를 추적하여야 하는데 숨이 차서 쫓아가지도 못한다.

매일매일 체력을 단련할 수 있도록 시간과 공간을 제공해 주어야 한다. 미군의 아침은 6시에 조깅, 행군, 태권도 등 체력훈련에서 시작된다. 체력검증을 수시, 정기적으로 실시한다. 기준에 올라야 승진도 할 수 있다. 기준에 미달하면 될 때까지 하도록 한다. 강한 형사, 믿음직한 형사는 근무 시스템 개선에서 태어난다. 형사당직 업무도 줄여줘야 한다. 파출소 동행사건 중 꼭 형사당직 조사가 필요한 경우만 인계하면 된다.

유사업무를 통합하고, 업무량을 줄이고, 그에 따라 당직인력도 조절하면 근무의 효율성을 확실히 높아질 것이다.

▋치안현실과 겉도는 장비와 훈련

서울 관악서 파출소 흉기난입사건관련 파출소 외근 경찰관의 휴대장구에 대해 실태조사를 실시했다. 가스총의 경우 파출소 내 흉기난입자를 대처하기에는 효율적이지 못하다는 의견이 많았다. 가스총에 대해 정기적인 가스충전이 병행해 이뤄져야 하고, 사용실습도 해야하는데도 불구하고 냄새난다는 이유로 꺼리고 있다. 또한 제압에 그다지 효과가 크지 않다는 여론에 잘 사용하지도 않는다.

3단봉의 경우 흉기소지자의 손목을 때려 제압 용도로 사용되는데 길이도 짧고, 잘 펴지지도 않을 뿐 아니라 그나마 직원들이 선택해서 구입하는 장비로 되어 있어서 별로 활용하지 않는다. 구입을 안 할 뿐만 아니라 중앙경찰학교에서 단기간 교육받은 이후에 사용하는 일이 별로 없기 때문이라는 것이 일선의 여론이다.

테이저건의 경우 파출소에 비치된 것이 1~2개다. 관악서 사건 같이 갑자기 파출소 안으로 흉기를 들고 난입하는 경우에는 막상 테이저건을 사용하는 것이 쉽지 않다.

결국 권총을 사용할 수밖에 없는데, 사실상 파출소에 난입한 흉악범에게 파출소 내에서 권총을 사용할 경우 자칫 벽에 맞고 튕겨 나오는 오발 사고로 경찰관이 오히려 총상을 입을 우려가 있다.

관악서 사건의 경우 일부 젊은 직원들은 총을 사용해 흉악범의 머리를 향해 쏘겠다고 했다. 이는 자신의 방어를 위해 정당하다고 주장한다. 반면 경륜이 많은 직원들은 시간을 가지고 잘 달래면서 안정시킨 다음 테이저건을 사용한다. 만약 총을 사용한다 하더라도 대퇴부를 향해 쏴야 한다고 주장한다. 이처럼 직원들의 성향과 연령대에 따라 총기사용 성향이 현저히 다르다.

경찰관은 권총, 가스총, 테이저건을 휴대하고 있지만 실제 이를 사용하여 범인을 검거하거나, 제압하는 경우는 거의 없다. 테이저건, 가스총도 사용할 때마다 장부에 기재하게 되어 있어 사용을 꺼리고 있는 실정이다.

또한 흉기피습을 막기 위한 방검복의 경우도 순찰차량 트렁크에 싣고 다녀 현장에서 바로 착용하기가 어려울 뿐 아니라 무게가 무거워 잘 사용하고 있지 않는다. 권총 사격훈련은 있지만 가스총, 테이저건, 3단봉 사용훈련은 없다.

경찰관이 장구를 사용하는 사례도 출동현장, 파출소 내, 차량 등 다양한 경우가 많음에도 불구하고 이에 대한 적절한 연구사례가 없다. 그저 경찰관직무집행법상 장구사용에 대한 판례의 소개자료만 내려보내는 실정이다. 파출소 내 총기사용의 경우 총기사용요건과 절차준수를 했다는 입증을 위해 파출소 내 CCTV에 녹음장치를 해 놓는 것도 필요하다.

지구대, 파출소 내 CCTV는 녹음이 금지되어 있어, 경찰관에 대한 폭언, 경찰관의 미란다원칙고지 등 적법절차준수에 대한 증거확보에 어려움이 많다. 파출소도 임의동행보고서, 현행범체포보고서를 작성하는 곳인 만큼 이때는 조사실 역할도 하기 때문에 녹음을 해도 무방하다.

경찰청도 장비연구소가 필요하다. 범죄자들이 날로 흉포화 되고 있는데, 경찰관이 사용하는 장구는 이를 따라가지 못하는 실정이다.

예를 들어 우리 경찰의 3단봉은 휴대간편화에 치우쳐 길이를 너무 짧게 했을 뿐 아니라 불량품도 많고, 재질, 종류도 제각각이다. 효과가 있으려면 현재보다 길어야 하고, 봉 끝에 별도로 반구형 타원형처럼 테를 만들어야 제압할 수 있다고 한다. 필자가 듣기에 중국 공안은 그런 도구를 사용한다. 미군의 경우 흉기소지자를 제압하기 위해 스테인리스로 된 방어봉을 소지한다.

집회시위 때 채증을 위해 막대한 예산을 들여 조명겸용 채증차량을 만들었다. 그런데 현장에서는 별로 사용하지 않는다. 전기발전을 할 수가 없고, 차량채증을 활용할 가치가 적다, 예산낭비라는 지적이 있기 때문이다.

현장 감정·감식 차량도 마찬가지다. 막대한 돈을 들여 사건현장에서 거짓말 탐지기, 지문전송, 유전자 분석까지 할 수 있게 했지만 차량무게만 많이 들고, 실제 현장에서 사용할 가치가 없어 사장됐다. 휴대용 마약 탐지기도 현장에서 효용성이 떨어졌다. 장비를 개발하고 보급할 때는 현장 직원들의 의견을 충분히 듣고 검증을 통해 예산낭비를 막아야한다.

경찰이 제일 많이 훈련하는 것이 사격과 체포술이다. 매월 한 번씩 직장훈련 때 하는 것이 체포술이다. 그런데 그 체포술이 현실과 너무 동떨어져 있다. 주취소란자를 연행하려면 기본근력 등 기초 체력훈련이 필요한데 그것을 하지 않는다.

매년 경찰의 날 실시하는 체포술 경연대회는 연극대회다. 현장에서 실제로 수갑하나 채우는데도 신경이 많이 쓰인다. 수갑을 채워야 할까, 말아야 할까를 매번 고민한다. 채울 때 괜히 손목에 상처가 나면 인권위원회에 진정을 받고, 감찰조사를 받을까봐 수갑 채우는 것을 두려워한다. 수갑을 채울 때 상처가 안 나는 수갑도 개발해야 한다.

수갑을 채우는 대상은 대개 주취소란자이다. 즉, 경찰관에게 파출소에서 욕설하고 난동부리는 사람이다. 파출소 내에서 총을 쏴서 제압할 사건은 거의 없다. 현장에서 불심검문에 불응하고 차로 도주하는 경우 총으로 차량 바퀴를 향해 쏘거나, 칼을 들고 경찰관에게 달려들 때 대퇴부를 향해 총을 쏘는 경우가 있는데 이러한 경우도 일년에 손꼽을 정도다.

사격훈련도 경위 이하만 한다. 경감 이상은 하지 않는다. 표적도 고정 표적이다. 군과 합동으로 대간첩작전 수행할 필요가 있는 경기, 강원 북부지역, 해안가 관할 경찰서는 소총 사격훈련도 할 필요가 있다.

현장에서 필요한 것은 주취소란자와 좁은 장소에서 검거하려는 경찰관을 향해 달려드는 자를 테이져건으로 제압하는 훈련이다. 전기충격기도 가지고 있어야 한다. 가스총은 휴대하지만 범인의 제압효과 면에서 떨어진다. 경찰훈련과 장비가 현장의 현실과 동떨어져서는 안 된다. 수사는 연극이 아니다. 생명과 안전을 담보로 실시간 발생하는 리얼 다큐임을 한시도 잊지 말아야 한다.

▌모바일 시대 아날로그 경찰

경찰은 대부분의 경찰장비들 즉 무전기, 수갑, 전자충격기, 스마트폰 조회기 등을 근무교대 경찰에게 인계하고 퇴근한다. 위급한 상황이 발생한 곳, 사건사고가 일어난 현장 부근을 우연히 비번 경찰이 지나가는 경우도 있겠지만 아무런 장비가 없는 경찰로서는 난감하기 짝이 없다.

사회의 안녕을 위해서 현장 경찰관 전원에게 업무용 스마트폰을 지급해야 한다. 퇴근 후에도 재택근무를 할 수도 있는 앱으로 언제 어디서든 경찰의 본분을 다할 수 있도록 해야 한다.

요즘 세상은 모든 것이 휴대폰에서 해결한다. 전자결재, 기안, 보고, 지시 등등. 조직 간의 소통조차도 휴대폰에서 해결되는 시대에 살고 있다.

그런데 경찰의 정보력은 어떠한가? 아직도 현장에서 사무실로 들어가 워드를 쳐서 상관의 검토 후 지방청, 본청으로 보고한다. 그 사이 시민단체, 집회참가자, 기자들은 스마트폰을 통해 실시간으로 집회시위 현장, 사건현장 사진을 촬영하여 방송사와 포털 사이트, 페이스북, 트위터에 올린다. 언론사, 시민단체, 국민들은 지금 훨훨 날고 있는데 경찰의 정보 전파는 기어가고 있는 형국이다.

검토, 결재단계도 너무 많다. 종이보고서에 의존한다. 열람, 수정, 검토, 보고 등 단계가 너무 많다. 작성된 정보는 수요자에게 잘 전파되지도 않는다. 오직 정보라인, 지휘관에게만 전파된다.

정보보고서는 제목만 고치면 수사보고서로도 얼마든지 활용이 가능하다. 그런데 '열람 후 파기'라는 이유로 파기된다. 작성된 보고서는 정보기능자체 데이터베이스에 저장된다. 열람, 검색은 오직 정보 해당기능만 가능하다. 작성된 수고에 비해 활용도가 극히 낮다.

변화하는 시대에 변화하는 경찰의 모습이 필요하다. 스마트폰 지급도 현장직원 중심으로 이뤄져야 한다. 현장직원보다 사무실에 앉아서 지휘하는 지휘관에게 선지급 되어선 곤란하다. 수사, 교통, 방범 등 경찰의 각 기능에도 스마트폰 지급과 활용이 필요하다. 교통, 사건·사고 소식, 범죄관련 예방 홍보사항이 스마트폰의 다양한 애플리케이션을 통해 주민들에게 실시간으로 제공돼야 한다.

▍혈세도 못 잡는 경찰

경찰 예산은 늘 부족하다고 말한다. 수사비, 활동비, 관서 운영비가 턱없이 부족하다는 것이다. 기획재정부, 국회를 찾아가 로비를 한다.

매년 경찰예산 현실화를 위해 노력한다. 그런데 결산을 하다 보면 예산이 이월되는 경우가 많다. 연내에 집행할 것도 아닌데 무리하게 예산을 편성하여 결국 다음해로 예산이 이월되는 것이다. 연말예산을 소모하기 위해 갑자기 남은 사건 수사비 등 잔액예산을 지방청으로 배정하기 바쁘다. 예산배정을 잘못한 것이다.

예산은 인력, 사건사고 처리, 사건사고 성격 등 치안수요에 맞게 배정돼야 한다. 그런데 본청과 지방청에서 많은 예산을 움켜쥐고 있다가 연말에 가서 잔액을 허겁지겁 경찰서에 배정하기 바쁘다. 예산이 가장 많이 배정돼야 할 곳은 주민들과 현장의 접점에서 업무를 담당하는 파출소, 경찰서다. 파출소, 경찰서 현업근무자 중심으로 예산배정이 이뤄져야 한다.

예산절감에도 신경 써야 한다. 미군의 경우 경비절감을 위해 전기, 물, 복사용지 등 절감을 추진하고 자체 AFN 방송을 통해 대대적으로 홍보한다. 이에 비해 우리는 너무 물자를 많이 낭비한다.

사무실에 혼자 있는데도 전등을 켜놓고, 자리를 이석移席했는데도 컴퓨터 모니터를 켜놓는다. 복사용지는 본청부터 낭비한다, 수정하면 될 것을 워드로 고쳐 프린터로 출력한다. 필요도 없는데 구입한 고가의 장비가 너무도 많다. 유지보수 예산이 반영이 안 되어 방치된 장비도 뒹굴고 있다. 공동구매하면 될 것을 책임회피를 위해 개별 구매한다. 인터넷을 통해 공동구매하면 단가를 충분히 낮출 수도 있는데 말이다.

예산절감 부분에 포상을 실시하면 더욱 더 예산을 절감할 수 있다. 경찰차량도 내 것처럼 잘 정비하고 사용하면 정비예산도 절감할 수 있다.

경리, 예산업무는 전문 경찰관이 담당해야 한다. 돈 관리만큼 중요한 업무도 없다. 돈 관리는 투명하고 공정하게 집행되어야 하며 예산이 뒷받침되지 않는 사업도 없기 때문이다. 수사비, 시간외 수당, 급여 등 예산관리는 경찰업무를 원활하게 해주는 혈맥과도 같다. 그런데 모두들 돈 관리와 관계된 경리나 예산업무 부서에 가는 것을 꺼려한다. 돈에 관련된 업무이다 보니 꼼꼼하게 장부도 정리해야 한다. 예기치 않게 유혹이나 오해도 많이 받아 귀찮다고 생각한다. 대부분 경리·예산은 숫자를 잘 다뤄야 하는데 그렇지 못하다며 뒤로 빠진다. 그래서 경리·예산 업무는 으레 여직원에게 맡겨진다.

경찰서의 경우 서장, 과장이 사건 수사비를 비롯한 경찰서 예산이 매년, 매월 무슨 항목에 얼마나 배정받았고, 얼마나 어떻게 집행되었는지를 전혀 모른다. 알려들면 다른 마음이 있지는 않은지 괜히 의심을 받는다. 불가근 불가원이라는 마음으로 경리·예산 서류에 도장만 찍고 결재만 한다.

이러니 경리·예산 업무가 발전이 없다. 경리는 경찰관서의 살림을 담당한다. 살림꾼은 믿을 만한 사람이 해야 한다. 정의롭고, 업무도 밝고, 깨끗하여야 한다. 그런데 그런 업무를 경찰관이 하지 않는다. 군에는 경리병과가 있고 경리장교가 있고, 중앙경리단에서 봉급, 복지 등을 관장한다. 경찰도 그래야 한다. 청장, 서장 등 지휘관은 예산과 경리에 밝고 능통하여야 한다. 불필요하게 낭비되는 돈은 없는지,

절감할 돈은 없는지 잘 살펴야 한다.

수시로 경리·예산 감사를 해야 한다. 경찰서 예산 중 하루 얼마가 집행되고 그 집행이 잘되었는지 실시간으로 모니터링해야 한다. 예산이 오남용되거나 잘못 집행되는 사례를 발견할 수 있다.

국민의 혈세도 잘 잡아내는 대한민국 경찰이 돼야 한다.

2. Global을 막는 것들

▌범죄자 인권만 보호하는 범죄경력 자료

전과는 낙인이다. 한번 전과자가 되면 가정, 직장, 사회로부터 외톨이가 된다. 이때 사용하는 '전과'는 올바른 용어가 아니다. '형의실효등에관한법률'상 '범죄경력 조회'가 바른 말이다.

'전과에 남나요?' '전과자가 되면 어떻게 되나요?' '벌금 혹은 기소유예도 전과로 남나요?' 시민들이 흔히 묻는 질문들이다.

그만큼 경찰하면 전과관리 업무가 생각난다. 무서운 자료다. 전과를 알려고 하는 사람도 많다. 공무원이나 공기업의 직원채용뿐 아니라 사기업 신입사원, 경력사원 채용에 그 사람을 알려고 할 때 가장 필요로 하는 자료다.

돈거래, 사업투자를 할 때도 마찬가지다. 거래 상대자나 당사자가 사기꾼인지 아닌지 궁금할 때가 많다. 사기 전력이 많으면 믿을 수가 없기 때문에 거래를 안 하게 된다.

결혼할 때도 마찬가지다. 결혼 배우자가 어떤 사람인지, 특히 혼인 빙자간음, 사기, 강간 전력이 있는지 여부를 알고 싶어 한다. 연애를 많이 해도 알 수 없는 것이 그 사람의 범죄경력이다. 결혼할 때 이것을 알 수 있게 해 준다면 얼마나 좋을까? 사기 결혼을 막을 수 있을 것이다.

수사자료표가 있다. 벌금뿐 아니라 수사기관에서 조사받은 내역을 알 수 있다. 유죄, 기소 전력뿐 아니라 무혐의 불기소 전력도 나와 있다. 사기죄로 수차례 고소되어 무혐의 받은 전력이 많이 나오면 고등 사기꾼이라 해도 무방하다.

이런 범죄경력 조회, 수사자료표 모두 현재는 국가가 독점하고 있다. '형의실효등에관한법률'에 의거해 경찰청에서 전산관리하고 있다. 엄격하게 관리한다. 수사목적, 당사자 동의, 공무원채용 등 법에 정한 규정 외에는 조회할 수가 없다. 남용 우려로 인한 사생활침해 등 인권에 관한 부분 때문이다. 알 수가 없으니 속칭 심부름센터를 통해 경찰, 검찰 등 수사기관 종사자에게 접근한다.

범죄경력 조회, 수사자료표가 남용되면 안 되기 때문에 내부에서 엄격히 관리한다. 경찰내부에서도 과학수사팀 직원만 관리하도록 되어 있다. 파출소 직원도 못한다. 범죄수사목적이 아니면 못한다. 그런데 일부 경찰서의 경우 범죄경력 조회업무는 경찰관이 아닌 일반직이 조회해주고 있다. 그러다 보니 주말이나 공휴일, 야간의 경우 일반직이 퇴근하면 할 수가 없다고 한다.

파출소 직원이 112신고 출동하여 현행범체포, 임의동행과정에서도 못한다. 수사관이 아니기 때문이란다. 말도 안 되는 이야기다. 전과조회를 해야 피의자가 어떤 성향의 사람인지 알 수 있는데, 그것을 못하게 한다는 것이 도저히 이해가 안 된다.

경찰관들도 정기적으로 수사자료표를 통해 전과조회를 하여야 한다. 그래야 무슨 사건에 연루되었는지 알 수 있기 때문이다. 경찰관 채용 시 규약으로 제정해야 한다.

경찰서 경찰발전위원, 보안협력위원, 생활안전협의회원들도 범죄경력 조회를 실시해야 한다. 파렴치범이 아닌지 여부를 확인할 수 있기 때문이다. 위촉 당시 본인의 동의를 받거나 규정을 제정하면 된다.

집회신고서 접수 시에 신고인, 질서유지인이 어떤 범죄경력을 가졌는지 여부를 확인할 필요가 있다. 불법집회시위 경력이 많으면 신고할 때 조건 등 제한을 붙일 수 있다.

범죄경력 자료는 국민들의 알 권리 차원에서 남용되지 않도록 엄격한 절차(심사)를 거쳐 어느 한도 내에서 제공할 필요도 있다. '정보공개청구요구서'처럼 누구와 거래나 결혼 혹은 채용하려는데 그 사람이 어떤 사람인지 국가에게 정보공개를 청구했을 때 국가는 청구목적, 범위여부 등을 심사해 일정 부분 제공할 필요가 있는지 여부를 검토하여야 한다. 범죄경력 자료는 국가의 전유물이 아니다.

현행 범죄경력 자료는 범죄자의 사생활보호, 인권보호만을 위해 존재한다. 수사기관도 제대로 활용하지 못한다. 넌센스다. 범죄자의 인권만을 보호하고, 피해자인 국민 인권은 보호하지 않는 꼴이다.

현행 유치원, 학원 강사, 교원 채용, 여권발급, 비자연장, 선거 출마 때 실시하는 범죄경력 조회도 간편하게 할 수 있도록 개선할 필요가 있다. 굳이 경찰서에 출석하여 자필로 기재하는 현행 방식은 민원인들을 불편하게 한다. 파출소에서도 조회 발급이 가능하도록 개선할 필요가 있다. 아니면 인터넷상에서 주민등록증사본을 발급받을 수 있는 것처럼 범죄경력 조회 역시 공인인증 절차를 거쳐 본인이 직접 검색하고 발급받을 수 있도록 하여야 한다. 이렇듯 국민의 인권을 보호하기 위해서라도 범죄경력 자료에 대해 일정 부분 독과점을 풀고 항상 국민의 입장에서 생각하고 업무를 추진해야 한다.

▌ 고전적 수사 관할에 발 묶인 경찰

예전에는 한동네에서 범죄가 발생한다면 당연히 범죄자도 그 동네에 거주하는 식이었다. 당연히 수사는 발생지 경찰서가 담당했다. 하지만 오늘날 범죄는 날로 국제화, 광역화, 조직화되고 있다. 인터넷, 모바일의 급속한 확산으로 범죄자들이 통신수단을 이용해 조직화·광역화되고 있다. 도로가 좋아지고, KTX 등 교통수단이 발달함에 따라 범죄자들이 기동력이 좋아지고 있다.

중국, 일본, 러시아 등 세계 각국에서 여행자들이 왕래하고 아프리카, 중동, 남미지역 사람들까지 한국에 사업, 관광목적으로 오고 있다. 이들 중에는 마약, 증권, 금융, 신용카드 사기범들도 있고 중국 삼합회, 일본 야쿠자, 러시아 마피아 등 국제범죄 조직원들도 입국하고 있다.

물 건너온 해외 조폭들이 한국의 거리를 파고든 지 오래다. 국제적 조직을 갖춘 중국 흑사회, 러시아 마피아, 일본 야쿠자는 물론이고 베트남·태국·방글라데시의 신흥 조직 폭력배 등 외국계 조폭들이 물밀 듯이 우리나라로 들어오고 있다. 국내 폭력조직과 결탁해 마약을 밀매하거나, 보이스 피싱, 도박장 운영 등으로 검은 돈을 챙기며 갈수록 세력을 확장하고 있다.

우리나라 사람들이 기피하는 3D 업종에 취업하기 위해 입국하는 필리핀, 베트남 등 동남아지역 노동자들도 점점 증가하고 있다.

국내 체류 외국인 수 증가와 더불어 외국인 범죄도 점차 흉포해지는 등 강력범죄 양상으로 변하고 있어 더 이상 우리나라는 외국인 범죄로부터 안전지대가 되지 못하고 있다. 이에 따른 제노포비아(외국인 혐오증)도 확산되고 있다.

수사의 패턴도 바뀌어야 한다. 인터넷을 통한 해킹, 국제 마약밀거래범죄가 급증하고 있음에도 현재 발생(신고)지 관할 경찰서에서 수사를 담당하는 것은 수사의 효율성, 신속성 측면에서 맞지 않는다.

5년 전부터 급증하고 있는 보이스 피싱 범죄의 경우 대만, 중국 등을 통해 협박·사기 전화가 걸려오고 있음에도 수사는 신고지 관할 경찰서에서 담당하고 있다는 것은 범죄 성격에도 전혀 맞지 않는다. 범죄자는 중국, 대만에 있는데 신고지 관할 경찰서에서 수사를 하면 어떤 수사단서를 가지고 수사를 하겠다는 것인가?

납치사건의 경우도 마찬가지다. 범인이 피해자를 납치한 후 차량을 이용해 이동하며 피해자 가족에게 돈을 요구하는 경우가 많다. 납치사건발생지 관할 경찰서에서 수사를 담당하는 경우 어떻게 공조를 할 수 있겠는가? 범인은 차량을 이용해 감금장소를 옮겨 다니고, 모바일과 인터넷 전화를 이용하여 수시로 협박하는데 신고지 관할 경찰서에서는 효율적인 공조수사를 하기가 어렵다.

검찰, 법원과의 관할도 문제이다. 구속 피의자를 송치하는 경우 경찰서관할 검찰청으로 신병을 송치해야 한다. 예컨대 충남 서천의 경우 경찰서는 군산에서 20여분 남짓한 장항에 소재하는데 검찰청 관할은 1시간 정도 떨어진 홍성으로 가야 한다. 수사 지휘 또한 홍성지청으로 해야 한다. 유치인 면회도 거리상으로 편리한 군산지청보다 홍성으로 가야 한다.

각 지방경찰청에는 광역수사대가 있다. 대부분 도청 소재지에 있는데 각종 영장신청과 관련해서 피의자 소재지 관할 검찰청과 법원으로 해야 한다. 범죄는 국제화, 광역화, 기동화되고 있는데, 수사조직과 운영은 기존의 지역적 범주를 미처 벗어나지 못하고 있다.

고소·고발사건 접수수사 역시 마찬가지다. 피의자, 범죄발생지, 피해자주거지 관할 경찰서가 관할이다. 통상 피의자(피고소인) 관할 경찰서에 접수토록 유도한다.

고소인 입장에서 생각할 때 고소인 거주지 관할 경찰서가 제일 편하다. 가깝기 때문이다. 피고소인의 주소를 모를 경우가 많다. 돈 떼먹고 도주한 차용금 사기사건의 경우 피고소인의 주거지로 고소장을 제출하라고 하는 것은 모르는 주거지를 고소인 보고 알아서 찾아 고소하라는 이야기와도 진배 없다.

경찰 입장에서는 피의자 주거지 관할 경찰서로 제출해야 피의자 출석과 소환 등이 편하고, 수사를 효율적으로 할 수 있다고 한다. 수사 종결도 피의자 주거지 관할 경찰서에서 하므로 고소장 접수 단계부터 피의자 주거지 관할 경찰서로 제출하면 수사효율적인 측면에서 좋다고 하는 것이다. 수사기관의 편의에만 맞춘 생각이다.

대한민국은 국토가 좁은 나라다. 교통과 통신수단이 발달하고 이에 따른 경찰관서간 업무협력도 실시간으로 이뤄질 수 있다. 범죄자도 수시로 주거지를 옮기고 범죄지역도 광역화·기동화되는 시점에서 경찰서 관할은 이제 무의미하다.

수사 관할은 경찰서 관할과 별도로 운영되어야 한다. 인터넷사기, 해킹, 마약, 보이스 피싱 등 국제·광역성 범죄는 관할이 철폐해야 한다. 어느 경찰서에 신고해도 수사할 수 있도록 개선해야 한다.

수사 관할도 검찰과 협의하여 조정해야 한다. 수사만 전담하는 경찰서 신설도 검토해 볼 만하다. 방범순찰지역 관할과 수사 관할은 맞지 않는다. 고소인에게도 경찰서 수사 관할만을 고집해서는 안 된다. 관할을 불문하고 대한민국 어느 경찰서든지 접수가 가능하도록 만들어야 한다. 접수부터 한 후, 어느 경찰서에서 처리하는 것이 바람직한지 검토·분석하여 수사 효율성을 도모할 수 있는 경찰서로 결정하면 된다.

그 효율성의 잣대는 오직 국민에 의해서만 결정돼야 한다.

3. Open을 막는 것들

▌진입장벽 높은 경찰 입직경로

신문을 보았다. 육군 부사관 임관식에서 화제의 여부사관 3인방에 대한 기사가 나왔다. 이종격투기 선수 출신, 4대째 군인가족, 예비 남매 부사관. 이들 중 이 모 하사는 입대 전 이종 격투기 선수로 활약해 아마추어 부문 라이트급 랭킹 3위까지 오르기도 했고 대학 총장배 종합무예 격기대회에서 금메달을 따기도 했단다.

2007~2010년 여름철 해수욕장 수상 구조원으로 일하면서 조난당한 가족과 어부 등 모두 12명의 생명을 구해내기도 한 이 하사는 '이제부터는 군 복무를 통해 국민의 생명과 재산을 지키는 멋진 군인이 되겠다'는 포부를 밝혔다. 함께 임관한 정 하사는 증조부가 6·25전쟁, 조부는 월남전에 각각 참전하는 등 4대째 군인가족의 명맥을 잇고 있었다.

입대 전 간호조무사로 일하다 입대한 박 하사는 간호조무사 경험을 살려 의무병과에서 일하고 싶어 했다. 별도로 임관한 해병대 소위 중 6명은 외국의 영주권, 시민권을 포기하고 자진 입대했고 부사관으로 복무를 마치고 소위로 다시 임관한 사람도 있었다.

경찰은 어떤가? 육군 소위, 중위, 대위 장교도 순경으로 들어오기 위해서는 별도로 형법, 형소법, 경찰실무 등을 공부하기 위해 다시 노량진으로 달려가야 한다. 사시합격, 전직 경찰대학생이 운영하는 경찰학원이 제일 인기가 높다고 한다. 경찰을 퇴직한 엘리트 경찰대생이 강사로 있는 경찰학원이 성업 중이다.

형법, 형사소송법, 수사실무, 영어 등 경찰채용 필기시험 분석 자료와 강의 CD 등이 날개 돋친 듯 팔린다. 우리나라에만 있는 현실이다. 심지어 경찰필기시험 1차 합격 후 적성검사 문제지, 면접 모의시험 문제지 모범답안까지 가르친다. 경찰이 되려면 비싼 학원수강료(합격 조건부 100만 원부터)와 도서 구입비, 독서실 비용을 부담해야 한다. 돈이 없으면 경찰관도 할 수 없다.

경찰관이 되기 위해 꼭 법률과목, 실무과목이 필요할까? 법률·수사실무점수와 경찰관의 자질과 상관관계가 있을까? 실무에서 거의 사용하지도 않는 영어가 경찰관 시험의 당락을 좌우하는 요소로 삼아야 될까? 경찰관의 적성을 검증하는 적성검사가 과연 제대로 적성을 평가할 수 있을까? 미리 학습을 통한 적성검사를 하고 있는데 이것이 과연 필요할까?

필자가 경험해 본 바에 의하면 훌륭한 경찰관은 필기성적보다는 인간성과 인품이 좋아야 한다. 남보다 성실하고, 근면하고 희생심과 봉사정신이 투철해야 한다. 충성심이 강하고 겸손하면서, 예의 바르고 공손해야 한다. 특히 정직하고 청렴해야 한다. 거기에 힘든 업무를 견뎌내려면 강인한 체력이 필요하다.

실무, 형법, 형사소송법은 경찰관 채용과 상관관계가 적다. 실무는 경찰에 들어와서 배우는 것이지 채용단계에서 그것도 필기시험으로 평가할 것이 아니다. 법률과목도 채용 후 교육단계에서 필요하다. 더욱이 영어성적은 아무 의미가 없다.

심층, 다단계 면접, 현장 면접 등을 통해 응시자의 인성을 검증해야 한다. 신원조사도 서류만으로 해서는 안 되고, 자필진술서와 함께 그 내용을 검증해야 한다. 학교 교우, 친지관계, 응시 전 직장에서의 생활태도 등에 대해 깊이 있는 현장조사가 이뤄져야 한다. 이 덕목이 경찰관 선발의 가장 중요한 요소가 돼야 한다. 그래야 훌륭한 경찰관을 선발할 수 있다. 노량진 공무원 학원이 대한민국 경찰의 요람이 되는 현실은 사라져야 한다.

경찰의 입직경로는 다양하게 개방할 필요가 있다. 강한 경찰이 되려면 각종 체육·무도 대회 수상자에게 필기시험을 보지 않고 채용될 수 있는 특전이 주어져야 한다. 또한 봉사활동 우수자, 간호사도 필기시험을 보지 않고 들어올 수 있도록 해야 한다. 대학 입학사정관처럼 우수경찰관의 자질이 될 수 있는 사람은 필기시험 없이 들어올 수 있도록 문호를 개방해야 한다.

6·25 상이군경이나 경찰복무 중 사망하거나 부상당한 경찰관의 자

녀들을 위해서도 그들이 필기시험 없이 경찰관이 될 수 있게 혜택을 부여해야 한다. 그래야 현직에 근무하는 직원들이 자부심을 가지고 더 열정적으로 근무할 것이다.

▌한국에도 셜록 홈즈가 필요하다

일본은 사설탐정, 미국이나 영국은 속칭 PIPrivate Investigator라고 부르는 탐정이 이미 안정적으로 자리 잡은 유망직종으로 분류되고 있다. 1996년 우리나라의 OECD 가입을 계기로 기업 보안관리·지적재산권 보호 등 국내 시장에 외국 탐정회사들이 진입하고 있다. 국민의 비밀과 재산을 외국인의 손에 꼭 맡겨야 할까? 정말 안타깝다.

현재 수사형사 1인당 수십 건의 사건이 다발적으로 몰려있다. 가족이 실종되고 사기꾼이 종적을 감춰 밤잠을 못 이루는데도 수사는 차일피일 미뤄진다. 그러나 우리나라에는 아직 탐정이 공인되지 않고 있다. 청소년 가출·미귀가 치매노인·실종자 소재 탐지, 분실·도난 사건, 신종 사이버범죄, 지적재산권 침해 등의 사건에 탐정이 많은 활약을 하는 해외 다른 나라를 보면 왜 이 제도 도입이 늦어지는 것일까 의아스럽다.

탐정업이 공인되지 않다 보니 일부 국민들은 심부름센터, 흥신소, 컨설팅업체 등 이른바 '민간조사업체'에 위치추적, 개인정보수집, 미행, 배우자 외도 뒷조사, 이혼소송 증거수집, 도청·촬영, 채권추심, 납치, 청부살인 등을 의뢰하거나 해결사를 고용해 자력구제에 나서다가 오히려 협박대상이 되어 금전적 손해를 입거나 공범으로 몰려 가해자로 둔갑하는 사례도 늘고 있다.

민간 탐정이 생기면 경찰의 공권력이 약해지고 신뢰도가 저하될까? 그건 아니라고 본다. 물론 민간탐정의 부자 점유물화, 사생활 침해 등 일각의 우려가 근거 없는 것만은 아니다.

하지만 오히려 조금 일손을 덜게 된 경찰들은 더 크고 복잡다단한 사건들에 집중할 수 있음으로써 종전보다 서민의 경찰 접근성이 좋아져 고품질의 경찰 서비스를 제공할 수 있을 것이다.

지능적인 범죄와 각종 이해관계가 많아지고 있는 추세에서 공권력이 미치지 못하는 부분을 법률이 허용하는 범위 안에서 피해자들의 고통과 어려움을 덜어주는 것은 국민을 위해서도 좋은 일이다. 상대적으로 여유가 있는 기업, 상류층, 중산층이 탐정을 이용하게 되면 상대적으로 방범이 취약한 서민이나 약자들에게 더 많이 경찰력을 집중할 수 있다.

다만 사적 정보의 침해와 유출과 같은 부작용을 줄이기 위한 방법을 강구할 필요는 있다. 취득한 정보를 부당하게 사용할 땐 공무원과 똑같은 처벌을 받게 하는 등 내부 통제를 단단히 하면 된다.

Part 3

현장이 만드는 강한 경찰

당신의 현장은 어디인가?

사무실인가, 길거리인가?

당신을 경찰이게끔 만들어주는 원동력은 무엇인가?

영어인가, 기획력인가, 혼魂과 열정인가?

1. 거리의 재판관

▌운명을 좌우하는 파출소 초동수사

미국 드라마 〈CSI〉를 보면 메인 타이틀에 '경찰은 수사를 하고, 검찰은 기소를 한다'는 말이 나온다. 수사경과라고 하면 수사계나 형사계에 근무하는 직원을 생각하게 된다. 파출소 직원은 배제된다. 온당한 걸까?

경찰서 사건의 약 90%는 파출소 신고와 동행사건이다. 112신고가 떨어지면 파출소직원이 출동한다. 누가 가해자고 피해자인지 판단한다. 가해자라고 생각되면 파출소로 임의동행하거나 현행범은 체포한다. 파출소에 가면 피해자나 가해자의 진술을 청취해 1차 판단하여 피의자와 피해자를 결정하고 전산 입력한다. 이를 근거로 임의동행보고서, 현행범체포보고서를 작성한다. 이렇게 작성한 보고서는 형사당직팀에 인계된다.

형사당직팀은 이를 근거로 피의자를 상대로 신문조서, 피해자 진술조서를 작성한다. 파출소에서 특정한 피의자, 피해자를 형사당직팀에서 바뀌는 경우는 좀처럼 없다. 죄명만 다소 바뀌는 정도다. 그렇기 때문에 파출소직원이 작성한 임의동행, 현행범체포보고서는 초동자료로써 중요한 의미가 있다.

피의자, 피해자 특정 시 신중에 신중을 기해야 한다. 통상 야간, 심야시간대에 주취자 음주소란 폭행사건이 많이 접수된다. 좁은 사무실에 앉아 피곤한 상태에서 피의자와 피해자를 특정하는 것은 진술에 의존한다. '피의자가 일부는 부인하고 일부는 시인하나 어쨌든 피해자가 맞았다고 하므로 피의사실은 인정된다'고 막연하게 적시하고 기재한다.

현장에 출동하고 동행한 경찰관 이름과 그날 근무자 이름 모두를 기재한다. 출동시간, 동행경위, 출동현장에서 목격했던 상황과 동행하면서 피의자가 보인 태도(말) 이런 것들을 상세히 기재해야 한다. 동행하면서 피의자에게 고지한 사항 등도 자세히 기재해야 한다. 그런데 이런 내용이 없거나 미흡하다.

대부분 임의동행(현행범체포) 피의자는 경찰서 형사 당직팀에서 간단하게 조사받은 후 석방된다. 경찰관직무집행법상 임의동행은 6시간을 초과하여 경찰서에 있을 수 없게 규정돼 있다. 동행시간과 석방시간 역시 중요한데 이에 대한 기재가 없다.

현행범체포보고서에는 현행범에 대한 설명도 없다. 현장에 출동한 경찰관이 목격한 내용이 피의자가 범죄의 '실행 중' '실행 직후'라는 것에 대한 설명부분이 있어야 되고 이에 대한 현장출동 경찰관이 목격한 자술서, 수사보고서가 있어야 하는데 그 부분이 없는 경우가 많다. 파출소 팀장과 소장이 이 부분을 검토하고 잘못된 것을 수정해줘야 하는데 못한다. 잘 모르니 못하는 것이다.

형사당직팀도 마찬가지다. 당직시간에 쫓겨 파출소 직원이 작성한 보고서만을 토대로 문답식 조서만 작성한다. 새벽, 심야 시간대에 동행해 오는 피의자의 경우엔 형식적으로 문답식 조서만 작성한 후 석방한다. 범죄발생 초기에 작성된 조서가 얼마나 중요한지를 인식하지 못하는 사례다.

진실 규명의지도 부족하다. 현재의 수사시스템에서 파출소는 경찰사건의 95%를 담당하는 경찰격이고 형사당직팀은 파출소직원이 이첩한 사건을 재조사하는 검찰격이다. 형사·수사과에 근무하는 사람만이 수사경과가 되어서는 안 된다.

95% 초동수사를 담당하는 파출소 직원의 역할이 중요하다. 교육과 함께 자체 내 검토, 분석, 지도, 감독기능이 필요하다. 파출소 직원들과의 유대관계를 높일 수 있도록 근무방식을 바꿔야 한다. 과거에는 형사당직, 강력팀은 회의가 끝난 후 담당 파출소에 가서 미제사건도 보고, 같이 합동수사도 많이 했었다. 하지만 요즘은 파출소와 형사당직팀, 강력팀 간의 교류와 협력이 없다. 이름도 전화번호도 모른다. 식사는커녕 합동회의도 하지 않는다. 범죄자들은 서로 기동화하고 공조화하는데 경찰은 풀뿌리다. 나약해질 수밖에 없다.

수사는 형사만 하는 것이 아니다. 파출소 직원들도 수사관이다. 우범자정보, 수사정보도 같이 공유해야 한다. 수사의 시너지 효과를 얻을 수 있다. 지휘관은 중복수사가 되지 않도록 수사방향 설정, 역할분담, 사건분석 등 지도하고 조정하는 역할을 하여야 한다.

당직사건처리란 어떤 것일까? 파출소에서 동행, 신고, 접수되는 사건을 처리한다. 별도로 지능, 경제팀 당직 1명이 근무한다. 이들도 24시간 당직을 하면서 사기, 풍속사범 조사업무를 처리한다.

파출소에서 동행, 신고 처리되는 사건을 살펴보았다. 술 먹고 폭행하고, 부부싸움하고, 재물 손괴하는 사건이다. 음주한 상태에서 저지른 범죄가 대부분이다. 싸우고 부수고 택시비나 음식 값 안내는 사건이다. 구속할 필요가 없다.

그런데도 관행적으로 파출소에서 형사당직팀으로 사건과 피의자를 인계한다. 파출소는 동행보고서만 작성한다. 불구속할 피의자를 형사당직팀으로 인계할 필요가 있을까? 술 취한 피의자를 상대로 또다시 형사당직팀에서 조서를 받는 것이 무슨 의미가 있을까?

제대로 조사도 안 된다. 술 먹고 고래고래 소리 지르고 심지어 경찰관에게 욕도 하고 침도 뱉고 멱살까지 잡는다. 심한 경우에는 형사과 사무실 집기도 부순다. 예전에는 즉결보호실에 유치했다. 다음날 술이 깬 온전한 상태에서 조사하여 즉결에 회부하거나 형사입건했다. 질서가 잡혀 있었다.

하지만 영장 없는 체포는 불법구금이라고 한 이후부터 즉결보호실이 없어졌다. 파출소와 경찰서 형사과는 난장판이 되었다. 형사당직팀들도 주취자를 안 받으려고 한다.

수갑 채우면 인권침해라고 야단이다. 채우는 과정에 손에 상처가 났다면서 인권위원회에 제소하겠다고 으름장을 놓는다. 수갑도 채우지 않는다. 현행범으로 체포하거나 유치장에 구금시키려고 해도 유치장 근무자들이 구금을 꺼린다. 다른 유치인들이 시끄러워 잘 수 없다고 하고 유치인 관리에 어려움이 많다는 것이 그 이유이다. 그럼 어쩌란 말인가? 술이 깰 때까지 기다린다. 제풀에 제가 지치도록 한다. 이것이 우리의 수사 현실이다.

불구속될 피의자라면 굳이 형사당직팀에 인계할 필요가 없다. 가족이나 지인에게 연락해 오라고 한 후 경찰에서 다시 부르면 출석을 꼭 시키겠다는 신원보증서나 확인서를 받고 돌려보내면 된다. 구속할 필요가 있거나, 도주·증거인멸 우려가 있는 주거불명의 피의자만 선별하여 형사당직팀에서 조사하면 된다.

파출소도 동행보고서와 체포보고서만 받게 하지 말고 조서를 받도록 하여야 한다. 조서를 작성해야 권한이 생긴다. 조서를 작성하면 순찰업무에 지장이 생긴다고 하여 조서를 작성하지 않고 보고서 하나만으로 당직팀에 인계하는 제도도 고쳐야 한다. 파출소에서 판단하여 굳이 형사당직팀에 인계 안 해도 되는 사건이면 과감하게 출석 다짐서를 받고 석방하면 된다. 맑은 정신 상태에서 조사를 받아야 제대로 조사할 수 있다.

문답식 조사가 필요할까? 경찰관이 목격하고, 사건관련자와 구두로 인터뷰한 내용으로 수사보고서를 상세히 작성하여 형사계에 서류만 인계하면 된다. 그럼 많은 업무를 덜 수 있다. 대신 형사당직팀은 야간에 잠복근무와 탐문수사를 하면서 범죄를 인지해야 한다. 시민에게 이중 조사로 불편을 주는 형사당직팀 당일 재조사 제도도 개선돼야 한다.

검찰과 수사권조정을 이야기하면서 검찰의 이중조사로 인한 국민의 불편을 거론한다. 현재 경찰의 형사당직팀 재조사도 이러한 이중조사에 해당한다. 파출소는 작은 경찰서이다. 파출소에서 풀어야 한다.

예전에는 파출소에서 조서를 받았다. 피의자신문조서와 종합수사보고서도 작성했다. 그러다보니 파출소직원들은 조사 실력이 높았다. 웬만한 형사보다 더 나았다. 형사관리계에서는 송치의견서, 기록목록만 만들었다.

그런데 파출소 순찰업무에 지장을 준다는 이유로 없어졌다. 유능한 수사관이 양성이 안 된다. 바뀌어야 한다. 획일적으로 파출소는 조사받지 말라는 지시는 없어져야 한다. 대도시가 아닌 중소도시, 시골, 대도시 서중 112신고 접수 처리업무가 적은 파출소는 조서를 받도록 하여야 한다. 예전 것도 좋은 것이 많은데 왜 자꾸 없애는지 모르겠다. 개선改善이 아닌 개악改惡을 경계할 필요가 있다.

수사관에게 요구되는 자질

· 수사 당사자에 대한 중립적 자세
· 공정한 마음
· 법률에 정통한 능력
· 논리적이고 명석한 사고 능력
· 훌륭한 인품
· 육체적· 정신적 건강
· 입건을 신중하게 행사하는 모습

▌ 거짓말 경연장의 솔로몬

교통사고 조사를 하면서 가장 많이 고민하는 것이 가해차량과 피해차량을 결정하는 것이다. 파출소나 형사당직 업무 중 쌍방폭행사건이 가장 많다. 서로 피해자라고 주장한다, 가해자는 없다. 진단서도 허위라고 주장한다. 목격자도 가짜로 내세워 진술을 조작한다. 사기, 위증, 횡령, 배임사건도 마찬가지다.

성매매사건 역시 당사자는 성매매한 사실은 없고 단지 잠시 쉬기 위해 안마시술소에 들어갔을 뿐인데 수사관이 성매매 혐의를 씌운다고 주장한다. 강간 사건의 경우 당사자 동의하에 성관계를 맺은 화간인데 강간이라고 억울하다 말한다. 수사관은 현장에 있지 않다. 피해자, 목격자, 증인의 진술과 물증에 의해 판단한다.

우리나라는 위증이 많은 편이다. 미국처럼 법정에서 성경 또는 법전에 손을 얹고 선서를 하면 위증이 줄어들 것이라는 말도 있다. 우리 사회가 '정직'보다는 '의리'를 중시하는 온정적인 사회이기 때문에 위증이 생긴다는 분석도 있다.

'친구를 배신하고 진실을 말하는 사람'보다는 '거짓말을 하더라도 친구를 위해 위증을 해주는 사람'이 더욱 사랑받는 풍토가 있는 한 우리 법정에서 거짓말과 위증이 사라지지 않을 것이다.

물증도 마찬가지다. 서류위조가 판치고 있는 세상에서 물증도 믿기 어렵다. 위조된 서류와 위증하는 증인에게 감쪽같이 속을 수 있다. 수사관의 잘못된 판단은 당사자에게 재산과 생명이 좌우되는 가장 치명적인 일이다. 경찰의 오판을 막기 위해 검찰과 법원이 있지만 그것도 100% 신뢰할 수 없다. 경찰의 기초조사 자료와 판단이 영향을 미치기 때문이다. 의사의 오진이 환자 생명과 건강을 해칠 수 있듯이 경찰의 오판이 당사자 인생에 크나큰 영향을 주게 된다.

한 가지 사실을 놓고 두 사람이 정반대 진술을 한다. 경찰서 조사실은 '거짓말 경연장'이고 수사는 '거짓말 가려내기 과정'이다. 고소인과 피고소인들은 당사자와 증인의 거짓말에 속지 않기 위해 안간힘을 쓴다.

수사관은 거짓과 진실이 난무하는 사무실에서 진실을 판단해 주는 역할을 한다. '7:2:1의 법칙'이 있다. 그 법칙에 따르면 스포츠 경기에서 심판의 판정 중 70%는 정당하지만 10%는 오판이며 나머지 20%는 모호하다고 한다. 모든 판단과정에 적용하기는 어렵지만 꽤 수긍이 가는 이야기다.

오판을 최소화하려면 많이 들어야 한다. 당사자들이 제출하는 서류와 주장 사실을 다 들어줘야 한다. 조사 중간에 선입견을 갖는 말을 삼가야 한다. 전문지식이 필요한 사안이면 그 분야 전문가에게 자문을 구해야 한다.

경찰관 혼자만 판단해서는 안 된다. 경륜 많은 수사관의 의견을 들어야 한다. '나만의 사건'이라는 편견을 버려야 한다. 잘못 판단하면 한 사람의 일생이 망쳐버릴 수 있다는 생각을 가지고 수사에 임해야 한다. 말 한마디, 질문 한마디, 한마디를 조심해야 한다. 상대방의 입장에서 생각해야 한다. 조사는 철저히 하되 판단은 신중해야 한다.

기분 나쁜 상태에서 판단해서는 안 된다. 당사자의 주장이나 제출 증거에 얽매여서는 안 된다. 직권으로 사실조회도 실시하고 현장검증도 하고 증거조사도 실시해야 한다. 사무실에 앉아서 당사자에게 증거와 자료를 제출하라고 요구하는 방식의 수사는 탈피해야 한다.

사회적 약자를 돕는 수사가 필요하다. 무엇이 쟁점이고 어떤 자료가 필요하다는 사실을 가르쳐 줘야 한다. 그러면서도 공정하게 처리한다는 이미지를 심어주어야 한다. 필히 경찰관은 구도자의 자세로 수사에 임해야 한다.

▌저울처럼 공정하고 칼처럼 엄정하게

미국은 샐러드 볼이라 할 정도로 다인종, 다문화 사회다. 언어도 다르고 문화 배경도 다르지만 미국과 미국인이라는 큰 틀 안에서 단결한다. 그렇게 다양한 그들이 모두 수긍하는 것이 하나 있다. 바로 강한 공권력의 집행에 철저히 순응해야 한다는 것이다.

죄를 짓지 않고 법과 규칙을 지키며 살아가는 대다수 미 국민들은 자국의 강하고 공정한 공권력을 고마워한다. 정차 명령에 응하지 않고 도주하는 운전자를 총으로 벌집으로 만들어도 '뭔가 이유가 있을 것이다'라고 먼저 생각한다. 공권력의 공정함을 믿지 못했다면 다인종·다문화 국가인 미국은 절대 유지되지 못했을 것이다.

수사는 친절, 신속, 공정해야 한다. 이중 으뜸 덕목을 가리자면 공정이다. 경찰과 검찰과의 수사권 조정도 마찬가지다. 경찰수사가 검찰보다 더 공정하다고 국민들이 평가하고 인정하면 경찰이 독자적인 수사권을 갖는 것에 아무런 반론도 붙이지 못할 것이다.

공정성에 대한 평가가 최우선으로 자리 잡아야한다. 빠른 처리는 졸속처리가 되기 쉽다. '수사 미진'이란 비판을 받기 쉽다. 수사관은 잘 경청해야 한다. 고소장을 받자마자 미리 결론을 내놓고 결론에 따라 짜 맞추는 수사를 하여서는 안 된다. 고소장에 적시된 내용뿐 아니라 그 이면을 잘 들여다봐야 한다. 당사자가 제시하는 증거에만 의존하지 말고 실체적 진실 발견을 위해 직권으로 현장에 나가 증거를 수집해야 한다.

'누구의 말이 진실일까?' 수없이 고민하고 경륜이 많은 사람들에게 물어봐야 한다. 공정했다는 판단은 누구에게 받고, 어떻게 받는가?

1차로 경찰이 송치한 의견대로 검찰이 결정하고, 2차로 검찰의 기소처분에 대한 법원의 판결과 검찰의 불기소처분으로 이의신청 등의 결과에 의존할 수밖에 없다. 그러나 이보다 더 중요한 것은 그 처분으로 불이익을 받는 당사자의 태도이다.

고소, 고발사건에 있어 기소처분은 피고소(고발)인에게는 불리한 처분이다. 그럼에도 불구하고 피고소(고발)인이 자신에게 불리한 처분을 한 수사관이 성심성의껏 열심히 조사를 해 주었다는 답변을 할 때 그 수사관의 수사결정은 공정했다고 판단된다.

불기소처분은 고소(고발)인에게는 불리한 처분이다. 고소(고발)인이 제기한 사건이 자신에게 불리한 무혐의처분이 내려졌음에도 불구하고, 고소(고발)인에게 수사관이 무혐의 이유에 대해 자세히 쉽게 설명해 주었고 열심히 수사를 해 주었다고 답변할 때 그 수사관 역시 공정한 수사관이라고 평가받아야 한다.

공정성에 대한 판단은 청문감사관실에서 담당해야 한다. 수사지원팀, 교통사고조사계에서 검찰로 송치한 사건, 내사종결한 사건 중 무혐의와 기소의견 송치사건을 선별하여 청문감사관실에서 이로 인해 불이익을 받게 되는 민원인에게 전화로 수사결과 만족도에 대해 면담하면 된다.

한때 경찰서 수사실적평가는 공정성 덕목평가를 지방청 수사이의 민원신청건수 여부로 평가한다. 필자가 지방청 수사이의 민원신청을 분석한 결과가 인용되는 사례는 거의 없었다. 지방청 수사이의 신청제도는 법적근거도 희박하고 구속력도 없다. 형사소송법, 검찰청법에 있는 것은 검찰의 고소, 고발에 대한 무혐의결정에 대한 항고나 재항고뿐이다. 이의신청이 줄어들었다고 경찰수사가 공정하다고 말할 수는 없다. 상관관계가 적다. 이것을 가지고 공정성 평가를 하여서는 안 된다.

수사관 교체제도를 시행한다. 수사관이 편파우려가 있거나 수사실력이 적다고 판단되어 공정성시비우려가 있는 경우 민원인신청에 의해서 한다. 그러나 수사관이 교체된다고 수사의 질이 좋아지는 것은 아니다. 수사의 공정성 여부를 판단할 수사종결권이 있는 검찰, 그리고 법원의 판단에 의해 결정된다.

수사성격상 기소와 불기소 중 하나를 선택할 수밖에 없는 경찰의 입장에서는 불이익한 처분을 받게 되는 다른 당사자에 대해 충분한 설명을 통해 납득을 시켜야 한다.

경찰의 수사종합보고서와 송치의견서의 송치의견 부분은 검사나 판사의 공소장과 판결문처럼 누가 보더라도 납득될 수 있도록 쉽게 작성돼야 한다. 그런 노력과 훈련이 필요하다.

▌수사종합선물세트 '교통사고조사'
경찰서에 접수되는 사건 중 사기고소, 폭행, 절도사건 다음으로 많은 비중을 차지하는 것이 교통사고 사건이다. 접수단계부터 과실이 명확하게 구분되는 사건도 있지만 많은 사건들이 누가 가해자인지, 피해자인지 누구에게 과실이 많은지 하는 어려운 사건들이 종종 있다.

교통사고조사는 경찰관이면 누구나 한 번쯤 해보고 싶은 업무다. 국민들 중 70% 이상이 운전면허증소지자이고 운전을 하면서 접촉사고 등 교통사고 가해자·피해자의 입장이 되어본 사람들이 많기 때문에 관련 민원도 많다.

교통사고조사는 검증(실황)조서를 작성하는 것이 의무화돼 있다. 살인이나 강도 등 강력사건의 경우만 검증(실황)조서를 작성하는 수사업무와는 다르다. 검증조서를 많이 작성해 본 사람이 수사기록도 잘 만든다. 교통사고조사를 많이 해 본 사람은 다른 수사도 잘한다. 사건 현장기록이 중요하기 때문에 현장감식도 의무적으로 한다. 과학수사팀만 현장감식을 하는 것과는 달리 교통사고조사관이 직접 하는 경우도 많다.

더욱이 최근에는 보험범죄성 교통사고가 증가하고 있는 추세다. 교통사고조사가 전문화·과학화돼야 할 필요성이 큰 이유다. 하지만 현실은 이를 뒷받침해 주지 못하고 있다.

현재 경찰서 교통사고조사계는 경비교통과에 속해 있다. 경비교통과장이 주무과장이다. 경비업무는 집회시위관리와 전·의경 관리업무가 주된 업무이다. 교통업무인 원활한 교통소통과 사고예방업무와는 맞지 않는다. 과 서무가 경비계이고 지휘관의 주된 관심사도 안전한 집회시위관리와 전·의경 사고예방에 있다.

교통업무는 사망자 줄이기만 신경을 쓸 뿐 교통사고조사의 공정성에는 별 관심이 적다. 그저 민원만 사지 않게끔 하라는 것이다. 교통사고 이의신청 접수건수에 따라 공정성여부를 평가하는 수준 정도이다. 제대로 관리감독이 이루어질 수 없다.

더군다나 교통사고조사계 직원들은 수사경과자로 분류되어 있다. 인사고과 근무평정 때도 수사과·형사과 직원들에 비해 불이익을 받는 사례가 많다. 교통사고조사관이 특진·심사승진하는 사례는 거의 찾아보기 힘들다. 경찰청도 교통사고조사 과·계가 없다. 교통기획담당과 안전담당만 있을 뿐이다.

일본의 경우 교통사고조사계가 아닌 '교통수사계'라는 명칭을 사용한다고 한다. 교통사고 조사업무는 '수사'다. 그것도 매 건마다 현장사진과 실황조사서가 첨부되는 수사업무다. 형사과에서 취급하는 폭력사건의 경우도 실황조사서와 현장사진이 첨부되지 않는다. 어떻게 생각하면 교통사고조사관이 형사과보다 더 전문성을 갖춰야 한다.

지방청에는 교통사고조사 이의신청팀이 있다. 이 경우도 법적으로 근거가 없다. 검찰은 수사종결권이 있어 검찰청법상 고소사건처리결과에 따른 항고·재항고가 있다. 경찰은 수사종결권이 없어 경찰서 교통사고 조사결과에 대해 지방청에 이의신청을 해도 실익이 거의 없다. 지방경찰청 교통사고 이의신청 결정에 대해 불복하면 어떻게 해야 하는지에 대한 규정도 없다. 이미 검찰에 송치되어 수사가 종결된 상태에서 지방청에 이의신청을 한들 무슨 의미가 있겠는가? 경찰수사가 진행 중인 경우에 이의신청은 아직 처분이 내려지지 않은 상태에서 하는 이의신청이기 때문에 실효성이 적다. 또한 본청수사처분의 이의결정에 대해 불복하는 경우 판정해 주는 부서도 없다. 검찰처럼 재수사 명령 등 실질적인 지휘를 할 수 있는 법적·제도적 근거마련이 필요하다.

교통사고조사관 선발도 제대로 이루어져야 한다. 엄격한 자격심사를 거칠 필요가 있다. 먼저 파출소에서 교통사고 처리사건 초동조치를 얼마나 잘 하였는지를 심사해야 한다. 파출소의 경우 교통사고 현장에 출동하면 교통사고 발생보고서(초동조치용)를 작성하도록 되어있다. 현장약도, 스케치, 목격자진술, 사고지점 표시 등을 제대로 잘했는지를 출동 경찰관이 작성한 보고서를 보고 심사해야 한다. 그런 현장초동실무경험능력이 선발조건의 최우선이 되어야 한다. 다양한 교통사고 조사기록을 주고 오류는 무엇인지 질문도 하여야 한다. 도로교통법, 교통사고 처리특례법에 대한 법적 지식도 질문하여야 한다.

자동차 교통공학, 물리학 지식을 갖춘 전문수사요원을 양성해야 한다. 차량손상, 타이어, 혈흔, 각종 유류물 등 정밀촬영을 위한 사진촬영과 현장감식 능력이 필요하다. 이와 관련한 교육도 강좌가 개설되어야 한다. 의학적 지식도 갖추면 더욱 금상첨화다. 현재는 그런 심사자료 없이 팀장·과장 추천에 의해 선발된다.

교통사고 조사관에 대한 인사관리도 제대로 하여야 한다. 현재 교통사고 조사관들에 대한 타부서 이직률이 높다. 그러다 보니 일부 경찰서의 경우 경력 2년 미만 직원들이 대부분이라고 한다. 이런 상태에서 어떻게 전문성이 확보 되겠는가?

경력이 짧은 직원들로 채워지면 교통사고 조사의 전문성이 떨어져 국민들의 불신으로 이어진다. 왜 교통사고 조사관이 잦은 이직을 하는지 그 원인을 분석하여야 한다. 승진·수당의 인센티브가 적다면 승진·수당에 있어 인센티브를 부여해야 한다. 아니면 계급에 구애받지 않고 소신껏 일할 수 있는 수당·보수 등에 있어 특혜를 부여해야 한다.

훌륭하게 완수한 교통사고 조사가 수사신뢰의 바로미터가 되는 경우가 정말 많다. 국민의 지근거리에서 능력을 뽐낼 수 있는 교통사고 조사 전문요원의 육성으로 현장은 더 강해질 수 있다.

아울러 음주단속의 정확하고 공정한 측정을 하기에는 현재 하고 있는 방식은 비위생적(세균소독 기능이 없음)이고 정밀도(다양한 기상 상황에서의 정밀도 측정이 아닌 형식적 측정검증)가 떨어진다는 비난이 일고 있다. 음주감지기와 측정기의 성능개선이 필요하다. 현재의 아날로그식 장비와 도로차단식 음주운전단속 방식에서 디지털시대에 맞는 디지털장비와 지능형 단속시스템으로 바뀌어야 한다.

2. 현장에 강한 경찰을 위한 제언

▋ 영어로 뽑는 한국경찰?

경찰관의 임무는 무엇인가? 범죄와 사고로부터 국민의 생명과 재산을 보호하는 것이다. 이런 임무에 충실하려면 봉사와 희생정신이 필요하다. 그런 사람이 경찰에 들어와야 한다.

현행 경찰관채용제도는 어떠한가? 필기, 심리테스트, 체력검증, 면접이다. 점수를 합산하여 결과를 발표한다. 필기의 경우 형법, 형사소송법, 경찰학개론, 영어시험을 객관식으로 본다. 영어시험이 당락을 좌우한다. 합격자들의 경우 사설학원에서 고액의 수강료를 내고 수강을 한다. 평균적으로 3번 만에 합격한다. 그런 후 심리검사를 한다. 그것도 미리 심리시험지를 입수한 것으로 학습을 한다. 그러니 심리시험이 효과가 있을 리 없다.

태권도 등 무도단증, 운전면허증은 필수다. 그런데 운전면허증은 장롱면허다. 면허만 취득했지 운전경력이 없다. 태권도 등 무도단증도 검증이 안 된다. 체력검사는 윗몸일으키기, 악력, 오래달리기, 팔굽혀펴기를 한다. 이것도 별로 차이가 안 난다.

면접도 형식적이다. 15분여 만에 끝난다. 질문도 다양하지 않다. 경찰 지원이유, 장래희망 부서 등 일반적인 질문이 주류다. 결국 영어성적이 좌우한다.

영어성적과 경찰관 자질이 비례할까? 경찰관이 영어를 구사할 수 있는 기회는 거의 없다. 영어시험도 객관식 필기시험이다. 영어를 본다면 영어로 자기소개, 민원신고 시 처리답변에 대하여 인터뷰 테스트를 해야 한다. 그러나 영어시험 한 문제가 경찰관의 당락을 결정한다. 바뀌어야 한다. 대한민국 경찰관을 선발하는 것이지 미국 경찰관을 선발하는 것이 아니다. 필기는 경찰관으로서 기본 소양이 있는 정도로 쉽게 출제돼야 한다. 그 지역의 지리와 역사에 대해 알고 있는지 정도만 알면 된다. 80점만 넘으면 무조건 합격시켜야 한다.

제일 중요한 것은 인성검사다. 정직, 봉사, 배려, 희생, 충성심이 있는지 여부다. 이것을 측정하기는 어렵지만 매우 중요한 덕목이다. 심층적인 면접, 신원조사가 필요하다. 이것에 대한 비중이 커져야 한다. 다양한 측정방법이 필요하다. 과제도 내주고, 잠복근무와 순찰도 시켜보고 행군도 시켜봐야 한다. 남을 배려하고 모든 일에 정성을 다하는 희생정신과 충성심이 있는지 검증해야 한다.

가족, 친구, 교우관계, 직장관계도 면밀히 살펴봐야 한다. 응시자를 상대로 구술면접 후 답변을 토대로 검증을 통해서 사실여부를 확인해야 한다. 거짓이 드러나면 불합격시켜야 한다.

한국 경찰관 선발제도는 필기시험에 대한 의존도가 크다. 수사실무, 경찰실무, 형법, 형사소송법, 영어 등이 그것이다. 경찰관 선발시험이나 승진시험도 영어를 빼면 대동소이하다. 형법과 형사소송법은 경정까지 난이도만 차이가 날 뿐 거의 같다. 경찰 윤리가 실무에 포함되어 있다. 그것도 필기시험이다. 내용을 보면 온통 미국, 영국, 프랑스 경찰이야기이다. 철학적인 내용도 있어 이해하기가 무척 힘들다. 윤리적 소양을 필기로 평가할 수 있을까? 실무를 경찰관 선발과목에 포함시키는 것도 맞지 않다. 실무 문제도 업그레이드가 안 돼 현장과 동떨어지고 단순 암기문제다.

승진도 마찬가지다. 실무시험에 나오는 객관식이 승진계급마다 중복·편성되었다. 또한 작년 경찰쇄신위원회의 권고로 '경찰청렴도 향상'을 위한 경찰 윤리시험이 계급별 승진시험과목에 추가되었다. 철학 위주의 시험문제로 경찰의 윤리성을 측정할 수 있는지 심히 의심스럽다. 일부 문제들은 윤리성 측정과는 거리가 멀고 유치하고 수준이 떨어진다고 한다. 특진에 있어서 그 사람이 그 계급을 달 소양이 있는지 알기 어렵다. 주관적인 요소가 너무 들어간다. 지적 능력이나 지식 외에 인성적인 면을 고려해야 한다. 인내력은 물론 다른 사람과 쉽게 어울릴 줄 아는 친화력, 그리고 새로운 것에 대한 마음을 여는 개방성 등이 있어야 한다.

훌륭한 경찰관이나 상사가 되는 데 필요한 소프트 스킬soft skill이 어느 정도인지 검사해야 한다. 손자가 제시한 다음과 같은 5가지 인사발탁 세부항목은 지금 우리가 인용하기에 유용한 대목이다.

- 첫째 실력智이다. 이때 실력은 병법이나 줄줄 외는 머릿속의 지식이 아니라 현장을 읽어낼 줄 아는 안목이다.
- 둘째 신념信이다. 장군의 신념은 상생相生으로 병사들에게 신뢰를 얻는 것이다.
- 셋째 인격仁이다. 인은 배려와 존중으로 병사들의 마음을 얻어내는 것이다.
- 넷째 용기勇다. 용기는 모든 것을 책임질 줄 아는 자세다. 용장 밑에 약졸이 있을 수 없다.
- 다섯째 엄격함嚴이다. 조직 시스템을 공평하게 운용하고자 하는 노력이 리더의 엄격함이다.

지금 우리 경찰관 선발과 승진 시스템이 위와 같은 평가를 제대로 할 수 있는 시스템인지 반문하고 싶다. 미리 짜인 각본에 의해, 출신과 지역 안배라는 운에 의해, 상사와의 단순한 친분에 의해, 우연한 사건에 의해, 평가하기 쉬운 추상적인 잣대로 만들어지고 있는 것이 아닌가, 면밀히 점검해야 할 시기다.

▌뉴욕경찰 벤치마킹할 것!

"경찰 3년 치 미지급 초과 수당 지급하라."

현직 경찰관 수천 명이 실제 근무한 만큼 초과 근무수당 지급을 요구하는 소송을 제기한 적이 있었다. 지구대와 파출소 근무 당시 상시 초과 근무를 할 만큼 격무에 시달리는 게 다반사지만 수당조차 제대로 지급받지 못하는 것이 현실이다. 차라리 돈을 벌고 싶으면 경찰이 아니라 조폭이 되라는 우스갯소리가 나올 법한 현실이다.

4~5일에 한 번꼴인 당직, 일주일에 한두 번인 야간 방범근무, 각종 행사 동원, 일요일에도 쉬지 못하고 끌려 나가 근무해도 일한만큼 수

당을 제대로 받지 못한다. 경찰 보수는 검찰 사무직 등의 공안직군보다 기본급이 현저히 낮고 심지어 일부 계급은 행정직보다도 낮게 책정돼 있다.

우리나라 근로기준법 제49조는 '1주간의 근로시간은 휴게시간을 제하고 44시간을 초과할 수 없으며 1일의 근로시간은 8시간을 초과할 수 없다'라고 규정한다. '사용자는 연장근로와 야간근로 또는 휴일근로에 대하여 통상임금의 100분의 50 이상을 지급하여야 한다'고 명시돼 있다. 또한 제55조 '규정 위반 시 3년 이하의 징역 또는 2천만 원 이하의 벌금에 처한다'는 처벌규정도 있다. 하지만 근로기준법에서 경찰공무원에 대한 적용은 배제되어 있다. 경찰공원법 특별법에 의해서다.

반면 미국 뉴욕 경찰은 현장에서 근무해야만 제대로 돈(?)을 벌 수 있다. 합리적인 시간외 수당의 지급제도가 제도화되어 있기 때문이다.

미국의 경우 경찰관은 근로자다. 당연하게도 공정근로기준법 적용을 받는다. 미국 경찰은 주 40시간의 규정된 시간의 근무는 본봉으로 그 외 근무는 시간외 수당으로 지급받는 단순체제다. 일을 더 시키려면 돈을 더 주어야 한다. 우리처럼 국가관이나 사명감과 서비스 정신만 강조할 뿐 아무런 수당도 없는 초과근무를 요구하거나 경찰관을 동원하는 일을 상상조차 못한다. 1일 8시간 주 5일 근무가 원칙이지만 3일 동안 40시간을 근무한 후 연속으로 4일 쉬는 변형근로시간제도 정착되어 있다.

대학과 대학원에서 공부해도 된다. 일찍 퇴근해서 개인회사나 저택의 경비근무나 개인경호 등의 부업을 해도 상관없다. 복수 직업이 정식으로 인정되는 체제다.

미국 경찰관 대부분 본봉보다 시간외 수당이 많다. 특히 음주측정, 거짓말 탐지기 운용 등 특수 기술이 있는 경우에 더 많이 받는다. 게다가 돈을 더 벌고 싶으면 시위진압, 운동경기장 경비, 마약단속, 심야 음주단속, 취약시기 특별순찰 등을 지원하면 된다.

여기에는 우리나라 경위, 경감, 경정급에 해당하는 간부들도 일반 비간부 경찰관이 하는 일을 똑같이 한다. 감독자가 아니라 시간외 근무에 필요한 임무를 계급고하를 불문하고 돈 벌기 위해 사는 것이다. 신혼 직원 등 돈이 많이 필요한 사람은 시간외 근무를 지원하면 된다. 개인 시간이 필요한 직원은 주 40시간의 기본근무를 사흘에 걸쳐 한꺼번에 하든 5일에 나누어 하든 선택하면 된다.

미국 경찰이 가진 재무적 매력 중 또 하나는 바로 퇴직 연금제다. 자기부담금이 많지만 20년에서 25년 정도만 근무하면 정년퇴직이 가능하다. 병역의무가 없어 20년 근무 후 은퇴해도 보통 40대 초중반이다. 최고 본봉의 83.5%까지 연금을 받아가면서 새로운 인생설계를 할 수 있다. 새 직장을 구해 옮기고 연금과 새 직장의 보수로 노후를 여유롭게 보내는 것도 다반사다.

일제단속이나 특별단속도 특별한 경우 아니면 거의 없다. 개인 실적에 따라 대우가 다르기 때문에 잔소리가 필요 없다. 지시성격의 회의도 없다. 보수 없는 시간외 근무와 대가 없는 대기성 근무는 아예 생각도 못한다. 미국 경찰은 자기 직업을 스스로 비하하거나 자탄하지 않는다. 작은 비위의 유혹에 끌려 소탐대실하지도 않는다.

그렇다고 미국 경찰에게 투철한 사명감과 애국심이 없다고 생각하면 오산이다. 미국만큼 경찰관을 제대로 선발하는 나라도 없다. 사람이 소중한 자산이고, 사람이 그 조직의 운명을 결정한다고 생각한다. 제대로 된 사람으로 제대로 뽑아 배치해야 한다. 경찰은 더욱 그렇게 해야 한다. 우리나라처럼 열심히 노량진에서 영어 단어만 외운다고 경찰이 되는 것이 아니다.

미국은 경찰 필기시험에 합격하면 체력검정, 종합검진, 심리검사, 정신병학 검사를 받는다. 이 때 많은 사람들이 심리검사와 정신병학 검사에서 탈락한다. 거짓말 탐지기 조사, 약물복용여부 검사, 신원조회까지 마친다.

신원조회 역시 실질적이고 현실적이다. 응시자의 거주지 주민들에게 그 응시자의 인격과 평판은 물론이고 평소의 행태를 세밀하게 탐문하여 경찰관의 적격 여부를 판단한다. 정밀 신원조회에 통과한 사람은 일단 경찰관 채용시험의 최종 합격자로 발표된다.

최종 합격자는 Police Academy(경찰학교)에 입교하여 7개월간의 소양교육을 받는다. 교육을 받는 도중에 소정의 필기시험과 체력 테스트를 거친다.

일선에 배치된 신임수습 순경은 신임교육 과정의 마지막 단계인 현장실습Field Training을 1년 동안 하게 된다. 미국 경찰의 현장실습 제도는 경찰학교를 졸업한 후 경찰관으로서 자격Certification을 취득하기 이전 단계인 신임 경찰관 또는 다른 경찰기관에서 근무 중 해당관서로 이직해 온 경력 경찰관을 대상으로 한 교육이다.

현직 경찰관을 교관으로 지정해 동승 순찰 등을 통해 신임 경찰관과 경력 경찰관의 자질을 재점검하고 경찰관들이 근무하게 될 지역에 대한 이해와 실무능력을 높이기 위한 프로그램이다.

주마다 상이하지만 대부분 경찰위원회 규정이 현장실습을 권고하고 있다. 미국 경찰의 현장실습 제도는 신임 훈련과정의 일부로서 경찰관으로 임용되기 이전에 교관 전문요원이 아닌 현장근무 경찰관인 교관과 함께 실무경험을 축적한다. 한국경찰의 신임과정인 관서실습과 유사한 성격을 가지지만 미국의 교육은 자신이 앞으로 직접 근무하게 될 관할구역에서 행해짐으로써 진정한 실무 경험 및 관할에 대한 이해가 가능하다는 점이 우리와 매우 다르다.

이런 현장형 경찰이 실질적으로 집행하는 공권력에 대해서 국민들은 매우 협조적이며 단호하게 인정한다. 제도와 법 규정보다는 사사로운 정리와 편견이 앞서는 사회의 일면을 갖고 있는 우리나라에서는 엄정한 법집행을 하는 경찰의 정당한 권리조차도 과잉이라 비난하고 질타하는 시선이 많다.

하지만 미국은 다르다. 만약 미국 경찰에게 어떤 이가 저항하거나 불응한다면 이는 목숨을 걸어야 하는 일이다. 강력범을 제외하고는 함부로 달려들지 않는다. 강력한 미국 경찰은 공무집행에 방해받지 않는다. 그만큼 업무수행 능력은 높아질 수밖에 없다. 자신들에게 그 혜택이 직접 돌아오는 것이라고 믿는다.

우리 형사소송법은 현행범에 대해 일반인도 체포영장 없이 체포할 수 있도록 규정하고 있다. 체포에 항거할 때에는 경찰무기를 사용해서라도 제압해야 함은 상식이다. 하지만 이는 우리 경찰에게는 설득력이 매우 떨어지는 상식이다. 당장 인권침해를 들먹이며 난리가 난다.

반면 미국 경찰은 경찰학교에서 배운 수칙대로 범법 행위를 한 자는 가차 없이 체포한다. 체포에 저항하거나 명령에 불응하면서 경찰관 몸에 손을 대었을 때에는 경찰관 폭행으로 중범죄에 해당한다. 경찰은 쇠막대기로 된 경찰봉과 같은 경찰무기를 사용해 제압한다. 멱살 잡히는 경찰은 상상할 수 없다.

'인권침해'를 운운하며 피의자와 언론이 떠들기 시작하면 우리 현실에서는 사건에 대한 책임을 면하거나 경감시키기 위해 파문의 확산을 최소화하고 사건 축소에 노력한다. 가끔은 꼬리 자르기식 문책이 뒤따를 때도 있다.

하지만 미국은 그런 일이 발생하면 경찰관 자신도 경찰수칙에 따라 대응하지 않았다는 사유로 중징계를 당한다. 언론 역시 일편의 입장만을 전달하는 것이 아니라 경찰이 범죄자들에게 한 행위에 대한 경위 심층보도가 객관적으로 이뤄진다. 사건의 축소나 왜곡, 과장도 없이 객관적인 조사와 보도가 동시간대로 이뤄진다. 의혹도, 과장왜곡도, 선정성도, 비난도 없다.

우리나라는 정당한 경찰권 행사를 위한 무기 사용에도 과민반응이다. 저절로 무력하고 초라한 경찰이 된다. 하지만 미국 경찰은 법과 규정에 의한 무기 사용은 절대 비난하지 않는다. 미국 경찰도 책임을 묻기도 하지만 엄밀히 말하면 무기 사용 발생 자체보다는 무기 사용 발생에 대한 대처가 합법적이고 합리적인가를 따진다.

미국에서도 경찰은 14번째로 위험한 직업이라는 통계가 있다. 개선된 장비와 보다 발전된 훈련과 무기사용으로 대처가 가능한 와중에서도 경찰직은 미국에서 가장 많은 순직자를 내는 위험 직업군이다.

하지만 계급별 경찰관의 권한과 책임의 한계가 명확하고 합리적으로 정해져 있다. 계급보다는 업무량이나 일의 난이도에 따라 보수와 대우가 좌우되어서 만족감이 높은 직업군 중에도 속한다.

아래와 같이 미국 뉴욕경찰과 우리나라 경기지방경찰청 소속 경찰들을 비교한 표를 보면 시사하는 바가 많을 것이다.

〈미국 뉴욕경찰과 대한민국 경기지방청〉

구분	뉴욕시 경찰청	경기 지방경찰청
면적	1,214㎢	10,184㎢
인구 및 경찰 수	8,175,133명 / 37,000명 (2010. 4월 기준)	11,710,000명 / 17,000명 (2010. 4월 기준)
복지 분야	– 첫해 20일 유급 휴가 – 5년 이상 근무 시 27일간 유급 휴가 – 급여에 지장을 주지 않는 제한 없는 병가 – 선택 가능한 의료 보험혜택 – 처방 의약품, 치과, 안경 커버하는 보험 – 연금 지급 – 후불 임금 제도 – 20년 후 반액급여 지급하는 명예퇴직 가능 – 퇴직 후 매년 $12,000 보충 연금	– 첫해 6일 유급 휴가 – 5년 이상 근무 시 20일, 6년 이상 21일 – 급여제한 병가 60일 이상 경과할 경우 휴직처리 – 국가의료보험제도(선택제 없음) – 국가의료보험제도 – 동일 – 동일 – 20년부터 연금지급 ·09년 이전 : 근무연수에따라 순차적으로 지급 ·09년 : 60세부터 연금 지급 ·10년 : 65세부터 연금 지급

복지 분야	– 20년 이후 근속 시 매년 $12,000 추가 지급 – 다양한 승진 기회 – 교육 제공	– 없음 – 없음 – 동일 – 동일
	전직 군인에게 특혜 전직 군인은 퇴역군인 보장제도(G.I. bill)에 따라 경찰훈련을 받는 동안 매달 $1,000 혹은 그 이상을 추가로 지급, 18개월 동안 퇴역군인 보장제도에 의해 경찰로 일하는 첫 2년은 추가로 $18,000 이상의 돈을 지급 군에서 일한 기간은 3년까지 경찰 경력에 포함시킬 수 있음(군 경력까지 포함)	군에 복무한 만큼 가산, 기타 특별한 혜택 없음
재난	재난사고 발생 시 경찰관 파견(폭풍 등)	일부 파견
인질 등 중요 사건 시	**특수 전문가가 필요한 상황에 ESU 요원 출동**(Emergency Service Unit) 특수 도구와 전문지식을 이용한 지원을 제공, 자동차 사고, 건물 붕괴에서 인질이 잡힌 상황까지	지방청별 테러 대비 수행하나 여타 항목은 없음

형사국	**잠복 지문부서** 범죄수사학과 지문감별	과학수사반과 동일한 역할
범죄 수사	**K-9 부대**(동물을 이용한 증거물 찾기) 실종자, 범죄자, 증거물	실종자 전담팀은 있으나 동물 이용한 범죄 증거물 수사는 일 부에 한정(지원 부족)
	실시간 범죄센터 운영 – 살인 등의 범죄수사 현장에 있 는 형사들에게 수사에 도움이 될 만한 자료를 제공 – 그 지역 역사와 범죄 기록, 근 처에 거주 범죄자, 증언 등을 현장에 있는 요원의 전자기기 로 전송하여 수사에 활용	범죄 수집센터에서 형사들에게 자료를 제공하기보다 수사담당 자가 직접 모든 자료를 검색하 여 활용
	잠복 지문부서	과학수사반과 동일
동호회	**동호회 활동을 통한 단합 강화** – 풋볼, 야구, 하키, 남자 축구, 여자 축구, 경마 등 다양한 동 호회 활동 – 경기장에서 마치 가족과 같이 단합 **경찰밴드 활동** – 음악대는 현재 복무 중인 경찰 로 구성	형식적인 동호회 활동에 그치고 있음 지방청별 경찰악대 활용(의무경 찰 포함)

	– 매년 각종 행사에 초청 공연을 통하여 경찰 홍보 – 전원 현직 경찰로 구성	
외사 수사 활동	**외사분야에 45개국 이상의 언어 전문가 확보** – 약 700명의 외국어 전문가 45개국 – 반테러, 첩보 등의 부서에서 업무담당 – 뉴욕은 외국어를 하는 커뮤니티가 많기 때문에 부서의 필요성 부각, 범죄수사에 도움 – 외국어 전문가들은 FBI와 정보부 같은 외부 단체와 협력	지방청별로 외사계가 있으나 인원은 50명 미만임
지하철	**지하철 안전 교통근무**(지하철을 뉴욕의 동맥) – 2명이 팀을 이루어 활동(팀별 활동 중요시함)	지하철 수사대 등이 활동
차량 관리	**수송대**(FSD)**에서 각종 차량 관리** – 9,000대가 넘는 차량 보유한 다양한 종류의 스쿠터, 오토바이, 경찰차를 제공 – 수송, 회계, 정비, 양도 담당	장비담당부서에서 관리

	– 렉카와 차량 전문가를 제공하며 인명 보호를 위한 최신 기술을 연구	
범죄 예방	주택국	생활안전국과 같은 역할
경찰 채용 관련 예상 문제 및 자료 제공	**경찰시험을 위한 4주간 튜토리얼 프로그램 제공** – 경찰청 교관은 응시자에게 도움이 될만한 시험기술과 전략 제공 – 경찰 시험 예상문제 제공, 객관식 시험이며 여러가지 분야를 평가하는 시험(지식, 기술 그리고 경찰훈련을 받을 수 있는 능력이 있는지 여부를 판단) – 시험 분야에 대한 정의와 샘플 문제 * Written Comprehension : 쓰여진 글을 이해하는가 * Written Expression : 영어를 사용해 다른 이들이 이해할 수 있는 글을 쓸 수 있는가 * Memorization : 단어, 숫자, 그림, 절차 등의 정보를 기억	전혀 없음 사설학원에서 모든 것을 습득

경찰 채용 관련 예상 문제 및 자료 제공	할 수 있는가 * Problem Sensitivity : 무언가 가 잘못했을 때 그것을 예상 하고 말할 수 있는가 * Number Facility : 사칙연산 이 가능한가 * Deductive Reasoning : 보 편적 법칙을 특정한 상황에 대응해 논리적인 판단을 내 릴 수 있는가 * Inductive Reasoning : 작은 정보들을 조합하여 문제에 대한 답, 보편적 법칙, 혹은 결론을 도출해 낼 수 있는가 * Information Ordering : 명령 에 따르고 규칙을 지킬 수 있는가 * Spatial Orientation : 사물에 관계하여 자신이 어디 있는 지 혹은 자신에 관계하여 사 물이 어디 있는지 판단할 수 있는가 * Visualization : 어떤 물체가 옮겨졌거나 부분적으로 없어 지거나 위치가 바뀌었을 때 그것을 상상할 수 있는가	전혀 없음 사설학원에서 모든 것을 습득

결격 사유	– 1년 이상 징역을 선고받는 모든 범법행위에 대한 유죄 판결 – 반복된 범법행위 기록, 법에 대한 존중심이 없으며 윤리적인 의식이 부족하며 무질서와 폭력성을 보이는 요소 – 태도불량, 부적응 등으로 인한 해고 기록 – 군에서의 불명예제대 – 경절도 전과자 – 가정폭력 전과자 – 성격 검사 거부자	결격사유 본인이 사회지탄 범죄가 아니면 특별한 문제없음
1차 필기 시험	– 1차 필기시험 : 사전지식을 요구하지는 않음 경찰 관련 법규, 규정, 절차를 알 필요는 없으며, 뉴욕시 경찰관처럼 생각하고 판단할 수 있는 능력만을 필요	형법, 형소법, 경찰학 개론, 한국사,영어(고교국어,사회,수학,과학 중 선택 1)
2차 약물 및 심리 검사	– 의학 검사 – 약물 검사 – 성격 검사 – 필기 심리 검사 – 구두 심리 검사	일부 테스트함

체력 검사	− 4분 28초 안에 6가지 임무를 모두 수행 ① Barrior Surmount : 후보자 는 무릎을 꿇고 무기가 준 비된 상태에서 50피트를 빠르게 달려 벽을 6발자국 정도 오름 ② Stair Climb : 후보자는 Barrior Surmount에 이어 바로 6칸 계단을 오르내리 는 것을 3번 반복 ③ Physical Restraint Simulati− on : 후보자는 Stair Climb 이 끝나고 억압된 상황에서 의 저항, 힘조절능력을 측 정하는 도구를 사용 ④ Persuit Run : 후보자 는 Physical Pestraint Simulation 이후 바로 600 피트 정도를 고깔을 피하며 뛰게 됨 ⑤ Victim Rescue : 후보자는 Persuit Run 이후 176파운 드짜리 마네킹 다리를 잡고 35발자국 끌고 가야 함 ⑥ Trigger Pull : 후보자는	① 윗몸일으키기 ② 악력 ③ 오래달리기 ④ 팔굽혀펴기

	Victim Rescue 이후 작동하지 않는 무기를 잡고 주로 쓰는 손으로 16발을 쏘고 그 반대 손으로 15발을 쏘는데 이때 인치 넓이의 원 안으로 마지막 발을 쏘는 순간 시험은 종료	
경찰 학교	경찰과학, 법, 행동 과학, 무기, 전술, 신체, 운전 교육 ① 지식과 건강 : 절반은 법, 경찰과학, 행동과학에 대한 훈련 및 건강 ② 기술과 능력 : 절반은 배운 지식의 활용과 무기 발포 훈련, 법정 증언 교육과 운전교육	– 소양교육(17%) 인권침해, 현장근무자 근무태만 적발 사례 특강, 봉사활동 등 – 법률교육(5%) 형법, 형소법, 민법, 행정법 – 실무교육(71%) 교통, 수사, 경비, 경무, 정보, 생활안전, 사격, 운전, 무도, 실무 실습(파출소, 본서) – 기타(7%) 특강(외래강사)

▎몸짱 형사가 필요하다

경찰관은 체력이 중요하다. 강한 체력, 정의감, 열정이 있어야 임무를 잘 완수할 수 있다. 경찰관을 선발할 때 체력검증을 한다. 윗몸일으키기, 달리기 등을 실시한다. 측정결과를 점수화해도 체력검증이 경찰관 당락을 좌우하지는 않는다.

경찰관에 선발된 후 중앙경찰학교 신임순경교육과정에서 체력보강은 없다. 순전히 개인의 몫이다. 대신 체포술, 태권도, 유도, 검도 중 하나를 택하여 수련한다. 순경입직 후에 체력보강은 순전히 개인의 일이다. 달리는 업무보다는 순찰차 안에서 운전하거나, 기동대버스에서 대기하거나, 거리에 서 있거나, 의자에 앉아서 하는 일이 많다.

들어올 때는 태권도유단자, 몸이 호리호리했어도 시간이 흐를수록 점점 살이 찌고 둔해진다. 재미없는 직장, 긴 직장훈련, 교육시간, 앉거나 대기하는 시간이 많아지니, 스트레스로 인해 술과 담배를 하게 되면서부터 몸은 둔해진다. 범인은 뛰는데 경찰관은 숨이 차서 잘 쫓지도 못한다. 일부 여경들은 밤샘 순찰근무 후 체력이 없어 탈진한다. 그런 상태에서 근무 후 바로 실시되는 직장훈련과 소집교양에 심신에 골병이 든다고 하소연한다. 퇴직 후 일반 공무원의 모습과 경찰관의 모습을 살펴보면 얼마나 경찰관들이 조직 내·외부의 스트레스로 심신이 약해지는지를 확연히 알 수 있다.

도보순찰도 점점 사라져간다. 파출소마다 순찰차가 증원되어 배치되면서 도보순찰 인력이 없어지고 차량 순찰로 대체되었다. 운동 부족으로 인한 대장·위장 질환이 많이 생겼다. 당뇨병, 뇌졸중, 고혈압 환자도 증가했다.

팀별, 경찰서별 단체로 체육행사도 거의 갖지 않는다. 단결심, 협동심이 떨어진다. 그래서 체력검증제도를 도입했다. 악력, 윗몸 일으키기, 팔 굽혀펴기, 오래달리기를 매년 실시하고 결과를 승진에 반영한다. 운동은 꾸준히 하여야 한다. 운동할 시간과 여건을 마련해 주어야 한다. 매달 한번 직장훈련을 체력단련시간으로 대체해야 한다.

대한민국 국기인 태권도는 무조건 실시하여야 한다. 매월 전 경찰서, 팀별 산악 행군, 마라톤을 실시해 협동심과 팀워크를 배양해야 한다.

조직 내 운동과 레저 관련 모임을 적극 장려해야 한다. 강제적인 체력검증보다는 자발적인 체력증진이 필요하다. 경찰서를 신축할 때 반드시 먼저 헬스장, 무도장을 가장 멋지게 최신식으로 건립해야 한다. 강인한 경찰이 되어야 국민들이 안심할 수 있다. 경찰지휘부에 경찰대출신이 많고 대졸자 고학력 신임경찰관이 70% 이상을 차지하는 것이 강인한 경찰관의 모습인 것은 아니다.

▌팀워크로 수사하는 경찰

경찰은 팀별 수사가 원칙이다. 한 사람이 수사를 할 수 없다. 역할분담이 되어야 한다. 예컨대 살인사건이 발생하면 채증팀, 분석팀, 탐문조사팀, 연고선 주변 인물파악팀, 우범자 주변 파악팀, 공조팀으로 구성된다.

누가 사건해결에 가까운 단서로 배치되었는가에 따라 사건을 해결한다. 과장은 팀원들의 경험, 성격, 특기를 고려하여 임무를 부과한다. 특히 채증·분석팀은 수사에 도움이 되는 각종 자료를 제공하여야 한다. 범죄가 광역화, 지능화됨에 따라 동일수법분석 등 공조수사팀의 역할도 커진다.

그런데 개인별 공적 다툼 때문에 공조가 잘 되지 않고 정보도 잘 제공하지 않아 수사회의의 효율성이 떨어진다. 모두 다른 사람들이 공을 가로챌까봐서다. 지방청과 본청에서 수사지원을 나와도 그들에게 가르쳐 주지도 않고 그들 또한 현장 수사팀에게 정보도 제공하려 하지 않는다. 거짓 정보를 제공하여 수사에 혼선을 주는 경우도 있다. 특진도 개인만 시킨다. 그러다 보니 팀내 팀원·조원 간에도 정보교류가 안 된다. 수사의 비효율성만 가져온다.

실제 사건해결에서 경위 한사람이 주인공이 될 수 있을까? 필자의 경험으로는 결코 경위 한사람의 공적에 의해 사건이 해결될 수 없다. 한 사건을 해결하기 위해서는 여러 사람, 즉 팀원의 협력이 절대적으로 필요하다. 그런데 그 팀에서 사건을 해결했을 때 경감 특진유공이 걸리면 팀장인 경위가 경감으로 승진하고 나머지 팀원들은 팀장을 위해 희생하는 꼴이 된다. 공적심사가 나와도 미리 팀원들이 '팀장이 잘 지휘해서 사건을 해결했다'고 이야기해버리면 공정한 공적심사가 이루어질 수 없다. 개인이 사건을 혼자 해결할 수는 없다. 팀장의 사건 지휘, 팀원들의 공조수사 등 팀워크에 의해 사건은 해결된다. 팀별 평가가 이루어지는 것이 맞다. 혼자만 열매를 맛보는 팀장이 수사팀을 잘 이끌 수 없다. 팀원들이 그 팀장을 실력으로 인격적으로 인정해 주지 않는다. 그러면 팀워크가 깨어진다. 수사는 팀 수사다.

수사교육도 개인교육만 가르치지 팀별 문제해결 교육을 하지 않는다. 공조수사 활성화 같은 사례연구과제 교육도 없다. 수사지휘교육에는 필수적인데도 말이다. 팀워크가 잘 형성될 수 있도록 훈련을 해야 한다. 시스템도 바뀌어야 한다. 공조를 잘해 사건을 해결하면 공조점수도 인정해 주고, 공조팀도 포상을 실시하여야 한다. 개인별 특진제도는 없어져야 한다. 그래야 공조가 잘된다.

팀워크 훈련이 잘 이루어지도록 야간 행군, 유격훈련도 실시해야 한다. 팀별로 과제를 주어 팀장이 팀원들을 어떻게 지휘해 문제를 해결하는지 능력을 검증해야 한다. 팀워크가 생명이다. 말로만 팀제 운영을 외칠 것이 아니라 진정한 의미의 내실 있는 팀제 운영이 필요하다.

▮ 올라운드플레이어 지휘관

경찰의 여러 기능 중 제일 승진이 잘 되는 기능이 정보, 경비, 청문감사, 경무이다. 제일 기피하는 부서가 교통, 수사, 형사다.

대한민국은 집회시위가 많이 있다. 그러다 보니 집회시위관리부서에 근무하는 사람이 승진한다. 제일 고생했다고 승진시킨다. 평택 쌍용차집회, G20 등 국제회의와 관련하여 대규모 기획단을 만들고 여기에 종사하는 경찰관들이 승진의 혜택을 많이 받았다.

머리 쓸 일이 별로 없다. 그저 부대원들만 관리하고 대기만 하면 될 일이다. 다른 수사나 형사 기능은 직원들이 인권침해시비, 금품수수 등의 논란에 휩싸이면 징계라도 당해 승진은커녕 자리보존도 어렵다.

교통은 사고조사의 공정성이 국민에게 제일 중요한데도 윗사람들은 사고조사보다는 그저 교통사망자 감소, 교통소통에만 관심을 가지고 평가를 한다. 그러다 보니 교통사고 조사에 유능하고 우수한 인재가 배치되지 않는다. 교통사고 조사의 공정성이 나아질 리가 없다. 정보, 외사, 보안도 선호부서이다. 이들 부서는 다른 부서보다 수당도 많이 받고 사복근무를 하면서 정치, 경제, 외교 등 화이트컬러계층의 사람들과 어울리면서 친분을 쌓을 수 있기 때문이다. 외사의 경우는 외국어도 공부하면서 외국여행, 출장도 갈 수 있기 때문에 크게 선호한다. 자칭 젊고 유능하다는 경찰대학생 출신들이 많이 모인다. 징계위험 부담도 적다.

청문감사기능 역시 연말 인사고과평정을 하면 순위가 높은 데를 차지한다. 위험부담이 적고, 가점을 받기 때문이다. 직원을 감찰하는 비선호 부서라 가점을 준다고 하지만 말이 안 된다. 서 청문감사기능은 과거처럼 경무(내부기강확립기능에 포함) 기능으로 통합되어야 한다.

경찰서장, 지방청장, 본청장은 경찰의 여러 기능을 총괄하는 책임자다. 지휘관이 지휘를 잘하려면 여러 기능의 업무를 골고루 해봐야 한다. 어느 한 분야만 알고 다른 분야 업무를 안 해보면 조정자 역할을 할 수 없다. 경찰의 다양한 업무와 일선 파출소, 경찰서, 지방청, 본청 업무를 어느 정도 경험할 수 있도록 보직배치를 하여야 한다.

그래야 훌륭한 지휘관이 될 수 있다. 정보통, 수사통, 외사통, 본청 기획통 등 특정분야의 전문가만으로는 경찰의 여러 기능을 총괄하고 조정하는 오케스트라 지휘자 역할을 할 수 없다.

▌무늬만 특채자는 가라!

경찰에 들어오는 경로는 공채와 특채로 구분된다. 순경, 경찰대학, 간부후보생 등이 공채다. 고시특채 경정, 사이버, 외사특채 경장, 경찰행정학과 등이 특채된다. 문제는 특채자를 뽑아놓고 특채취지에 맞게 인사배치를 전혀 하지 못하고 있다는 것이다.

필자는 사법시험 출신이다. 변호사를 하다 들어왔다. 그렇다면 필자의 경력을 살려, 조직을 발전시킬 수 있는 부서에 배치해야 한다. 수사뿐 아니라 직원징계나 소청 등 검찰과 법원에 직원들이 피소되거나 소송을 제기하는 경우에 직접 소송대리인이나 변호사 자격으로 참여하여야 한다. 그런데 기껏 배치한다는 것이 법무과 또는 수사과다. 게다가 이제는 법무과 중 송무업무만 사법시험 출신이 담당할 뿐 수사업무도 경찰대 출신이 담당한다. 고시 특채자들도 문제다. 수사업무보다는 정보업무를 선호한다. 정보업무가 승진하기도 쉽고, 인맥관리에도 도움이 되기 때문이다.

사이버특채자의 경우 사이버수사성격상 사이버분석능력과 경험이 탁월한 사람들이 경장으로 특채되었다. 해킹, 개인정보 침해 등 사이버 범죄가 늘어나면서 경찰청은 매년 일정 수의 IT 전문인력을 사이버수사요원(경장 급)으로 특채해 기존 수사인력과 시너지를 내고 있다.

네트워크사업 유경험자, 국내 굴지의 휴대폰회사 소프트웨어개발자 등 다양한 경력의 사이버기술 전문가들이 경장으로 특채된다. 그런데 이들은 경찰 경험이 없다는 이유로 교육이 끝나면 일선 파출소에서 경험을 하게 한 후 수사과에 배치된다. 그나마 수사과에 배치된 후에도 사이버와는 거리가 먼 사이버상 명예훼손 고소, 고발, 게임 아이템, 인터넷 상거래 물품판매 사기사건 등의 업무만 처리한다. 그러다 보니 특채 이유가 됐던 자신의 재능은 살리지도 못한다. 알고 있었던 기법이나 노하우를 활용도 못한 채 다 잊어버린다.

본청, 지방청 사이버 전문수사보직 기회는 본청 간부와 인연 있는 몇 사람에게만 주어진다. 휴대폰 사용이 보편화됨에 따라 관련 포렌식 기법이 지문과 유전자 감식처럼 일상화되어 있음에도 분석요원 증원되거나 양성이 안 된다. 왜 특채를 했는지 모르겠다는 것이다.

외사 외국어 특채도 마찬가지다. 영어, 중국어, 인도네시아, 태국어, 베트남어 구사자를 특채한다. 한국에 거주하는 필리핀, 인도네시아 여성들도 경찰관으로 특채한다. 그것도 순경이 아닌 경장으로. 왜 계급을 경장으로 높여 특채했는지 이유를 모르겠다. 특채해놓고 경찰 현장을 알아야 한다고 하면서, 파출소 순환근무를 시킨다. 경찰현장 업무에서 외국어가 필요할 업무가 사실상 많지 않다.

본청 외사국, 지방청 외사기능에서는 기획업무 능숙자들이 모여 있을 뿐 외국어 구사 능력자는 많지 않다. 국제화 시대 외국어 구사 경찰관양성이란 그럴듯한 명분으로 특채했지만 현실성이 없어 특채 후 활용도 못하고 아깝게 인력만 낭비한다.

통역요원은 민간인력을 활용하면 된다. 굳이 경찰관으로 할 필요가 없다. 경찰이 해야 할 일, 민간인이 해야 할 일을 구분해야 한다. 또한 문호를 개방해야 한다. 높은 계급으로 뽑는 빈 죽정이 같은 특채제는 바꾸어야 한다.

동두천 경찰서에서 근무하는 박 모 경위가 있다. 감식으로 특채되어 경찰청에서 경위까지 특진한 직원이다. 태국 쓰나미 사건 때 국립과학수사연구소와 합동으로 경찰관 중 혼자 변사체신원확인 지문감식전문요원으로 선발되어 사체신원확인에 혁혁한 공을 세웠다. 독자적으로 최신 지문감식법을 개발, 신원확인이 어려운 변사체에서 지문을 채취하였다. 그의 손에 의해 수많은 미제사건들이 해결됐다.

이런 사람이 경위로 특진했다고 바로 파주경찰서로 발령이 났고 이제는 파주서를 거쳐 동두천 경찰서에 와서 지금은 파출소 순찰팀장을 하고 있다. 그런 사람은 경찰대학 과학수사교수나 경찰교육원 교수요원으로 근무토록 해야 한다. 후진을 양성하고 새로운 기법을 개발하거나 연구하도록 도와주어야 한다.

　말도 안 되는 이야기다. 대한민국 최고의 지문감식가가 파출소 순찰 팀장으로 근무하고 있는 현실에서 서글픔을 느낀다. 말로만 무늬만 전문 프로경찰이다. 특채제도도 현실성 있게 운영되어야 한다.

Part 4

휴먼 폴리스

태풍으로 비바람이 몰아치던 국회의사당 앞에

한 장애인이 휠체어에 앉아 1인 시위를 했다.

이 외롭고 고단한 투쟁을 하는 장애인을 멀리서 지켜보는 경찰들에게

막연히 두렵고, 권위적이고, 비인간적인 느낌을 받았다.

그때 한 경찰관이 다가와

비를 쫄딱 맞은 그 장애인에게 우산을 씌워 주며 묵묵히 그의 곁을 지켰다.

딱딱하고 근엄한 이미지 탓에

왠지 힘없는 이의 탄식만 일으킬 것 같던 경찰관들이

갑자기 친근한 이웃집 아저씨, 혹시 누군가의 남편 또는 아빠로 변했다.

이제 대한민국 경찰도 감성과 사람 냄새를 걸쳐야 한다.

왜냐하면 경찰만큼 오만가지 사연을 가진

다양한 사람들을 만나는 직업은 없으니까.

경찰 자신도 사람이니까.

1. 시민의 인권

▌하루 공치는 경찰수사

경찰서에서 부른다. 언제 몇 시까지 나오라고 한다. 상인, 의사 등 낮에 장사하는 사람들은 조금 봐준다고 일과 시간 후에나 주말 당직 때 나와 달라고 한다. 조사 이유나 준비물도 잘 가르쳐주지 않는다. 와서 조사받으면 안다고 한다.

사무실에 왔는데 조사받는 사람이 너무 많다. 대기하라고 한다. 언제까지 대기하라는 이야기도 없다. 조사대기실도 미비하거나 없다. 출석을 준비하고 있는데 갑자기 집회시위경비, 경호 동원되었다면서 나중에 연락하겠다고 한다. 결국 조사대상자는 하루를 망친다.

조사를 한다 해도 조사관이 사건내용을 잘 모른다. 증권, 금융 등 전문용어인 경우에는 더욱 그렇다. 모르는 수사관에게 조사받으려니 답답하기 그지없다. 사건쟁점과 관련 없는 사항을 물어본다. 쟁점과 관련된 것을 집요하게 물어보아야 하는데, 잘 물어보지 않는다. 질문하는 방법도 모른다. 추궁이 없는 조사는 수사가 아니다. 상식상 당사자의 진술이 어느 정도 신빙성이 있는지의 여부는 집요한 추궁을 통해야 진실과 허위의 사실을 판단할 수가 있다. 조서를 작성하는데 읽어 보니 자신이 이야기한 내용과 다르다. 다시 작성하려니 시간도 많이 걸리고 제대로 조서에 기재될 것 같지 않아 포기한다.

질문하는 내용을 보면 이 조사관이 사건내용을 잘 파악하고 있는지, 없는지 알 수 있다. 사건 실체 규명의지보다는 변호사를 선임하여야 되지 않느냐, 합의 보는 것이 어떠냐 하는 식의 딴소리만 한다. 타이핑도 잘 못 친다. 밥 먹고 하자고 한다. 하루 종일 걸린다. 조사 받고 나면 완전히 파김치가 된다.

조사방식이 바뀌어야 한다. 문답식 조사방식은 수사보고서 작성위주로 전환해야 한다. 조서에 기재된 문구와 실제 조사모습은 틀리다. 조서에는 경어체로 되어 있다. 조사현장에서 경어체로 물으면 조사가 될 수 있을까? 현실성이 떨어진다.

조서에는 실제 조사 언어와 다른 문구가 사용된다. 사람을 보고 질문과 말투를 선택한다. 현장조사는 간단하게 녹음기를 이용한 녹취조사로 전환하고 신분증 등을 확인하는 방법은 휴대폰으로 신분증을 촬영해서 추후에 확인하도록 하며, 조사내용은 나중에 수사보고서로 대체하고 녹음파일을 첨부하는 것도 좋다.

수사관이 언제 어디에서 누구를 상대로 이런 내용에 대하여 인터뷰한 바, 피조사자는 이러이러한 사항에 대하여 인정하고 어떤 사항에 대해서는 부인하더라는 식으로 보고서를 간단히 작성하는 것이 필요

146

하다. 부인하는 이유와 그 소명자료로 뭘 제시했다는 식으로 바꾸면 조사시간도 짧게 걸릴 것이다. 조사시간이 짧아야 수사 협조가 잘된다. 경찰서 출입을 꺼리는 이유 중 하나가 조사시간이다. 사람을 소환할 적에는 무엇을 질문할 것인지에 대하여 사전에 충분한 검토와 준비과정을 거쳐서 미리 정리하도록 해야 한다. 사건 내용과 불필요한 질문은 하지 않도록 하여야 한다.

▌눈높이 맞춘 수사통지

수사는 고소, 고발, 진정, 탄원, 첩보 등 인지에 의하여 착수된다. 고소, 고발, 진정, 탄원 등 민원인의 경우 수사 진행사항이 궁금하다. 누가 어떻게 어느 정도 수사를 하고 있는지, 수사사항이나 수사결과 등이 궁금해진다. 담당자가 수사능력이 어느 정도인지도 궁금하다. 대개 민원인이 궁금하여 경찰관서에 전화하거나 방문 등을 통해 질의한다. 사건담당자만이 그 진행사항을 알 수 있다.

정보화 사회다. 법원처럼 인터넷을 통해 알려주면 편하다. 소장을 접수하면 담당 재판부가 어디고, 변론기일이 언제 정해지고, 현재 어느 정도 재판이 진행되었는지 손쉽게 검색할 수 있다. 경찰서 홈페이지에서도 그렇게 수사 사항이 검색돼야 한다.

수사담당자, 인적사항, 주요이력, 연락처도 민원인에게 알려줘야 한다. 이메일과 휴대전화번호도 알려 주자! 문자메시지나 이메일을 통해 수사관과 수시로 궁금한 사항을 주고받을 수 있도록 해야 한다.

수사 진행사항, 수사결과 통지방식도 알기 쉽고 짧은 단문으로 바꿔야 한다. 왜 기소의견인지, 불기소의견인지 어떤 근거로 당사자가 제시하는 증거를 채택하고 어떤 증거는 믿지 못하는지를 구체적으로 밝혀야 한다. 결론만 말하는 통지방식과 장황하고 어려운 문구만 나열하는 통지방식은 바뀌어야 한다.

출석요구서 문구와 통지방식도 변해야 한다. 누가, 언제, 무슨 혐의로 출석요구상대방을 고소하였기에 어떤 사실에 대하여 부득이 조사할 수밖에 없다. 그러니 경찰서에 출석해 주기 바란다, 시간은 언제, 언제가 좋은지 출석 가능한 몇 가지 안을 제시해 보내야 한다. 필요하면 어떤 사항에 대하여 조사하고자 하니 이에 대한 상대방의 답변을 기재한 서면을 준비하라는 말도 덧붙일 필요가 있다.

출석요구서도 우편보다는 이메일이나 휴대폰 문자메시지를 통해 보내는 방법도 추진해야 한다. 출석시간과 조사 소요시간도 자세히 알려줘야 한다. 조사단계에서 변호인도 참석할 수 있다는 기재도 해주어야 한다. 참고인의 경우 여비를 지급한다는 말도 덧붙여야 한다. 민원인의 눈높이에 맞는 수사통지방식이 경찰서의 문턱을 낮춘다.

시민의 협조가 있어야 수사가 신속하고 공정하게 진행된다. 경찰편의주의 수사행정에서 벗어나야 한다.

2. 경찰관 인권

▎'민중의 봉' 스트레스와 우울증

턱없이 부족한 경찰력으로 잦은 휴일·야간근무와 돌발적인 비상근무, 위험하고 스트레스가 높은 현장근무를 마다하지 않은 경찰들의 고충과 애로점은 외면한 채 우리나라 언론들은 사건사고가 발생만 하면 유독 경찰부터 비난한다. 사기가 저하되고 괴로워하는 동료와 부하 직원들을 바라보는 일은 세월이 가도 적응이 안 된다.

경찰은 각종 스트레스에 시달린다. 파출소 직원들은 3부제 근무를 하면서 주취자, 음주소란자들에게 시달린다. 그들로부터 멱살도 잡히고 욕도 얻어먹고, 심지어 폭행까지 당한다. 그래도 대항할 수가 없다. 대항하면 독직폭행, 직권남용죄로 오히려 당하기 때문이다.

주취 난동자에게 수갑을 채우기도 어렵다. 수갑 채우는 과정에서 손목에 상처가 나면 인권침해 시비에 걸려든다. 자살, 살인, 안전사고 등이 발생하면 많은 변사체를 보게 된다. 마음이 황폐해지게 된다. '내가 이 업무를 평생 계속하여야 되나' 하는 회의도 깊다.

실적 경쟁으로 인한 스트레스도 심하다. 절도, 강도, 수배자를 검거해야 상사로부터 인정받을 수 있다. 거기다 각종 교육, 강의, 집회시위동원도 많다. 야간근무에 교육과 집회시위동원에 시달릴 대로 시달리게 된다. 정신적으로 황폐해 진다.

집에 돌아오면 씻고 자기 바쁘다. 가족들과의 대화시간도 적다. 마음에 여유가 없어 개인 취미생활이나 종교 활동도 못한다.

팀별로 움직이다 보니 다른 경과의 직원들과 친목을 도모할 시간도, 기회도 적다. 그래서 종종 우울증이 생기는 경찰도 많다. 경찰관 가족도 우울증이 많이 발생한다. 그런데 이에 대한 진단·치료시스템이 없다. 우울증을 가진 경찰관이 어느 정도인지도 잘 모른다.

경찰관 기동대의 경우도 마찬가지다. 하루 종일 비좁고 어두운 답답한 버스에 담배와 매캐한 에어컨 공기, 소음에 시달린다. 틈틈이 밖에 나가보지만 집회시위가 본격적으로 일어나기까지는 딱히 별 일도 없다. 늘어나는 것은 담배다. 이런 반복되는 일을 계속해야 되는가에 대한 회의감도 든다.

외상 후 스트레스 장애를 겪기도 한다. 전쟁, 지진, 교통사고, 건물 붕괴사건과 같은 재난사건을 겪은 사람들은 그 심리적 충격과 상처가 자꾸 재경험되는 고통을 받게 된다. 충격적인 과거 경험이 자꾸 떠올라 공포와 슬픔에서 헤어나지 못하거나 정서적으로 무감각해지기도 한다.

소방관들이 각종 재난, 재해사건수습 과정에서 외상 후 스트레스

장애에 시달리듯 각종 재난이나 재해사건 뿐 아니라, 연쇄살인, 방화, 강간 등 강력사건 수사 과정에서 많은 희생자들을 보는 경찰도 자신도 모르게 장애에 시달리게 된다.

경찰관이 겪게 되는 이러한 정신적·정서적 장애에 대한 연구도 없다. 가끔 동료들이나 선후배들과 대화할 때면 선과 악의 이분법에 사로잡혀 너무 극단적으로 판단하는 사람들을 만날 때가 많다. 보는 관점에 따라 다르게 볼 수 있는 사안에 대해서 경직된 틀을 고수한다. 인간 그 자체에 대한 신뢰와 사랑이 없고, 어쩌면 비정할 정도로 냉찬 심성을 만난 경우도 많다. 조직이 그렇게 경찰관이라는 인간을 변화시킨 것이다.

하지만 이런 황폐함에 대한 어떠한 사후 처리가 없다. 상담 센터도 없고 상담 프로그램도 없다. 정기검진대상에도 포함되지 않는다. 특히 경찰관이 교통사고 처리현장, 집회 시위현장, 강력범인 검거 과정에서 희생되는 경우 동료 경찰관, 가족들이 겪게 되는 스트레스에 대한 치료 프로그램이 전혀 없다.

필자가 동두천 서장으로 근무하면서 미 2사단 내에 군인, 군 가족들의 정신장애 상담프로그램 실태를 접한 적이 있었다. 전문 상담가, 상담시설 등으로부터 언제든지 상담과 치료를 받을 수 있었다.

우리의 경우는 어떤가? 성폭력피해자에 대한 심리치료는 실시하면서 정작 경찰관에 대한 심리상담 프로그램이 전무하다.

경찰관은 다양한 사람들을 접하고 면담하고 심문한다. 경찰관의 심성, 인성이 어떤가에 따라 조사결과가 달라질 수 있다. 심리적으로 불안한 경찰관에게 조사를 맡겨서는 안 된다.

경정 이하 모든 경찰관들은 재직 중 적성검사를 받는다. IQ 테스트처럼 복잡하고 시험 치른 후 머리가 많이 아프다. 특히 연세가 지긋한 경찰관의 경우는 더욱 그렇다. 검사를 마치고 나오면 모두들 혀를 내두른다. 문제를 읽고 답을 마킹하느라고 너무 힘들다고 한다. 왜 돈 들여 이런 검사를 실시하는 것일까? 그리고 왜 경정 이하의 직원들만 하는 것일까? 경찰조직에서는 관리자가 중요하다. 관리자는 경찰서의 경우 총경, 지방청은 치안감이다. 이런 관리자의 마인드가 분명하고 올바르면 경찰은 잘 움직인다. 그런데 그런 관리자는 하지 않고 경정이하 직원들만 검사를 한다.

이상결과가 나와도 상담이나 치료 등 후속조치도 취해주지 않는다. 그런데도 실시한다. 정신병자 테스트 같아 기분이 나쁘다. 직무와 관련된 적성검사라고 하지만 제대로 측정이나 되고 있는지 의심스럽다. 차라리 건강검진 항목에 스트레스 분석, 정신보건 건강진단 검진항목을 포함시키는 것이 더 좋다.

누구에게나 말 못할 정신적인 스트레스(병)가 있다. 경찰관은 스트레스가 많은 직업이다. 사건사고 처리과정에서 정신장애를 겪는 경찰관들을 공무상 질병범위에 포함시키는 문제를 적극 검토해야 한다.

▌공무상 질병이 아니라는 암

경찰관은 긴장된 상태에서 근무하기 때문에 교육, 승진, 실적부담으로 인한 직무스트레스가 많다. 밤샘근무, 비상근무로 인한 스트레스는 더욱 심하다. 그에 비해 사무실과 숙직실 근무환경은 열악하다. 민원인들과의 스트레스, 상사, 부하직원, 검찰 등 외부기관과의 스트레스가 끊이질 않는다.

우선 근무 환경을 보면 창문이 없다. 모포 세탁도 잘 안하고 공기도 안 좋다. 숙직은 자주 돌아오고, 갑작스런 비상출동 근무가 많다. 잠을 자도 쉽게 잠이 오지 않는다. 감찰과 감사는 수시로 내려오고, 실적을 위해 세세한 것들을 꼬투리 삼아 잡아낸다.

과학수사의 경우는 더욱 심하다. 인원도 적은데, 매일 좁은 사무실에 근무하면서 사건현장에 제일 먼저 나가서 감식을 하여야 한다. 구더기가 우글거리는 변사체현장, 피로 뒤범벅된 살인사건현장, 언제 붕괴될지 모르는 화재현장에 나가서 지문, 미세증거물을 찾기 위해 감식을 한다. 위생안전장비도 미비하다. 세균에 감염될 소지가 많다. 감식사무실엔 살균소독 시설도 없다.

이런 직원들에게는 다른 직원과는 달리 수시로 건강검진을 시켜주고 검진항목에 스트레스, 위·장 내시경검사도 실시하여야 한다. 그런데 전혀 배려가 없다. 그러니 갑자기 암이 찾아온다. 그것도 폐암 4기, 간암 4기 등 말기에 찾아온다. 그런데 이런 암은 공무상 질병으로 인정받지 못한다. 암투병중 사망한 경찰관이 많다. 이들에 대한 배려는 거의 없다. 사망 후 유족들의 생계유지도 막막하다.

퇴직이 임박한 직원들은 경찰병원에 가서 암 진단을 받는다. 일부 보험회사도 보장범위에 경찰관에 대한 암은 잘 보장하지 않으려고 한다. 경찰관의 공무상 직무내용과 암과의 상관관계를 연구도 하지 않는다. 경찰이 마음 놓고 근무를 하려면 암도 공무상 질병에 포함시켜야 한다. 아울러 경찰관의 건강검진항목에 각종 암 검사는 필수적으로 포함시키고 검진비용도 국가가 부담하여야 한다. 특히 3일에 한

번씩 당직근무를 하는 형사당직팀과 과학수사팀의 경우 건강검진을 다른 부서보다는 자주 해줘야 한다. 특히 암, 스트레스, 심혈관계 계통의 질병 검사는 반드시 받도록 할 필요가 있다. 퇴직 후에도 경찰 병원에서 진료혜택을 받을 수 있도록 해줘야 한다.

경찰관의 직무환경과 암과의 상관관계를 의학적·법학적 관점에서 연구 분석하여 공상(순직)으로 인정받을 수 있도록 하여야 한다.

▌감찰과 징계에 멍드는 조직사기

경찰관들이 검찰보다 더 '경찰의 경찰'인 감찰을 더 무서워한다. 수사와 범죄 첩보를 위해 유흥업소 업주와 통화를 여러 번 했던 경찰관이 있었다. 때마침 비리척결을 외치며 청장이 유흥업자들과 유착 여부를 조사하고 차단하라고 지시했고 때마침 여론도 들썩들썩 함께 움직여줬다. 해당 경찰관은 업주와의 통화기록만으로 징계를 받았다.

억울했던 경찰관은 법에 호소했다. 통화 내용이 단속정보누설인지 아닌지를 따져 유착 여부를 결정하고 징계를 해야지 무조건 통화기록만 여러 번 있다고 징계를 한다는 것은 가혹하다는 논조였다. 첩보수집, 피의사실, 피해사실 통보차원에서 통화가 필수적일 때도 있는데 통화내역만으로 유착혐의가 농후하다고 하여 징계한다면, 그 누가 수사를 제대로 할 수 있겠는가? 당연히 법원도 경찰관의 손을 들어주는 판단을 내렸다. 정황만 가지고 유착 여부를 단정할 수 없다는 것이다. 징계처분도 형사처분 못지않은 가혹한 처벌이다. 당사자뿐 아니라 가족, 지인들에게까지 영향을 미친다.

경찰 감찰의 문제점은 비단 이것만이 아니다.

개인이 문제면 개인만 조사하면 되는데 경찰서 전체를 조사한다. 문제된 사안만 조사하는 것이 아니다. 모든 업무에 대해 전면 조사를 실시한다. 서에 상주하면서 '이 서류 내놔라, 저 서류 내놔라, 바른대로 이야기하라'고 재촉한다.

경찰서에 가면 상황실이 있고 파출소에 가면 근무일지를 본다. 근무일지가 사실대로 기재되어 있는지, 상황실 운영은 제대로 잘하고 있는지를 감찰한다.

사고가 나면 보는 것이 본청지시대로 감독자들이 교양과 감독순시를 제대로 하였는지 여부다. 그러다 보니 파출소 근무일지를 보면 온통 감독순시 투성이다. 하루에 본청, 지방청, 경찰서 8명의 계, 과장, 필자가 다녀갔다고 서명날인 되어 있다. 서명날인만 하거나, 취약지 순찰강화, 음주운전 등 자체사고 방지철저, 기본근무철저 등 통상적인 내용만 기재한다.

파출소 근무일지가 아니라 교양일지라고 보아야 한다. 파출소에 언제, 어떤 내용의 민원이 들어와서 누가 어떻게 처리했는지에 대한 기록은 찾아보기가 어렵다. 근무일지에 그런 내용을 적어보았자 의미가 없다는 것이다. 오히려 기본근무 철저, 음주운전 등 자체사고 방지철저 등 내용을 기재해 놓아야 직원들에게 교양을 했다는 증거를 남겨야 한다. 그래야 나중에 사고가 나면 문책을 안 당한다는 생각이다

감찰방식을 바꿔야 한다. 개인의 책임으로 물어야 할 사건을 과, 서전체의 책임을 물어 집중감찰을 한다는 것은 잘못된 것이다. 음주운전, 금품향응수수 등 비위행위가 적발되면 경찰서 전체의 평가도 나

쁘게 나온다. 직원의 사기를 떨어뜨린다. 연대책임을 물으면 직원들 끼리 서로 조심하고 자체사고가 발생하지 않을 것이라는 발상이다. 직장생활을 하면서 서로가 서로를 감시하는 풍토에서 따뜻한 동료애 가 발휘될 수 있겠는가? 그러다 보니 직원들은 업무수행 시 적극성이 없다. 창의성과 융통성도 없다. 그저 시키는 대로 규정대로 하려고 한다. 개별책임만 묻고, 관리감독 범위 내에서 귀책사유여하에 따라 지휘책임을 물으면 된다.

지휘관에 대한 문책도 강하다. 관리감독 범위 내에 있었는지 여부 에 따라 책임을 물어야 함에도 불구하고 여론무마용으로 직위해제(대 기발령)부터 한다. 지휘관의 체면이 서지 않는다. 지휘관들도 책임을 모면하기 위해 중간 책임자를 두려고 한다. 사고가 나면 말단직원이 가장 무거운 징계처벌을 받고 계급이 올라갈수록 지휘책임만 진다.

지휘책임은 행위책임보다 가볍다. 그러다 보니 중간 책임자만 자꾸 만들려고 한다. 지휘책임도 사전에 사고예방을 위해 교육과 교양을 실시했는지 여부를 확인한다.

감찰도 문제다. 감찰다운 감찰을 받아본 적이 없다. 경찰서, 지방 청, 본청 감찰이 많다. 무슨 사고가 나면 감찰 인력을 보강하거나 TF 팀을 신설한다. 인력 보강보다는 제대로 감찰하고 인력을 정예화해야 한다. 감찰은 지휘관의 힘이지만, 잘못 사용하면 독이 될 수도 있다.

감찰은 경찰의 경찰이다. 경찰업무를 감찰한다. 감찰업무를 하는 사람은 경찰의 모든 업무에 정통하여야 한다. 늘 공부도 하여야 한다. 하지만 현재 감찰업무를 맡은 사람들은 실무경험도 짧고, 공부도 하지 않는다. 그러다보니 적발위주의 감찰만 한다. 실적을 올리라는 윗선의 지시 때문에 경찰서 상황실이나 파출소에 오면 근무일지만 본다. 근무일지대로 근무했는지, 감독자가 감독은 했는지 대장만 갖고 확인한다. 그러니 적발 안 되려고 사인(싸인, 서명)만 한다.

파출소에 가면 근무자가 제일 먼저 내미는 것이 근무일지다. 어서 싸인 하고 가라는 이야기다. 파출소에서 당일 취급한 민원이나 112 신고사건은 제대로 기재도 하지 않고 확인도 하지 않는다. 민원처리를 제대로 하고 있는지 확인하는 것이 제일 급선무인데도 말이다.

파출소 예산집행현황은 전산프로그램을 잘 몰라 확인도 하지 않는다. 총기, 무전기, 차량, 가스총 등 개인휴대장비도 살펴보아야 한다. 파출소 근무자가 순찰차에서 자고 있거나, 소장이 방에서 휴식을 취하고 있으면 근무태만이다. 주로 적발하는 것이 그런 정도다.

감찰조사를 할 때도 감찰관은 제대로 조사를 할 줄 모르는 경우가 많다. 증거에 의해 조사하는데도 감찰관이 제대로 된 증거가 아닌 소문이나 풍문에 의해 조사를 한다. 수사와 감찰은 다르다고만 한다. 증거가 없어도 징계가 가능하다고 협박하기도 한다.

증거재판주의 원칙이 징계절차에도 도입되어야 한다. 당사자의 변소내용을 경청하고 확인하여야 한다. 경찰관의 징계는 이미 짜인 각본에 의해 진행된다고 한다. 증거 없이도 정황만으로 징계처분이 내려진다. 억울하면 소청하고 소송하라는 이야기다. 사건을 파악한 후 조사를 하여야 하는데 그렇지 못하다. 미리 선입견을 가지고 결론을 내놓고 조사를 실시한다. 투명한 수사를 위해 진술녹화실을 운영하면서, 징계조사과정에서는 진술녹화실을 왜 운영 안 하는지 알 수 없다. 징계조사과정도 밀실에서 진행하고, 강압적이다. 소청이나 소송을 하면 불이익을 받을 것이라는 압박감도 따른다.

피의자의 인권도 중요하지만 피의자를 다루는 경찰관의 인권도 중요하다. 인권보호업무가 감찰의 업무인데도 경찰관의 인권은 헌신짝 다루듯이 한다. 수사는 성격상 위험부담이 많이 따른다. 업무과정에서 부득이 발생할 수밖에 없는 것은 법이 최대한 허용하는 범위 내에서 포용해 주어야 한다. 경찰의 인권은 지휘관을 비롯한 경찰내부에서 지켜주어야 한다. 강한 징계만으로 조직의 기강을 세운다는 발상부터 고쳐야 한다. 형사입건혐의만 있으면 무조건 수사의뢰를 한다. 조직을 보호할 줄 모른다. 수사를 하여도 나오는 것이 없는데도 수사의뢰를 한다. 감찰에서 조사받고 또다시 수사기능에서 또 조사받는다. 이중 처벌이다. 조직에 대한 애착이 생길 리가 없다.

징계위원회도 형식적이다. 변명기회나 증거조사도 제대로 하지 않는다. 1회 출석으로 끝난다. 징계위원회에 참석하는 징계위원들도 사안을 잘 모른다. 미리 지휘관의 의중이 무엇이라고 간사가 참석한 위원들에게 귀띔을 해 준다. 지휘관의 의중에 따라 징계를 한다. 징계위원들도 사전에 징계혐의사실에 대하여 검토도 하지 않는다. 징계대상자도 제대로 변소사실을 말하지 못한다.

다툼이 있는 변소사실에 대해서는 증인, 참고인, 서류도 제시할 기회를 주어야 한다. 변호인이 참석할 수 있는 기회도 주어야 한다.

또한 징계위원회 회의록도 제대로 기재하지 않는다. 징계위원별로 의견이 다를 수도 있는데도 말이다. 그런 징계이다 보니 소청, 행정소송에서 많이 패소한다. 경찰관의 징계처분에 대한 소청, 행정소송 인용률이 50%를 넘는다. 소청심사위원회와 행정법원 관계자들도 경찰 징계는 너무 가혹하다고 한다.

왜 인용률이 높은지 경찰에 근무하는 사람이면 다 알 수 있다. 지휘관의 의중만 살피는 징계만 하다 보니 인용률이 높다. 그래도 고쳐지지 않는다. 징계인용률이 높은 것에 대한 분석이나 대책이 없다. 지휘관을 공부시켜야 한다.

경찰은 법집행관으로서 인권보호가 무엇보다 중요하다. 지휘관은 그런 경찰관의 인권보호도 소중히 생각하여야 한다. 부하직원의 인권은 제대로 생각하지 않으면서 피의자의 인권보호만 외치는 것은 맞지 않다. 징계위원회업무를 법무과로 이관하여야 한다.

감찰징계의뢰를 한 부서에서 징계의뢰가 적정했는지 여부심사업무까지 담당하는 것은 공정성에 맞지 않는다. 징계위원회에 변호사를 반드시 참여시켜야 한다. 그러기 위해서 지방청에 법무과를 신설하여야 한다. 법무과내에 변호사 자격증을 소지한 사람을 채용하거나, 지방변호사회와 협의해 징계참여변호사를 당직변호사처럼 지정하고 운영하여야 한다.

징계의결서도 법원판결문처럼 제대로 작성하여야 한다. 징계위원별로 의견을 제시하고 그 내용을 기록에 담아야 한다. 징계가 하루에 끝나서는 안 된다. 징계혐의사실, 변소내용을 확인하기 위해 증인신청, 서류검증도 실시하여야 한다. 직원들이 징계처분에 납득할 수 있도록 하여야 한다. 징계양정도 새롭게 바꿔야 한다. 법원의 징계양정, 타 기관의 징계양정도 비교분석하여야 한다.

경징계나 중징계로 획일적으로 구분된 징계내용도 다양화시켜야 한다. 징계 후 인사조치 등 이중처벌이 되지 않도록 하여야 한다. 음주운전으로 징계처분도 받고 자신의 주거지에서 차로 2시간 떨어진 곳으로 전보시키는 제도는 잘못되었다. 공정하고 투명한 징계가 이뤄지지 못하면 조직에 활력이 떨어질 수밖에 없다. '다이나믹 코리아'에 어울리지 않는 일이다.

Part 5

깨진 유리창을 함께 치우는 사회

왜곡된 통계와 허황된 메시지구로 치장하는 미래 치안은 필요 없다.

경찰과 관련된 여러 법적 기관과 더불어

지역 공동체가 함께 걱정하고 서로의 부족한 점을 솔직히 털어놓아

인정할 것은 인정하면서 머리를 맞대고 의논하는 대화만이

지역 치안을 더 잘 책임질 것이다.

▌한 아이를 위해선 온 마을이 필요하다

'한 아이를 위해선 온 마을이 필요하다'라는 아프리카 속담이 있다. 최근 급격하게 청소년 범죄가 증가하고 있다. 온전한 가정이 줄어들고, 학교선생님들의 권위가 떨어져 학생들에 대한 통제가 약화되고 있다. 가출청소년들이 늘어나고, 자포자기하거나 우울증에 시달리는 학생들도 늘어나고 있다.

인터넷과 모바일의 확산에 따라, 음란물, 폭력성인물 등 범죄유해환경에 노출되고 있다. 인터넷 성매매, 성추행 등 성범죄도 증가하고 있다. 아무리 경찰이 범인을 검거해도 청소년 범죄가 줄어들지 않으면 평온한 치안유지는 어렵다.

청소년 범죄는 다른 범죄와는 달리, 초범관리가 중요하다. 청소년들은 가치판단이 성숙되지 못하고, 범죄동기도 우발적, 호기심에 의한 범죄가 많기 때문에 초범의 경우 관대히 처리한다.

현행법상 청소년은 19세 미만이다. 청소년 출입금지업소와 고용금지업소가 있다. 위반할 경우 형사입건 되고, 영업정지 행정처분도 된다. 업소에서는 청소년을 확인하기 어렵다. 대한민국 어느 업소든지 청소년에게 술을 팔 때 신분증 확인하는 업소가 있는가? 더군다나 두발과 복장이 자유화되고, 신분증도 위조되는 마당에 청소년여부를 확인하는 것은 매우 어렵다. 모든 손님마다 신분증 확인을 할 경우, 장사가 되지도 않는다.

우리나라 소년범 분류는 복잡하다. 14세 이상 19세 미만은 범죄소년, 10, 11, 12, 13세 소년은 촉법소년으로 법원 소년부로 직접 송치한다. 10세 이상 19세 미만 소년도 소년부로 직접 송치한다.

법원 소년부는 보호자감호위탁인 1호 처분부터 장기간 소년원에 송치하는 10호 처분까지 있다. 대개의 경우 변호사가 선임되거나, 경미한 범죄는 보호자에게 감호위탁 1호 처분을 한다.

강간 등 죄질이 좋지 않거나, 사선변호사 선임 능력이 없고 부모가 선도보호 경제적 능력이 없는 경우에는 소년원 처분을 한다. 3호 처분, 사회봉사명령, 4~7호 처분인 보호관찰, 보호시설위탁처분도 중요한데 잘하지 않는다.

필자가 경험한 바에 의하면 소년원 처분이 제일 선도효과가 좋다. 소년범은 또래 나쁜 친구들이나 결손가정부모 등 외부범죄환경으로부터 일정기간 차단하는 것이 중요하다. 학교와 가정이 소년범에 대해 학교방과 후 선도 교육 역할을 제대로 수행하지 못하는 현실에서, 다른 처분보다 강한 규율과 통제생활이 강제되는 소년원 처분이 효과가 있다. 외국의 유명한 정치인들이나 학자들도 소년시절의 실수로 저지른 범죄를 소년원 교육을 통해 개선한 전례가 이를 말해준다.

소년원 교육은 규칙적인 생활, 외부와 통제된 상태에서 암기교육, 체육특기, 악기 등 취미생활을 통한 교화교육을 실시하고 있다. 소년원에서 검정고시를 합격하고, IT자격증을 취득하여 퇴소 후 벤처기업가로 변신한 사람들도 많다. 필자는 범죄소년의 대안학교로서의 좋은 모델이라고 생각한다.

그러나 현실은 소년원을 교도소 수감으로 여겨 소년원 처분을 꺼리는 실정이다. 많은 돈을 들여 시설투자 한 소년원, 특히 체육청소년학교 등 특성화된 소년원교육프로그램이 사장되고 있는 실정이다.

인식의 전환이 필요하다. 법무부도 소년원을 정식학교로 등록받아 운영 중이다. 소년부송치처분을 받기까지 시간이 많이 걸린다. 그때까지 소년범은 그 누구도 통제받지 않는 상황에 놓여 있다. 자기를 신고한 사람에게 보복하거나 재범을 저지르기도 한다.

미국은 소년범에 대해 즉시 구금을 하고 바로 판사로부터 재판을 받게 한다. 미국의 시스템과 비교할 때 우리도 소년부 송치시스템이 신속히 이루어져야 한다. 법원에서 본원단위 설치한 소년부를 지원단위 소년부 또는 단독판사가 경찰조사 후 10일 이내에 재판이 이루어지도록 '소년사건신속심리절차제도speedy-trial'를 도입하여야 한다. 아울러 범죄소년의 연령이 낮아지고 있는 점을 감안하여 소년부 송치 연령제한을 폐지하거나 6세 이상으로 하향 조정할 필요가 있다.

소년범은 전과자를 만들면 안 된다. 한 번 낙인이 찍히면 학교로 복학하기가 어렵고 정학이나 퇴학처분이 따른다. 더군다나 전학을 가게 되면 이력표도 따라가, 왕따를 당하거나 같은 또래 범죄소년과 어울리게 된다. 성인 조직범죄집단의 행동대원역할도 하게 된다. 형벌보다 더 무서운 것이 낙인이다.

아무리 범죄자를 많이 검거해도, 소년범이 많아지면 재범률이 늘어난다. 그렇게 가정, 학교, 사회로부터 낙인찍힌 사람도 많아지고, 이들은 같은 또래 집단을 형성하게 된다.

소년범은 본인 자신보다는 부모, 친구, 학교, 사회 등 다른 요인들이 범죄자로 만드는 경우가 많다. 부모와 친구 등도 교육시켜야 된다.

보호관찰이 필요하다. 법원이 보호관찰관을 지정하여, 정기적으로 면접도 하고, 생활태도 등을 살펴보고, 취업알선 등의 재활활동을 통해 재범하지 않도록 노력하여야 한다. 지역 중소기업체, 지방자치단체, 변호사협회, 시민단체와도 연계하여 다양한 교화프로그램을 운영하여야 한다. 소년범 관할 경찰서 형사나 파출소직원들을 보호관찰관으로 지정하고 위촉할 필요가 있다. 법무부 보호관찰관만으로 보호관찰을 한다는 것은 역부족이다.

경미한 소년범은 불입건 할 수 있는 제도도 필요하다. 학생들 간의 사소한 다툼이 학부모 간 다툼으로 이어지고, 학교가 이를 미온적으로 대처했다고 해서 선생님들까지 고소하는 경우가 많아지고 있다.

조정제도가 필요하다. 법원판사가 그 역할을 해주어야 한다. 법원 조정제도를 학교폭력시비다툼에도 도입하면 좋다고 생각한다.

청소년범죄자가 많아진다는 것은 서글픈 현실이다. 학력경쟁위주 교육에서 낙오된 사람들이 많아진다. 이혼·결손가정이 늘어나고, 부부싸움이 증가하고, 다문화가정의 증가로 자녀문제가 여러 사회문제로 발생한다. 학생 폭력조직이 많아지고 이를 이용한 성인범죄조직도 늘어나고 있다.

소년범의 재범을 줄여야 한다. 검거 및 형사처벌보다는 선도 중심의 형사정책이 필요하다. 발상의 전환이 요구된다.

▋교정국·보호국과 함께하는
'조직폭력, 우범자, 성범죄자 관리'

경찰은 하는 일이 많다. 조직 폭력배도 관찰하고, 그 동향을 정리하여야 한다. 성범죄자도 마찬가지다. 성범죄자의 최근동향에 대해서도 관찰하고 그 결과를 정리하여야 한다.

경찰의 기본임무는 범죄예방과 범인검거다. 순찰업무에 미제사건 해결에 눈코 뜰 새 없이 바쁘다. 그런 바쁜 경찰관의 숨찬 목을 누르는 것이 바로 조직폭력, 우범자, 성범죄자 동향관찰이다. 주거지 관할 파출소 직원과 형사가 이중으로 관찰한다. 과연 제대로 할 수 있을까? 기본업무를 하면서 어떻게 그 많은 조직폭력, 성범죄자를 관찰할 수 있겠는가? 실제로도 매우 형식적이었음을 부끄럽지만 고백한다.

파출소 직원들과 경찰서 형사들에게 관내 전자팔찌 착용대상자의 얼굴과 인적사항, 성범죄 신상정보공개 대상자의 인적사항을 물어보았다. 잘 모른다고 답했다. 그래서 정리하여 사무실에 게시하여 익히도록 했다. 수첩과 휴대폰에도 잘 기재하고 저장하도록 했다. 그런데 직원들이 정색을 하면서 '인권보호'를 핑계로 지시를 완곡하게 거부하는 것이 아닌가?

경찰관 직무집행법상 치안정보수집업무범위에 당연히 포함되고, 범죄수사를 위해 우범자 인적사항을 숙지해야 하는 것은 당연한 일이다. 외부에 누출되지 않도록 관리만 잘하면 되는데 경찰관들이 인권보호라는 핑계로 우범자 인적사항을 알려지지 않는 모순적인 상황이 생긴 것이다. 이 사실을 국민들이 알게 됐을 때 가지게 될 분노의 후폭풍이 필자는 더 두려웠지만 정작 직원들은 덤덤했다.

주민조회, 수사 자료조회, 수형자조회를 통해 형식적으로 한다. 범죄자들이 주거지를 옮겨도 관할서로 통보가 잘 안 된다. 경찰서만 한다. 경찰청, 지방청은 잘하지도 않는다. 통계숫자만 관리할 뿐이다.

전국을 무대로 광역자치단체를 무대로 한 조직 폭력배가 있음에도 주거지를 기준으로 관할을 지정한다. 관찰대상자의 수사기록이나 판결기록도 없다. 성범죄자도 마찬가지다. 성범죄자는 재범률이 높다. 직업도 일정하지 않고 이동도 잦다. 관리하기가 어렵다. 그런데도 경찰청은 일선 서에 동향관찰을 잘하라고 지시한다.

하지만 조직 폭력배 주거지와 활동무대는 다르다. 경찰서별로 관리할 수가 없다. 법적 근거도 미약하다. 우범자관리규정은 경찰청예규로 되어 있어 우범자관리에 대한 경찰업무의 법적근거가 미약하고 오히려 인권침해소지가 많다는 점을 감안해야 한다. 차라리 경찰관직무집행법상에 경찰업무에 재범우려자의 보호관찰업무를 추가하고, 보호관찰법에 경찰도 보호관찰업무를 할 수 있도록 근거법 규정을 마련하는 것이 시급하다.

필자가 보기에는 과거 폭력조직에 몸담았다는 이유로 출소 후 오랜 시간이 지난 사람을 여전히 관리한다는 것은 타당성이 떨어진다.

범죄단체조직 처벌경력이 있는 사람보다는 오히려 강력범죄 처벌경력 있는 청소년과 20~40대가 더 위험하다. 이런 사람들이 출소 후 재범하지 않고 재활할 수 있도록 보살펴야 한다. 이런 일은 경찰이 할 수 없다. 출소 후 보호관찰처분을 붙여 법무부 보호관찰관이 해야 하는 것이다.

보호관찰 인력이 부족하면 보호관찰관과 공조협력을 맺어 보호관찰관의 감시사각지대를 경찰이 보충해주면 된다. 기술훈련과 취업알선은 법무부, 노동부, 지역 상공회의소 등 경제인단체와 협의해서 할 일이다. 지금처럼 형식적인 조직 폭력배 관리는 실효성이 적다. 장부에 형식적으로 기재하는 '특이사항 없음'이란 글씨는 무의미하다.

경찰이 할 수 없는 일을 한다고 나서는 것은 어불성설이다. 필자는 경찰서장에 부임하면 반드시 보호관찰소와 교도소, 구치소, 소년원, 출입국관리소를 방문하곤 했다. 왜냐하면 범죄자를 수감하고, 출소 후 범죄자를 관찰하는 곳들이기 때문이다.

경찰은 이들 기관과 공조협력을 해야 한다. 법무부하면 검찰만 연상시켜 적대시할 것이 아니라 협력해야 할 보호국과 교정국 역시 존재한다는 것을 기억해야 한다. 범죄자가 재범에 빠지지 않도록 법무부와 경찰이 서로 공조하고 협력하는 아름다운 모습을 국민에게 보여줄 필요가 있다. 높은 재범률이 바로 '범죄자 관리의 허점'을 보여주는 바로미터라는 것을 알아야 한다.

▌피해자 두 번 죽이면 안 된다

우리나라에서 범죄 피해로 인해 다치거나 죽으면 오로지 피해자와 가족들의 몫이 된다. 범죄피해자보호법은 생색만 내고 실질적인 지원에는 인색하다. 미국에서 범죄 피해자 보호는 보상 차원의 '원조援助'가 아니라 사회적 '투자'로 볼 정도로 안착되어 있다.

외국의 경우에는 형사사건의 피해자들의 가족을 상대로 심리 상담이 의무적으로 이루어지고 있다. 이는 피해자 가족들의 정상적인 사회복귀를 위한 제도이자 국가에 대한 신뢰를 주기 위한 장치이다. 군대에서 자살 사고로 인하여 사망한 유가족들 또한 마찬가지이다. 결국 국가가 이를 방치할 경우 유가족들은 국가의 공권력을 불신하고 정부의 모든 정책을 불신하게 된다.

피해자 보호가 중요하다고 하면서 범죄로 피해본 사람들의 상처를 닦아주고 어루만져 주는 노력은 미흡하다. 피의자를 검거하고 구속한다고 피해자의 상처가 다 씻어질 수 있을까? 피해자 보호는 관심과 배려에서 출발해야 한다.

물질적 도움이나 지원은 경찰이 할 수 없다. 경찰은 사건을 조사하면서 피해자의 명예와 사생활이 침해당하지 않도록 배려와 관심을 기울여야 한다. 사회적 이목을 집중시키는 사건의 경우, 사건발생초기 피해자 인적사항이 노출되기 쉽다. 연예인, 정치인, 유명인사 등이 관여된 사건일수록 더욱 그렇다. 그들에게도 사생활이 있다.

피해자가 당사자 본인뿐이겠는가? 가족과 친지 등도 피해자이고, 피해자가 속한 직장도 피해자일 수 있다. 회사의 경우, 신용과 명예를 중요시한다. 언론에서 국민의 알권리를 주장해도 피해자의 사생활 보호가 더 중요하다.

피해자 진술 조사는 사건 실체규명에 있어 절대적이다. 피해자가 유아, 청소년 등 미성년자나 말 못하는 장애인, 지적장애자인 경우에는 배려가 필요하다. 그들의 눈높이에 맞는 조사기법과 배려가 필요하다. 질문 하나하나에도 배려가 필요하다. 선입견을 가진 질문, 당사자에게 상처를 줄 수 있는 질문, 비하하는 말들은 하지 말아야 한다. 사건 실체규명을 위한 추궁도 중요하지만 피해자의 인격이나 자존심을 건드리는 질문을 하지 말아야 한다. 피해당한 것도 억울한데, 피해자를 피의자 다루듯이 추궁하는 것은 피해자를 두 번 죽이는 일이다.

피의자의 가족도 범죄로 인한 피해자로 보아야 한다. 연쇄살인, 강간피의자가 언론 등에 대서특필될 때 피의자의 가족 또한 노출된다.

피의자 인적사항공개로 아무 죄 없는 피의자의 처, 자식, 부모가 이웃과 지역사회로부터 따돌림 당할 수도 있다. 그들에 대한 배려를 생각하면서 수사결과 발표도 신중을 기하여야 한다.

피해자는 범인 검거 못지않게 피해회복 절차를 안내해주어야 한다. 범죄 피해자, 또는 피해자 관계인, 피해자가 사망한 경우 유족들이 피의자에 대해 어떤 처벌을 구체적으로 해주길 바라는지 세부적인 의견을 수사 단계에서도 청취하여 이를 수사보고서에 반영할 필요가 있다.

절도범은 물건을 찾아주면 되지만, 사기범은 편취한 돈을 찾아주어야 한다. 보이스 피싱 사범의 경우, 모르고 이체된 돈을 찾아주어야 한다. 법원, 법률구조 관리공단, 변호사협회와 협조하여 지급명령신청과 소액사건심판 등 민사회복절차를 알려주고, 이에 필요한 증거자료도 수집해 주어야 한다.

강간, 성범죄, 가정폭력 등 여성이 피해자인 경우에는 더욱 특별한 보호가 필요하다. 피해자의 배우자뿐 아니라 자녀나 부모 등 가족도 정신적 피해대상자에 포함시켜야 한다(입법과정상 피해자의 개념에 포함시켜야 한다). 이러한 범죄는 피해자가 처벌을 원치 않을 경우 불구속되거나 불기소 처분된다. 피해자의 처벌 의사를 확실히 확인하여야 한다. 어쩔 수 없이 처벌 의사를 철회하는 경우도 많다.

직장 내 성폭력, 성희롱, 성추행 사건의 경우, 생계유지를 위해 처벌 의사를 철회하거나, 가정폭력 사건의 경우에는 가족부양을 위한 경제적 형편과 자식의 장래를 위해 처벌을 원치 않는 경우가 많다.

피해 당사자로 하여금 처벌 의사 철회 이유와 경위에 대한 심도 있는 조사와 함께, 철회 후 사정변경이 되었는지의 여부를 주기적으로 확인할 필요가 있다.

　피해자 신변보호를 잘해줘야 한다. 신변보호를 요청할 권리와 소정의 이주비 등 지원금과 위치확인 기기지급을 통해 경비업체나 경찰의 신변보호서비스를 받을 권리(검찰청 범죄피해자보호지원센터공조)가 있다는 것을 알려주어야 한다. 피의자를 영원히 구금할 수는 없다. 피의자는 자신의 구금, 검거가 피해자의 신고, 진술이 결정적 역할을 했다고 믿을 경우에는 보복하려고 한다.

　조직 폭력배 두목 검거의 경우가 그러하다. 검거 후 재판확정까지 피해자 진술이 절대적으로 필요한 경우가 많다. 두목은 피해자의 진술을 번복하기 위해 변호사나 조직원을 통해 협박을 한다. 이때 피해자가 진술을 번복하지 않도록 하기 위해 어떤 조치를 취해야 하는가?

　선진국처럼 중요범죄 신고인의 경우 피해자 취업이나 신분세탁 등 증인보호프로그램을 시행할 인력, 예산, 조직이 없다. 그렇다고 포기할 수만도 없다. 경찰의 관심과 배려가 관건이다. 수시로 전화하고 연락하고 피의자 출소동향 등에 대한 세심한 관찰이 필요하다. 이는 범인 검거 못지않게 중요하다.

　피의자가 피해자와 합의 보려고 피해자 인적사항을 원하는 경우가 있다. 피해자의 의사를 존중하여 피해자가 원하는 경우에 한하여 제공할 필요가 있다.

　피해자와 피의자 대질조사도 신중을 기해야 한다. 사실관계 규명을 위해 대질조사는 필요하다. 그러나 피해자가 원치 않는 경우에 무조건 대질조사는 자제하여야 한다. 대질조사가 불가피한 경우에도 충분한 사건검토를 거쳐, 쟁점만을 부각시켜 추궁하여야 한다. 피해자 보호는 돈만으로 이루어지는 것이 아니다.

피해자란 누구인가, 어떻게 보호해야 되는가? 이번 사건으로 인해 어떤 피해를 보았고 무엇을 두려워하는가? 세심한 분석과 애정, 배려가 필요하다. 피해자 보호는 경찰의 힘만으로 되는 것이 아니다. 지방자치단체, 종교, 사회 시민단체의 노력도 필요하다. 오갈 곳이 없는 청소년, 가정폭력 피해배우자들을 위한 보호시설과 인력, 재활할 수 있는 교육시설이 필요하다. 평소 유기적인 협력공조 시스템구축이 절실히 필요하다.

▌사라지는 사람들, 함께 찾는 사회

가출자, 실종자가 점점 많아지고 있다.

이혼율이 증가하고, 편부·편모 슬하 가정이 많아지면서 가정에 부적응하는 아이들이 가출한다. 고령화 사회로 접어들면서 노인성 치매 환자도 늘어나 치매노인 신고도 많이 들어온다.

실종자도 증가한다. 특히 여성과 청소년들이 문제가 된다. 신고가 들어오면 경찰서의 실종 수사팀에서 여성청소년계 가출팀과 함께 공조하여 수색한다. 실종 당시 최종 목격지점에 설치된 CCTV를 점검하고, 휴대전화를 알면 휴대전화 발신지 위치추적과 함께 통신자료 추적수사를 한다.

목격자 탐문조사도 실시한다. 그래도 소재를 파악하지 못하는 경우가 많다. 가족들이 애가 타서 전단지를 만들어 붙이고 하지만 한계가 있다. 국민들이 큰 관심을 갖지 않는다.

미국 실종수사 드라마를 보면 실종일로부터 48시간 기다린 후 그래도 소재가 탐지되지 않으면 수사팀을 꾸려 수사에 착수한다. CCTV, 휴대전화 위치추적 등 다양한 수사를 통해 동선을 파악한다.

수사팀만으로는 한계가 있다. 변사체로 발견될 것에 대비해 가족들의 유전자 DNA를 채취하여 확보한다. 실종 당시의 사진을 경찰 자체 전산망을 통해 공유하여 전국 경찰관이 탐문수사에 활용하도록 한다.

실종 당시의 사진뿐 아니라, 시간이 지남에 따라 바뀌는 인상을 추적하여 다양한 사진자료를 제공한다.

언론의 협조도 필요하다. 영상자료는 필수적이다. 지하철, 터미널, 역, 백화점 등 사람들이 많이 왕래하는 장소에 사진을 크게 게재하여야 한다. 인물의 특징을 부각시켜 게재해야 한다. 휴대폰 앱, 페이스북, 트위터 등 SNS를 통해서도 홍보해야 한다.

신고보상금도 걸어야 한다. 부모의 마음으로 찾아주어야 한다. 현재처럼 경찰서 게시판에 조그맣게 게시하는 것은 효과가 없다. 지역 유선방송, 인터넷 방송과 협조하여 매주 정기적으로 실종, 가출자 찾기 홍보방송을 실시해야 한다. 마치 예전 이산가족찾기 방송처럼 해야 한다.

가출청소년은 찾아도 또 가출한다. 원인을 분석하여 가출 후 인계 여부를 결정해야 한다. 부모의 폭행이나 무관심으로 가출한 청소년을 다시 부모에게 인계하면 아이에 대한 부모의 폭행은 또 일어나고 아이의 가출도 다시 반복될 뿐이다. 무조건 부모 등 보호자에게 인계하는 시스템 역시 고쳐야 한다. 가출 원인제공이 엄연히 부모의 폭력이나 귀책사유에 있다면 그 부모를 엄히 꾸짖거나 개선시키는 방법을 강구해야 한다. 가출 청소년의 의사를 반드시 확인해야 한다. 공포에 질린 아이를 원인제공자인 부모에게 돌려보내는 것 자체가 또 다른 폭력이다.

실종신고가 들어오면 여성청소년, 실종수사팀과의 합동신문을 한다. 대개 가출경력이 있으면 단순가출로 취급한다. 신고 초기 내용만으로 단순가출인지, 범죄로 인한 실종인지 불분명하다.

미국처럼 48시간정도 기다려 연락이 없으면 바로 납치 등 범죄관련성을 두고 수사전담팀을 꾸려야 한다. 강력팀에서 강력사건에 준하여 수사를 실시해야 한다. 지방자치단체, 소방, 해양경찰청뿐 아니라 NHN(네이버) 등 인터넷 포털업체, 홈쇼핑업체, 시민단체와도 유기적으로 협조해야 한다.

전국 경찰관의 휴대폰조회기에 실종자 사진 등 정보자료가 실시간으로 검색될 수 있도록 해야 한다. 은신 예상처인 PC방, 고시원 등에도 수시로 영상자료가 게재되도록 조치해야 한다.

가출 청소년들은 가출 후 범죄 청소년들과 어울리게 되는 경우가 많다. 가출경위도 자세히 조사하여 가출 후 행적과 속칭 앵벌이 등 인신매매조직사범과의 연계여부에 대해서도 철저히 수사해야 한다.

경찰만으로 모든 실종자와 가출자를 찾기는 어렵다. 탐정업을 공인자격증으로 인정하여 이들의 소재를 찾는 업무를 분담하는 방안도 적극 검토해야 한다. 탐정업을 자유업으로 허용하되 사생활 침해 등 남용방지를 위해 경찰에서 관리감독하도록 제도화할 필요가 있다

해마다 증가하는 가출·실종자들로 인해 멍든 가슴을 부여잡고 하루하루를 보내는 가족들의 한숨과 시름도 깊어지고 있다. 부모의 마음을 가져야 한다. 단순히 찾아주는 것에서 더 나아가 원인이 무엇인

지, 어떻게 하면 예방할 수 있을지도 생각해야 한다.

▌가정사에 적극 개입하는 사회

112신고 중 주취자 폭력, 도난신고 다음으로 많이 들어오는 것이 가정폭력 신고이다. 남편이 부인을 폭행하고, 자식이 부모를 폭행하는 신고가 자주 들어온다. 특히 요즘은 존속에 대한 패륜 범죄가 많아지고 있는 추세다.

피해자가 처벌을 원하는 경우 적극적으로 경찰이 개입하지만, 처벌을 원치 않거나 주저하는 경우에는 가정폭력상담센터에 상담을 권유하거나 다시는 싸우지 말라고 할 뿐이다. 술에 취한 채 칼을 들고 부인과 자식을 위협하는 경우, 출동하는 경찰관도 마음의 준비를 단단히 해야 한다. 권총 또는 테이저건을 사용할 것인지 고민해야 한다. 제압 과정에서 경찰관과 피해자 자녀가 다치는 사례도 많다.

필자가 서장으로 있었던 동두천시는 미군과 동거하는 외국인들, 한국인과 거주하는 외국인 여성, 외국인들끼리 결혼(동거)하는 다문화가정들이 많이 있었다. 다문화가정은 문화적인 차이로 부부싸움이 자주 발생한다. 가재도구가 파손되고, 아이들과 이웃들이 불안해한다. 정상적인 상태보다는 음주 상태에서 폭력이 벌어진다. 동두천에 거주하는 사람들을 대상으로 설문조사를 실시했더니 응답자 100명 중 절반 이상이 보통이거나 심각하다고 답했다. 원인으로는 음주가 가장 많았고, 성격차이와 당사자 불륜, 실직으로 인한 다툼이 뒤를 이었다.

가정폭력 사건은 당사자 의사에 의해 처벌여부를 결정하는 것보다는 폭행정도나 횟수 등을 고려하여 처벌해야 한다. 설문조사 결과 대부분 가정폭력 사건은 사회적·경제적 약자인 여성이 남편의 보복, 이혼 후 경제적인 부담감, 자녀들에 대한 걱정 때문에 처벌의사를 주저한다. 자식의 부모에 대한 폭행도 그렇다. 설혹 때린 자식이 밉지만 '미우나 고우나 내 자식이니까'라며 처벌을 원치 않는다. 자식을 처벌하고자 하는 부모가 어디 있겠는가? 그러다 보니 경찰관의 마음속에는 임시조치만 할 뿐 형사입건을 하기엔 다소 어렵지 않나 하는 인식이 많다.

미국의 경우 가정폭력은 당사자의 의사보다는 행위에 주안점을 두고 처벌한다. 당사자 의사에 반해서 일단 체포하거나 구속한다. 동두천 소재 미군사 법원은 가정폭력 미군의 경우 체포해 구금형을 선고한다. 우리와는 다르다. 미국은 가정폭력을 '가정을 파괴하는 심각한 범죄'로 보고 있다.

현행 가정폭력방지법상 접근제한 금지명령 처분도 절차가 번거롭고, 시간도 많이 소요되고, 감시 장치가 없어 실효성이 떨어진다. 당사자의사를 중시하여 처벌여부를 결정하는 관행은 바뀌어야 한다. 가정폭력의 피해자가 어찌 배우자뿐이겠는가? 자녀도 그 피해자이다.

연쇄 살인범 등 중범죄자의 경우 가정폭력이 빈발하는 가정 속에서 성장한 케이스가 여럿 보고돼 있다. 때리는 아버지, 맞는 어머니 속에서 자녀는 무엇을 배울 수 있었겠는가? 적개심과 보복심, 증오심으로 자신을 제어하지 못하고 성인이 되어 자신의 가족에게 폭력을 행사하는 등 가정폭력 대물림 현상도 심각하다. 가출과 범죄로 이어진다. 그런 측면 때문에 편부·편모 슬하 가정에서 유독 가출하는 청소년이 많다. 가정에서 관심을 받지 못하고 자라난 아이들은 가출과 범죄에 쉽게 노출될 수밖에 없다.

우리의 자녀들은 제대로 된 가정에서 화목하게 사랑받으며 성장할 권리가 있다. 가정폭력은 근절돼야 마땅하다. 가정폭력 피의자는 감시하고 계도해야 한다. 피해자인 배우자 당사자뿐 아니라 자녀들도 보호해줘야 한다. 부부간의 문제가 아닌 사회와 국가문제로 접근해야 한다. 경찰뿐 아니라, 지역사회, 지방자치단체가 다 같이 노력해야 한다.

가정이 화목해야 사회가 평온하다. 그리고 국가가 바로 선다.

Part 6

법, 꼼꼼하게 때론 따뜻하게

법치에는 틈새가 많다.

싸늘한 냉풍과 억울한 사연을 탄생시키는 그 법의 틈은 빨리 메우거나

그게 안 된다면 아예 새로이 뜯어 고쳐야 한다.

반면 때로는 따뜻하고 눈물을 흘리는 법, 법치도 있다.

법을 너무 문리적으로 해석하면 '사람'이 틈입할 여지가 없다.

때로는 엄한 아버지처럼, 때로는 자상한 어머니처럼

'사람'을 살리고 보듬는 법치를 해야 한다.

1. 꼼꼼하게

▌법률의 틈새를 막자!

경찰관직무집행법은 경찰작용법이다. 총 13개의 조문으로 되어있다. 이중 벌칙조항은 12조 하나다. 경찰관이 법상 규정된 의무를 위반하거나 직권을 남용한 경우에 1년 이하 징역 또는 금고에 처한다는 규정이다. 형법상의 직권남용죄 처벌규정이 있음에도 벌칙규정이 있다. 중복된 규정이다. 구성요건도 추상적이다. 법에 규정된 경찰관의 의무나 직권남용의 내용과 다른 사람에게 해를 끼친다는 내용도 추상적이다. 죄형법정주의 위반소지가 있다.

경찰관 직무의 범위를 살펴보자. 직무범위 중 '요인 경호' '대간첩작전 수행' '치안정보 수집' '작성 및 배포규정'이 있다. 요인이란 누구를 말하는가? 대간첩작전 수행도 예전 무장공비출현시대의 직무범위다. 치안정보란 것도 그렇다. 치안정보가 무엇인가 예시라도 해야 한다. 정보과 업무를 염두에 둔 직무의 범위라고 생각된다. 너무 광범위하고 누구에게 배포한다는 것인지도 불확실하다. '배포'라는 규정을 만들었다면 국민들에게도 알려줘야 한다는 소리인데 국민들에게 알릴 수 있는 치안정보는 무엇인지에 대해서도 명확하지 않다.

통상 치안정보는 정보업무를 담당하는 지휘부에 배포되는 것으로 되어 있다. 그렇다면 이런 업무는 특정부서에 종사하는 사람들을 위한 업무이다. 바꿔야 한다. 보호와 봉사라는 시대에 맞지 않는 직무범위다. 경찰의 직무범위는 국민의 생명과 안전을 위해 각종 범죄와 사고로부터 보호라는 목표에서 출발하여야 한다.

범죄의 예방과 진압 중 진압이란 의미도 불법 집회시위를 진압한다는 경비업무를 염두에 둔 직무범위일 것으로 생각된다. 범죄를 진압한다는 것은 어법에도 맞지 않는다. 합법적인 집회는 보호하고 불법 집회는 처벌한다는 개념이 오히려 맞다. 범죄와 관련해서는 범죄예방 순찰과 검거 활동이다. 고쳐야 한다.

3조 불심검문을 살펴보자. 경찰관이 범죄를 적발·인지하는 활동 중 가장 많이 하는 것이 불심검문이다. 실무상 불심검문은 파출소직원과 전·의경들이 담당한다. 불심검문은 아무나 해서는 안 된다. 범죄우려 혐의자에 대해서만 해야 한다.

범죄우려 혐의자에 대한 판단은 어떻게 할 수 있는가? 규정에는 경찰관이 수상한 거동이나 주위 사정을 판단하여 결정할 수 있다고 되어 있다. 실제 불심검문하면서 어떤 행동이 수상한 거동이란 말인가? 광범위해서 현실과 맞지 않는 규정이다.

불심검문은 보행자뿐 아니라 실무상 차량검문을 많이 한다. 차량을 이용한 강도, 뺑소니 교통사고가 발생한 경우 도주로를 차단하기 위해 검문소 등에서 차를 정지시킨 후 검문한다. 강도 용의차량, 뺑소니 차량을 찾기 위해 검문하는 것이다. 통과하는 모든 차량에 대해 한다. 경찰관직무집행법상의 규정에도 없는 내용이다.

불심검문 규정은 용어도 구시대적이고 내용도 현실에 맞지 않다. 오히려 모든 국민은 정당한 이유가 없는 한 경찰관의 직무질문에 협조해야 한다는 선언적 규정을 두고 경찰관이 할 수 있는 직무질문의 유형과 내용을 적시하고 각각의 유형에 따른 세부 준수절차규정을 만드는 것이 현실에 더 적합하다.

실제 불심검문과정에서 경찰관이 자신의 신분증도 제시하지도 않고, 동행 장소·목적·이유 등을 고지하지 않아 민·형사상 제소를 당한 사례가 많다.

3조 2항의 임의동행규정도 마찬가지다. 112신고사건 출동현장에서 파출소·경찰서 형사과사무실로 인계하는 합법적인 절차가 경직법 3조 2항의 임의동행이다.

파출소에서 거의 대부분 임의동행보고서를 작성한다. 임의성에 대한 증거와 소명자료가 있어야 한다. 보고서 내용에 이것이 없다.

출동현장에서 주취소란자, 경미한 쌍방폭행관련혐의자를 파출소로 동행하려면 동의를 받아야 되는데, 실제 동의성 여부를 확인하기 어려운 경우가 많이 있다.

경미한 사건을 굳이 임의동행 형식을 빌려 파출소로 무조건 동행할 필요가 굳이 있을까 싶다. 파출소·경찰서 형사과로 동행하여 사건

전산처리 시스템에 입력하려고 하기 때문일 것이다.

피의자를 체포하거나 구속할 필요가 없는 경미한 사건은 현장에서 신원과 개요만 확인하고, 향후 처리절차를 설명해주고 귀가조치 시키는 것이 오히려 합리적이다. 모든 사건을 파출소·경찰서 형사과로 인계처리 해야 한다는 인식을 갖다 보니 그 처리절차도 복잡하고 문제도 많이 발생하는 것이다.

사후에 동행인의 서명날인 승낙서를 받는다고 하지만, 사후 동의만으로 사전 동의 없는 동행조사를 합법화할 수 있을지도 의문이다. 매번 국정감사 때마다 경찰관의 무조건적인 관행적 임의동행이 인권침해 소지가 많다는 지적이 나온다.

임의동행시간도 문제가 된다. 동법 3조 6항은 동행시간이 6시간을 초과할 수 없게 되어 있다. 그렇다면 동행 시 동행시간을 보고서상에 적시해야 한다. 그런데 동행시간을 제대로 기재치 않는다. 사실상 동행초기부터 파출소를 거쳐, 형사과까지 6시간이 초과하는 경우가 많다.

만약 6시간이 초과되면 당사자의 계속조사 여부에 대한 승낙을 받아야 한다. 하지만 그런 절차는 거의 없고 잘하려고 들지도 않는다. 동행 종료시간에 대한 기재도 없다.

굳이 경찰관직무집행법상에 임의동행규정을 만들 필요가 없다. 형사소송법상 임의조사 내지는 승낙조사로 개정하여야 한다. 범죄혐의자는 경찰서에 조사를 받되 경찰관은 반드시 혐의자로부터 승낙을 받아야 한다는 규정으로 개정하는 것이 바람직하다. 임의동행이란 표현보다 임의조사나 승낙조사로 용어를 바꾸어야 한다. 동행이란 용어는 너무 권위적인 뉘앙스를 풍긴다.

굳이 불심검문이란 조항을 만들 필요가 없다. 불심검문이 수사를 위한 단서로 사용되면 형사소송법상에 규정하거나, 임의조사로 대체해도 무방하다. 현재는 대인 검문검색보다는 차량 등 대물 검문검색을 많이 하는 현실이므로 대물 검문검색조항을 별도로 만들 필요가 있다.

4항 보호유치는 주취자, 음주소란자, 정신질환자, 노숙자 등 임시 보호조치가 필요한 사람들을 발견한 경우 보건의료기관, 공공구호기관, 경찰관서에 적당한 보호조치를 할 수 있다는 규정을 두고 있다.

파출소직원들 업무 중 제일 힘든 업무가 노숙자, 주취자, 음주소란자, 정신질환자를 발견했다는 112신고가 들어올 때다. 현장에서 발견한 이들에게 주거지와 보호자를 물어보면 대부분 답변하지 못한다. 부득이 술이 깨거나, 보호자에게 연락될 때까지 보호조치를 할 수밖에 없다. 문제는 파출소에 이들을 안전하게 보호할 시설이 없다는 점이다.

예전에는 경찰서 유치장내 임시 보호시설이 있었다. 속칭 즉결대기실이라고 해서 유치장내 시설을 마련하고 임시로 수용하였다. 하지만 영장 없는 경찰의 구금은 불법이라고 하여 즉결대기실이 없어졌다.

그 후 경찰은 자체적으로 경찰서 내에 주취자 안정실이란 것을 만들어 운영하였다. 주취자들이 난동을 부리는 과정에서 머리 등이 다칠까봐 스폰지 보호시설을 해놓았을 뿐 주취자 안정실이라고 해서 별다른 안전시설은 전무했다. 더욱이 주취자를 현장에서 파출소를 거쳐 경찰서까지 데려오기가 어려웠다. 주취자 안정실을 활용하는 사례가 적어 결국 사라졌다. 주취자를 순찰차에 태워 파출소까지 데려오는 것도 문제다. 주취한 상태에서 어떻게 임의로 동의서를 받을 수 있겠는가? 소방서에 연락하면 생명에 위험을 초래하지 않는 단순 음주자는 소방업무소관이 아니라고 호송을 거부한다. 안전 응급구조요원도 있어 경찰 순찰차보다 더 안전한데도 말이다. 추운 겨울에는 더욱 힘들다. 주취자에게 수갑을 채우면 인권침해라고 난리친다. 여자 주취자의 경우에는 더 어렵다. 남자 경찰관이 일으켜 세워 부축해 순찰차에 태울라치면 성추행 당했다고 야단이다. 지구대 순찰팀마다 여경이 배치되어 있지 않으면 더욱 힘들다(지구대 순찰팀 여경근무기피). 어쩌란 말인가?

그런 주취자는 병원도 받지 않는다. 의사나 간호사는 물론 심지어 소방관들에게도 폭언과 폭행을 서슴지 않고 기물파손을 하기도 한다. 그러니 관련자들이 피해망상 등 정신적 외상 트라우마에 시달리는 경우도 있다. 파출소에 데리고 온다고 뾰족한 수도 없다. 경찰서 형사과도 마찬가지다. 서로 인계를 기피한다. 보호조치를 어떻게 하라는 규정이 없다. 시설이나 인력뿐 아니라 법적·제도적 장치도 미흡하다. 보호조치 방법, 절차, 시설에 대해 시행령에 위임규정을 만들 필요가 있다.

난동을 부리면 유치장에 입감시켜야 한다. 업무방해와 공무집행방해혐의를 적용해 입감시켜야 한다. 예전에 즉결심판 청구 전 구류유치신청명령 제도를 부활시켜야 한다. 경찰관에게 구류유치신청명령권을 부여하는 방안을 검토해야 한다. 지금처럼 주취자가 술이 깰 때까지 파출소에 방치해서는 절대 안 된다. 법집행이 되지 않는다. 주취자가 경찰관에게 욕하고, 기물을 파손하고, 멱살을 잡고 행패를 부리는데도 술 취한 상태에서 한 우발적 행동이라는 이유로 쉽게 용서받아서도 안 된다.

지방자치단체와 협조하여 경찰, 보건직 공무원, 의사 등 응급의료 전문가 등이 공동으로 운영하는 보호시설을 운영하는 것도 바람직하다고 생각한다. 노숙자, 주취자, 정신질환자는 자칫 잘못 다루면 생명이 위험해 질 우려도 있으므로 전담보호시설이 필요하다. 상습 알콜중독자는 의사와 경찰, 지자체 등이 합동으로 보호자의 동의를 받아 알콜 중독치료센터에 수용시키고 일정기간 치료를 받게 할 필요가 있다. 세부설치, 운영규정을 시행령에 위임해야 한다.

제5조 위험발생방지규정은 경찰업무와 가장 밀접하고 중요한 규정이다. 실제 홍수, 눈, 산사태 등 자연재해와 건물붕괴 등 재난사고에 있어 경찰이 위험현장 통제업무를 수행하는 경우가 많이 있다. 특히 최근에는 지구온난화에 따라 급작스런 재난·재해가 많이 발생하고 있고, 구제역 등 가축전염병이 확산될 때 사람과 차량을 통제할 경우가 많이 발생한다.

사람과 차량을 통제하는 과정에서 경찰관의 통제지시를 따르지 않는 경우가 많이 있다. 통제지시를 따르지 않는 사람들을 어떻게 조치할 것인가에 대한 제재규정이 전혀 없다. 따라서 제재조항의 신설이 필요하다.

경찰관의 위험발생방지를 위한 통행제한금지지시에 따르지 않는 경우 벌금이나 과료를 부과하거나 격리시킬 수 있도록 제재조항을 신설해야 효과적인 위험발생방지조치를 할 수 있다.

제6조 범죄예방과 제지 규정에서 범죄행위가 목전에 행해지려고 하는 경우에 경찰관이 예방을 위해 경고를 발하고, 행위를 제지할 수 있다는 규정은 그 자체가 불필요한 규정이라고 생각한다.

경찰관의 기본업무는 국민의 생명·신체 안전보호에 있다. 이 직무 범위 속에 당연히 범죄행위 예비현장을 목격한 경우에는 이를 막기 위해 경찰관이 경고 등 필요한 조치를 하는 것은 당연하다.

제7조 위험방지를 위한 출입규정을 살펴보자. 경찰관은 위험발생 방지, 범죄예방과 제지를 위해 필요하다고 판단되는 경우 타인의 토지, 건물 등에 출입할 수 있고 관계자는 정당한 이유 없이 이를 거절할 수 없다고 규정하고 있다.

정당한 이유 없이 거절하는 경우 어떻게 조치해야 하는가? 이에 대한 강제조치 조항이 없다. 대형교통사고, 산사태, 홍수로 인한 각종 재난·재해 관련 경찰관이 교통 출입통제를 할 경우가 많은데 이에 대해 시민들이 협조하지 않을 경우 어떻게 조치해야 하는지에 대한 규정이 없다.

제8조 경찰관의 사실 확인등 사실조회와 관계자 출석요구권 역시 형사소송법상의 사실조회, 임의수사를 위한 출석요구규정과 중복된다. 경직법과 형사소송법과의 사실조회와 출석요구에 대한 차이를 둘 이유가 없다.

제9조 유치장설치근거규정은 조문이 단 한 개로서 너무 간단하다. 물론 경찰청훈령으로 피의자유치 및 호송규칙이 있지만 유치장 입감 기준, 절차, 운영 등에 대한 세부규정은 시행령으로 정해야 한다.

실무상 유치장 운영이 문제가 되는 것은 유치인 신체검사, 면회, 접견 등에 대한 내용이다. 특히 유치인 입감 시 유치인의 생명과 신체안전을 위해 흉기 등 위험물 소지점검으로 신체검사를 실시하게 된다.

어떤 경우에는 정밀신체검사를, 어떤 경우에는 약식으로 신체검사를 실시하게 된다. 그런데 그 기준을 정하기가 애매하다. 자해 우려 여부를 특정범죄를 가지고 선정하기가 어렵기 때문이다. 그래서 유치인 몸수색 과정에서 인권침해시비가 많이 발생한다.

유치인 신체검사는 피의자에게 취지를 설명하고 승낙을 구한 상태에서 스스로 흉기 등 위험물을 자진반납하게 하는 등 임의적으로 실시하는 것을 원칙으로 하여야 한다.

특별히 유치인 근무자와 수사관이 판단할 때 정밀신체검사가 필요하다고 인정되는 경우에는 압수수색검증영장을 발부받아 실시해야 한다. 피의자의 신체검사와 같이 인신에 관련된 사항은 경찰관직무집행법에 규정되어야 한다. 현행 피의자유치 및 호송규칙상의 경찰청훈령으로 하는 것은 법체계에 맞지 않는다.

다음으로 유치인 면회·접견 시간, 절차, 방법 등에 대해 법령으로 정하여야 한다. 유치인의 면회·접견은 유치인의 인권보호와 방어권 보장을 위해 매우 중요하다 경찰서 유치장은 무죄추정의 원칙이 최우선적으로 지켜져야 하는 공간이다. 특별한 사유가 없는 한 면회·접견에 제한을 두어서는 안 된다.

유치장의 위생, 목욕 등 유치인의 건강과 관련한 규정도 두어야 한다. 현행 유치장시설은 제각각이다. 1인실, 2인실, 다중실도 필요하다. 죄질에 따라 구분해 입감하여야 한다.

유치인 일과 프로그램도 너무 단순하다. 유치인에게 일조권과 건강권을 보장하기 위해 여건이 허락되는 범위 내에서 야외운동시간을 부여할 필요가 있다. 아울러 수감기간 중 신문, 잡지를 구독하고 전화로 가족과 통화할 수 있도록 편의를 제공하여야 한다.

현재 추진하고 있는 통합유치장은 유치인의 면회·접견에 불편이 많다. 통합 유치장은 경찰관 편의에 기인한 발상이다. 유치인의 가족들이 면회를 하기 위해 멀리 떨어진 경찰서를 찾아가서 면회를 한다는 것은 국민을 생각하는 경찰행정이 아니다.

틀에 박힌 규제행정에서 과감히 벗어나야 한다. 경찰서 유치장은 법무부운영 구치소나 교도소와는 달리 범죄혐의정도가 가장 낮다는 것을 인식하여야 한다. 그에 따른 유치인 처우개선 노력도 필요하다.

유치인 관리와 호송은 경찰의 중요한 업무이다. 그럼에도 불구하고 이에 관한 법 규정이 단 한 개에 불과한 것은 검토해야 한다.

제10조 경찰장비사용규정과 관련하여 살펴보자. 경찰관이 사용하는 장비는 많이 있다. 10조 2항을 보면 '경찰장비는 무기, 경찰장구, 최루제 및 발사장치, 감식기구, 차량 등 경찰 직무수행을 위해 필요한 장치와 기구를 말한다'라고 정의하고 있다.

경찰관이 휴대하는 장비를 살펴보자. 파출소 외근 경찰관이 항시 휴대하는 장비는 보통 실탄이 장전된 권총, 가스총(가스분사기), 3단봉,

수갑, 무전기, 휴대폰조회기다. 아울러 테이저건 등 전자충격기도 휴대하고 다닌다. 이것이 가장 기본적인 장비이다.

그렇다면 경찰관직무집행법상 경찰장비에는 파출소 외근 경찰관의 휴대장비부터 규정해 놓아야 한다. 그리고 이에 대한 사용요건과 절차에 대해 규정해야 맞다.

용어도 불분명하다. 경찰장비, 경찰장구, 분사기, 무기 등 용어가 너무 복잡하고 현실에도 맞지 않는다. 감식장비는 범죄수사와 관련한 장비이다. 이것을 경찰관직무집행법상의 경찰장비에 포함시킬 필요가 없다. 경찰관직무집행법은 경찰관의 업무수행과 관련하여 많이 사용하는 기본 장비의 종류, 사용요건, 절차에 대해서만 규정하면 된다.

최루제 및 그 발사장치도 집회시위현장에서 사용된다. 집회시위현장에서 사용되는 장비인 방패, 경찰봉 등의 개인장비와 물대포 등의 비개인용 장비와 구분하여 사용요건이나 절차 등에 대해 별도로 규정해야 한다. 경찰의 직무수행방식에 따라 사용하는 장비가 다른데, 이를 하나로 묶어 규정하는 것은 법체계에 맞지 않는다.

범인검거 과정에서 범인의 저항 형태에 따라 사용할 수 있는 경찰관의 장비와 순서가 다르다. 불법집회시위 현장수사 과정에서도 집회시위규모와 방식에 따라 장비가 다르다. 죽봉, 쇠파이프가 나오면 그에 따른 경찰관의 대응장비도 다를 수밖에 없다.

경찰은 범인검거와 범죄예방을 위해 총기, 가스분사기, 수갑, 경찰봉 등을 사용할 수 있다. 다만 사용요건이나 절차는 경찰관의 직무수행에 필요한 최소한의 범위 내에서 사용하되 구체적인 사용요건과 절차에 대해서는 시행령으로 정한다고 위임하는 방안으로 관련조문을 정비할 필요가 있다.

10조 2항의 경찰관 휴대 수갑, 포승, 경찰봉, 방패 등의 경찰장구 사용요건과 10조 3항 가스분사기, 최루탄의 분사기 사용요건, 10조 4항 총기(무기)사용요건은 대동소이하다.

오히려 그 규정이 너무 난해하여 사용하는 경찰관이 현장에서 어떤 장비로 어떤 식으로 사용할 것인지에 대해 고민하게 만든다. 현장에서 사형, 무기, 장기 3년 이상 징역 해당범죄인지 어떻게 판단할 수 있을까?

수갑, 포승, 경찰봉, 방패를 같은 선에 놓고 사용요건을 동일하게 규정한 것도 현실에 맞지 않는다. 포승줄은 구속피의자를 경찰서 유치장에서 검찰청 구치감·구치소로 호송 시 사용한다. 이 정도로 규정하면 된다. 수갑 역시 음주소란을 피워 난동부리는 사람을 제압할 때 사용할 수밖에 없다. 수갑사용 요건을 너무 까다롭게 규정하여 실무상 수갑을 제대로 사용하지도 않고 휴대하려고 하지도 않는다.

'족갑'이란 게 있었다. 발에 채우는 수갑이다. 구속피의자가 병원 입원 시 도주를 방지하기 위해 병원침상 발목에 임시로 채울 때 사용되었다. 그런데 이것도 근거가 없다고 못 채우게 한다. 족갑이 인권침해라는 것이다. 그러니 병원 병실에서 피의자 관리가 어렵다. 24시간 경찰이 지키고 서서 관리해야 되기 때문이다. 족쇄라는 언론보도 내용 때문에 없어진 것이다. 손에 채우거나 발에 채우거나 별반 차이도 없는데, 손에 채우는 수갑은 괜찮고 발에 채우는 족갑은 안 된다는 이상한 구분과 차별은 참으로 이해불가다.

경찰관직무집행법은 경찰작용의 가장 기본이 되는 법률이다. 경찰관의 직무·권한을 규정해 놓았다. 그런데 이 법 규정을 살펴보면 일본의 경찰관직무집행법 규정을 그대로 베껴놓은 것이다. 대한민국 경찰 현실과 일본 경찰 현실이 엄연히 다른데 법률은 남의 나라 것을 그대로 갖다 놓았다.

경찰관이 국민의 생명과 안전을 위해 위급한 경우에 명령(조치)할 권한이 있는데, 그 명령에 따르지 않을 경우 어떻게 해야 되는지에 대한 벌칙규정이 없다. 오히려 형법상 경찰관직권남용죄가 있음에도 불구하고, 12조상에 유일한 벌칙조항인 경찰관직권남용죄를 별도로 신설해 놓고 있다.

경찰관의 직무집행이 효율적이고 적절하게 집행되려면 이에 맞게 경찰관지시명령위반죄 신설도 필요하다. 아울러 경찰관의 직무수행 과정에서 고의과실 없이 손실을 입힌 경우 손실보상을 청구할 수 있도록 하는 규정도 신설할 필요가 있다.

시행령도 단 7개 조문으로 법령 형식에도 맞지도 않고 그 내용도 조악하다. 조속한 법령 정비가 필요하다.

▌주폭에게 온정이란 없다

주폭(술에 취해 행패를 부리는 조폭 같은 존재)이란 신조어가 이제는 당연하게 느껴진다. 외신에 우리 발음 그대로인 'jupok'이 보도되기도 했다. 좀 부끄럽다.

일선 지구대에는 초저녁부터 아침까지 주폭들로 인한 소란행위가 끝이 없다. 순찰차 보닛에 앉는 사람, 음주운전 단속에 적발된 사람,

심심하면 사무실에 들려 시비를 거는 사람, 전화로 귀찮게 하는 사람, 지구대에서 욕설과 주먹을 휘두르는 사람, 심지어 대소변을 보는 사람들로 일선 경찰관들은 몸살을 앓고 있다.

경찰은 이런 취객들의 행패에도 대부분 어쩔 수 없이 당하고만 있는 실정이다. 자칫 잘못 대처했다가는 피의자의 인권을 유린했다는 구설수에 오르기 십상이기 때문이다.

'술에 취하면 누구나 잘못을 저지를 수 있다.'

유독 우리나라는 술에 대해 관대하다. 하지만 술에 취해서 상식을 벗어나 범법행위를 저지르는 '주폭'에 대해 언제까지 관대할 수만은 없다. 왜냐하면 그런 주폭의 피해를 받는 계층은 우리나라에서 소위 사회적 약자로 불리는 사람들이기 때문이다.

최근 주폭에 대해 무관용의 원칙을 세워 강하게 처벌하려고 하는 것은 매우 고무적이고 올바른 일이라 생각한다. 하지만 현장에서 술에 취한 주폭자를 처리하는 것은 녹록치만은 않다. 진정시키려고 수갑을 채우려고 해도, 술 취한 자의 힘은 무지 세서 채우기도 어렵다. 채우는 과정에서 상처가 나기라도 하면 경찰관을 상해죄와 인권침해로 검찰이나 국가인권위원회에 진정을 한다.

조사도 원활치 못하다. 이름도 대지 않는다. 여자는 더욱 가관이다. 순찰차에 태워 파출소로 동행하려해도 성추행이라고 소리친다. 참으로 힘들다. 술이 깰 때까지 기다린다. 파출소·경찰서 형사당직실에서 주취자보호석에 앉아 술이 깰 때까지 보호한다. 술 취한 상태이기 때문에 경찰관에게 욕하고 대들고 멱살을 잡아도 공무집행방해 고의가 없어 공무집행방해죄로 입건하기도 어렵다. 주취자 안정실이란 것

194

을 만들어 보호조치하였으나 이 또한 불법구금의 소지가 있어 활용도 되지 않아 없어졌다.

예전에는 유치장에 보호실이 있었다. 음주소란자는 유치장 보호실에서 하룻밤 재웠다. 그 다음날 법원 즉결담당판사에게 인계하여 즉결에 회부했다. 벌금이나 구류가 선고되어 주취자 처리가 잘 되었다.

그러던 것이 영장 없는 유치장 보호실을 형사피의자대기보호실 구금은 불법이라며 없어졌다. 그 순간 음주소란자는 애물거리가 되었다. 파출소·경찰서 형사과 당직실 주취자의 소란으로 시끄러워졌다.

주취자 제압과정에서 경찰관이 과잉조치했다며 진정을 넣기 일쑤다. 술에 취해 자신이 저지른 일은 전혀 기억 안 난다고 하는 사람들이 경찰관이 제압과정에서 폭력과 강압을 행사했다고 잘도 기억한다.

파출소·경찰서 형사과 CCTV는 음주소란자의 욕설은 녹음되지 않고 이를 제압하는 경찰관의 모습만 녹화된다. 방법이 없을까? 음주소란자는 일단 현행범으로 체포하면 된다. 그리고 유치장에 구금시킨다. 다음날 즉결법정에 회부한다. 법원과 협의하면 된다. 법관에게 빨리 인계함으로써 형벌을 신속히 집행하면 그 효과가 크다. 그러나 현재 유치장은 음주소란자를 안 받으려고 한다. 다른 유치인들이 잠을 잘 수가 없고, 유치인관리가 어렵다는 이유 때문이다. 이는 설득력이 떨어진다. 유치장은 여관이 아니다. 범죄혐의자들이 수감된 곳이다, 수감자들의 수면권을 방해한다는 논리는 설득력이 없다. 오히려 유치장에 수감하는 것이 주취자 보호에 더 효과적이다. 주취자는 소방관도 안 받으려고 한다. 응급조치시설이나 전문인력도 경찰보다 더 나은데도 안 받으려 한다.

음주로 인한 범죄가 많다. 음주운전, 음주폭행, 음주 후 가정폭력, 음주 주거침입, 음주 후 강간·강도·살인 등 강력범죄가 많다. 맨 정신에선 범죄를 저지를 수 없는 사람들이 저지른다.

술값이 저렴한 것도 한 몫 한다. 청소년 음주도 늘어나고 있다. 청소년에게 술을 팔 때 신분증 검사도 잘하지 않는다. 청소년들이 술집, 음식점에서 아르바이트를 한다. 음주상태에서 범행은 우발적이라고 해서 정상참작하는 이상한 미덕(?)도 있다. 우발적인 범행이라거나 피해가 경미하다는 이유로 불구속수사하는 관행은 개선되어야 한다. 사실상 구속에 해당하는 구류 및 유치명령처분과 손해배상 및 가압류청구도 적극적으로 해야한다.

반드시 음주소란을 바로 잡아야 한다. 경찰의 강력한 법집행은 음주소란자 엄벌에서 나온다. 더 이상 매 맞을 수는 없다. 주폭에게 '온정'은 온당하지 못하다.

▍시위대 병풍 노릇은 이제 그만!

미국의 경우 시위대는 폴리스라인을 넘을 수 없다. 넘을 경우 바로 체포된다. 폴리스라인 안이더라도 경찰을 모욕하거나 하면 체포된다.

경찰은 자신들에게 달려드는 시위대를 잔인하게 진압한다. 우선 곤봉으로 시위자의 머리 또는 다리, 몸통을 사정없이 가격하거나 시위대의 얼굴에 최루액을 뿌려 무력화시킨다. 필요할 경우 '스턴건(일종의 전기충격기로 5만 볼트의 전압이 흐르는 바늘이 발사된다)'이나 고무탄, 심지어는 경찰견까지 활용한다. 시위대가 대규모일 경우에는 기마경찰을 동원해 해산시킨다.

폴리스라인은 침범할 수 없는 질서선이며 극단적으로는 생명선이라는 인식까지 있다. 라인 안에서는 집회 및 시위의 자유라는 민주주의 기본원칙에 따라 자신의 주장을 전달하기위해 구호를 외치고 피켓시위 등을 할 수 있지만 라인 밖에서는 내가 한 행동이 다른 사람에게 피해나 불편을 줘서는 안 된다는 인식에 기초해 경찰이 단호히 단속한다.

미국에서는 10선의 국회의원조차도 폴리스라인을 침범하면 경찰이 수갑을 채워 연행하는 일이 다반사다. 침범 시민에게 무자비하게 몽둥이질을 해도 사회적으로도 전혀 문제되지 않는다.

1999년 5월 집회 및 시위에 관한 법률에 질서유지선을 포함시키면서 폴리스라인을 제도화했지만 이는 법전 속에서만 존재하는 '가상의 선'이 된지 오래다.

우리나라는 집회시위가 많다. 신고제이기 때문에 금지제한통보를 잘하지 않는 편이다. 우리나라처럼 집회시위자유를 철저히 보장하는 나라가 없다. 야간집회까지 보장한다. 야간에 확성기를 틀어놓고 밤늦게까지 집회를 한다. 소음측정 기준(주거지역 학교 등 주간 65db, 야간 60db이하, 단 기타지역 주간 80db, 야간 70db 이하)을 넘지 않는 한 허용한다.

문제는 주민들의 평온한 수면권, 학생들의 학습권과 건강권을 심각하게 침해한다는데 있다. 소음을 낮추라고 얘기해도 경찰에게 집회시위를 보장하라고 주장한다. 반면 주민들은 이런 소음집회를 왜 허용해주었냐며 아우성이다. 주민의 건강을 위협하는 소음규제 하나도 제대로 못하냐며 경찰을 타박한다.

경찰은 또 경찰 나름대로 법이 그러니 어쩔 수 없다고 푸념한다. 과연 그럴까? 필자가 생각할 땐 집회신고서를 접수할 때 철저히 신고사항을 살펴보면 해결될 문제라고 생각한다.

우리나라 집회신고서양식에는 주최자, 참가인, 질서유지인이 있다. 하지만 실제 신고한 대로 주최자나 질서유지인이 나오지 않는 경우가 많다. 15일간 그것도 24시간 집회하겠다고 하는데, 그렇게 하지도 않는다. 거의 엄포나 위협수준의 집회신고다. 질서유지인의 인적사항에도 주민등록번호도 미기재된 경우가 많다. 확성기와 방송차는 고정메뉴다.

집회의 자유도 중요하지만 집회현장부근의 주민들의 평온한 주거권 보장도 중요하다. 집회신고서 접수 시에 경찰은 이 부분을 반드시 지키도록 협약서 상에 명시해야 한다. 특히 야간집회의 경우는 더욱 그렇다. 야간소음 때문에 주민들이 심장질환과 발작을 일으킬 수도 있고 어린 아이들의 경우 경기(까무라침)까지 일어날 수 있음을 주지시켜야 한다.

수면권과 학습권을 심각하게 침해하는 확성기 소음은 철저히 규제해야 한다. 이를 신고접수 시에 확성기 소음관련 112신고가 들어오면 확성기 소음을 끄거나 줄이도록 조건을 분명히 명시해야 한다. 지키지 않으면 제한을 붙여 명령을 내려야 한다. 소신 있는 법집행이 필요하다. 필자가 목격한 집회시위 자유권의 남용사례 몇 가지를 소개하고자 한다.

한 부자父子가 타워크레인 공사를 하도급 받았다. 하도급 업자는 아버지와 아들 단둘이 운영한다. 민주노총 산하 타워크레인 노조가 자기들 노조원을 채용하라고 부자에게 압박한다. 채용하지 않으면 집회를 하겠다는 것이다. 그것도 공사현장 부근에서 방송차와 확성기를 동원하여 24시간 집회를 하겠다는 것이다. 공갈협박 수준이다.

근처 주민들은 소음 때문에 못살겠다고 야단이다. 그들은 바로 이것을 노린 것이다. 주민들이 시공업자와 타워크레인 업자를 압박해 민주노총이 요구하는 소속 타워크레인 기사를 채용케 할 목적으로 집회를 벌인 것이다. 자신들의 목적을 위해 일방적으로 주민들에게 고통을 준 것이었다.

타워크레인 개인사업을 하는 어느 한 부자의 밥줄까지 뺏겠다는 심보였지만 정작 구호는 '노동자 생존권보장'이었다. 힘들게 살아가는 힘없는 사회적 약자인 타워크레인 개인사업자의 생존권은 헌신짝처럼 무시한 그들은 '집회의 자유'라는 미명 뒤에 숨어 그렇게 위협한 것이다. 명분이 없는 집회이다. 거의 깡패 수준이다.

경찰은 과연 이런 집회시위조차 보장해야 하는 게 마땅할까? 필자는 보호해 줄 필요가 없다고 생각한다. 집회시위참가자와 질서유지인을 보면 민주노총 조직원도 없다. 용역직원을 동원한 경우도 있다. 이런 집회를 경찰이 허용해주고 보호해 준다는 것은 언어도단이다.

제한을 가해야 한다. 법상 허용된 소음이라도 주민의 건강한 주거권, 수면권, 학습권을 위협하는 경우 제한해야 한다. 야간에는 확성기 사용을 자제하도록 만들어야 한다. 이를 위반하면 형사상 업무(영업)방해, 폭행, 상해(청력, 수면건강기능장애)죄로 처벌하거나 민사상 손해배상청구를 하도록 해야 한다.

더 이상 경찰이 무기력한 모습을 보여서는 안 된다. 지휘부가 '합법 보장 불법필벌'을 외치면서도 변수(?)없이 관리하라는 무책임하고 추상적인 관리지침은 바뀌어야 한다. 소신 있는 당당한 법집행의 자세를 보여야만 주민들이 경찰을 믿고 생업에 종사할 수 있다.

불법집회시위는 시민들에게 큰 불편을 줄 뿐만 아니라 사회적 비용 손실도 엄청나다. 이유가 뭐든 공권력이 불법에 손을 놓고 있는 건 명백한 책임회피다. 더도 덜도 말고 법대로만 하면 된다.

집회현장에서 수사경찰은 경비경찰과 비슷한 임무를 수행한다. 호송조, 채증조라는 것이다. 불법집회시위현장을 카메라로 채증하고 불법 집회시위사범을 현장에서 경찰서로 호송하는 역할을 한다. 집회시작부터 현장에 배치하여 종료 시까지 버스에 대기한다.

대부분의 집회는 평화롭게 끝나기 때문에 길거리에서 시간만 낭비한다. 장비도 없다. 그냥 맨 몸이다. 채증카메라도 수갑과 가스총도 휴대하지 않을 뿐 아니라 점검도 하지 않는다. 수사관 또한 연행하려고 하지도 않는다. 귀찮기 때문이다. 호송하면 자신의 인적사항 조차도 묵비권을 행사하기 때문에 조사가 어렵다. 체포도 호송에도 적극성을 띨 리 없다. 적극적인 법집행이 이뤄지지 않는다. 정보형사가 채증한 채증사진을 판독하여 증거자료를 확보하고 피의자의 인적사항을 특정하여 소환조사하는 것이 고작이다.

불법집회시위와 관련하여 통상 폭력행위 등 처벌에 관한법률위반(업무방해, 폭행), 도로교통법, 집회 및 시위에 관한법률위반이 적용된다. 현장에서 신속한 법집행이 이뤄져야 한다. 카메라도 좋지만 직원들이 직접 목격한 내용을 상세히 수사보고서로 작성해야 한다. 수사관 개개인이 목격자와 증인이 되어야 한다. 선先 증거확보, 후後 형사입건이 되어야 한다. 경미한 사범은 현장에서 선별해 즉심회부대상인지 여부를 판정해야 한다.

집회신고서내용에 대하여 정보형사와 같이 현장에서 확인해야 한다. 질서유지인은 신고서대로 나왔는지, 질서유지인 역할을 제대로 하고 있는지 여부를 꼼꼼하게 확인하면 된다.

법률도 정비되어야 한다. 지금처럼 무작정 장기간 집회신고서만 내놓고 집회시위를 하지 않는, 그런 방어적인 성격을 가진 전시성 집회의 경우 차후 또 신고를 한다면 응당 패널티를 부과해야 한다. 질서유지인이 제대로 현장에 나와 있지 않거나 하는 경우 주최자를 처벌할 수 있도록 해야 한다.

경찰서와 체결한 집회시위협약서 내용이 지켜져야 한다. 위반한 경우 민사상 책임을 물어야 한다. 집회가 실제 목적에 맞는 집회인지 여부도 살펴보아야 한다. 타워크레인 노조원을 채용하라고 사업주를 압박하는 집회인데 신고서에 기재된 내용은 생존권 보장과 건설안전재해예방촉구 집회이다. 이렇게 실제와 맞지 않는 집회는 규제해야 한다.

필자가 경험한 집회 중 휠체어를 탄 중증장애인을 동원하여 구청을 압박한 집회가 있었다. 과장하면 거의 앵벌이성 집회였다. 이런 집회는 참가 경위에 대한 철저한 수사가 필요하다. 일당을 주고 사회적 약자를 동원하여 자신의 목적을 이루려는 집회는 사라져야 한다.

인원만으로 집회를 관리하려는 작전은 버려야 한다. 집회시위 참가 인원보다 동원된 경찰관이 더 많다. 실제로 현장에서 대처하는 경찰

인력보다 할 일 없이 장시간 버스나 길거리에서 대기하는 인원이 훨씬 더 많다. 이로 인한 경찰관의 피로감, 경력낭비, 차량에서 내뿜는 매연과 연료소비가 너무 심하다. 일당백의 자세로 집회시위를 효율적으로 관리해야 한다. 개선할 것은 개선해야 한다. 여성 시위참가자가 있다 해서 무조건 여경 기동대를 별도로 대기시켜 관리하는 것은 개선해야 한다. 여성 시위참가자를 반드시 여경이 담당해야 할 이유가 없다. 꼭 필요한 곳에 최소한의 인원과 장비로 효율적인 집회관리를 해야 한다.

▌공개수배 사건 25시

범죄 수배자들이 너무 많다. 죄질이 안 좋아 구속·체포영장이 발부된 지명수배자부터 경찰·검찰 소환에 응하지 않아 행방이 묘연한 피의자인 지명통보자나 벌금미납 수배자 등이 많이 발생한다.

하루에도 수많은 사람들이 수배자가 된다. 돈 떼먹고 도망간 피의자들을 찾기 위해 형사고소를 하고 수배한다. 외국으로 도주했거나 도주를 시도하는 사람들도 많다. 소환에 응하지 않은 피의자가 외국으로 도피할 것에 대비해 출국을 규제하고 입국 시에도 통보해야 한다.

현 수사시스템은 수배만 시켜 놓았을 뿐 수배자를 검거하려는 노력이 미흡하다. 예전에는 1년에 2~4번 정도 기소중지자 일제검거 기간을 설정해 운영했다. 검거우수자에 대해 특진도 걸렸다. 전국 경찰관이 동원되었다. 각서에서 수배시킨 피의자의 소재를 파악하기 위해 연고지나 통신 추적수사를 실시해 많이 검거하기도 했다. 차량검문소를 운영하여 불심검문을 통해서도 많이 검거했다.

언론도 동원하였다. KBS 〈공개수배 사건 25시〉가 대표적 프로그램이었다. 수배자의 범죄내용과 수법을 촬영하여 매주 10시부터 11시까지 방영한 후 수배자의 사진과 인적사항을 공개하자 범인이 꽤 많이 검거되기도 했다. 방영기간에 신고 제보가 많아서 전국 경찰서 형사과가 비상이 걸리기도 했다.

지금은 기소중지자 일제검거 기간이 없어졌다. 다른 일은 안하고 기소중지자만 검거하여 이로 인한 시민들 불편이 많다는 이유로 폐지했다. 그러다 보니 기소중지자가 잡히지 않는다. 전국에 있는 검문소도 제대로 검문하지 않는다. 다만 검문소 앞 차량판독기를 설치해 도난이나 수배된 차량만 검색해 수배자를 찾아낼 뿐이다.

경찰청에서 매분기마다 중요지명수배자를 심사하여 선정한 후 사진을 촬영하고 인적사항을 공개해 전국 경찰관서에 수배전단지를 배포한다. 이들에게는 현상금도 걸려있다. 주로 살인, 강도, 강간 등 강력범죄자가 대부분이고 사기 등 재산범죄는 극히 일부분이다.

문제는 경찰관서에만 배포하기 때문에 경찰관들만 본다는 것이다. 더욱이 경찰관도 관심을 잘 갖지 않는다. 주민들이 잘 볼 수 있도록 지하철과 터미널 등 공공장소에 게시·배포해야 하는데 그렇지 못하다. 당연히 제보도 들어오지 않는다.

사진도 너무 작아 명확하게 보이지도 않는다. 배포장소, 전단지 내용도 확 바꿔야 한다. 선거벽보처럼 사진을 크게 하여야 한다. 수배 당시 사진과 현재의 모습은 큰 차이가 난다. 수배를 피하기 위해 모자, 선글라스, 가발을 착용해 변장한 경우를 대비해 다양하게 그래픽을 입혀 여러 가지 모습을 게시해야 한다.

수배 당시 본적지, 주거지는 중요하지 않다. 사진과 인상착의가 중요하다. 수배죄명과 성명만 기재하면 된다. 신고는 112로 하면 된다. 범죄내용도 생략해야 한다. 죄명으로 대치하면 된다. 배포장소도 지하철, 역, 터미널, 백화점 등 공공장소에 게재하여야 한다. 강력범죄자 뿐 아니라 재산범죄자도 수배시켜야 한다. 솔직히 강력범죄자보다 사기, 횡령, 배임 등 재산범죄 수배자가 더 많다.

공개수배 기준과 방법도 입법화하여야 한다. 공개수배자 선정을 위한 변호사나 인권단체가 참여한 위원회도 개최할 필요가 있다. 경찰관직무집행법에 명문의 규정을 두어야 한다. 인터넷을 통한 공개수배도 좋다. 페이스북이나 트위터 등 SNS와 스마트폰을 활용한 수배도 실시해야 한다. 필요 정보를 잘 공개해 온 국민이 제보자가 되어야 한다.

지명수배자를 검거했을 때 수배관서에 누가, 어떻게 인계할 지도 문제다. 현 시스템은 검거관서가 수배관서에 차량을 통해 피의자의 신병을 인계해줘야 한다. 그러다 보니 인계로 인한 호송인력과 장비에 어려움이 많다. 검거관서에서 유치장에 일단 입감하여 수배관서에서 수배관련 서류를 받아 조사 후 구속여부를 결정하는 것이 소송경제상 효율적이라는 견해가 많다.

문제는 그 경우 검거관서에서 수배자를 잡을 인센티브가 없어진다는 점이다. 대개가 수사 본연의 임무 외 주말 피의자 호송 등의 업무는 인력낭비라고 생각한다. 검거관서에서 수배자에 대한 입건 사건기록을 종결하도록 할 경우 검거관서는 이로 인한 서류작성, 기록편철,

사건송치의 불편함으로 수배자 검거를 적극적으로 하지 않을 가능성이 농후하다. 하지만 검거자를 수배관서에 인계할 경우 이로 인한 시간지체 등 많은 불편이 예상된다.

필자가 생각하기에 수배자 검거는 검거관서에서 처리하도록 하는 것이 바람직하다. 다만 수배관서에 많은 증거가 있는 경우에는 예외로 수배관서로 검거피의자를 인계하는 것이 좋다.

경미한 범죄의 경우 검거관서에서 수배관서로부터 메일 등을 통해 관련 서류를 송부 받은 후 조사해 검거관서에서 관할 검찰청에 송치하도록 해야 한다.

2. 따뜻하게

▌ 성매매 수사, 단속과 형벌만이 능사가 아니다

노래방 속칭 도우미, 단란주점 유흥업소종사자, 안마시술소 종사자 등의 여성들 경우 범죄에 많이 노출되어 있다. 남성들의 접객 파트너가 되는 이런 여성들을 모집하고 소개해주면서 수수료 목적으로 갈취하는 사람, 고리대금업자, 인신매매업자, 속칭 보도방 등 소개업자들이 범죄조직을 만들어 갈취하기도 한다.

이런 여성들에 대한 법적·사회적 보호장치가 생각보다 많지 않다. 오히려 이들 여성들을 범죄자 취급하여 단속하고 입건하고 있는 실정이다. 이렇다 보니 여성들의 불법행위를 사진으로 찍어 고발하거나, 협박하는 사례도 늘고 있다. 경찰 역시 어쩔 수 없이 실정법의 한계를 이유로 입건하고 있는 실정이다. 어떻게 보면 이런 여성들은 사회적으로 소외받는 약자들 중에서도 약자인 셈이니 아이러니다.

노래방 도우미들의 경우 1회 파트너 비용으로 5만 원 미만의 팁을 받고 있다. 단속을 당해 법의 처벌을 받으면 100만 원 이상의 벌금을 물어야 한다. 도우미를 부르는 남성들이 오히려 죄질이 나빴는데도 불구하고 말이다. 모든 것을 형벌로 규정하여 형사입건하는 풍토부터 바꿔나가야 한다.

안마시술소, 유흥주점, 이발소, 속칭 집창촌 등 성매매가 이루어질 만한 곳에 대해 성매매 단속을 할 때가 있다. 현장에서 성행위하는 모습을 목격하거나 증언을 듣거나 사진이나 콘돔, 카드체크기 등의 물증으로 알거나 당사자가 자백하는 경우 혐의가 명백해진다.

수사관들이 들이닥치면 남녀가 벌거벗고 있는 모습에 당황하게 된다. 곧 확실한 증거를 찾기 위해 쓰레기통 등에서 콘돔을 뒤지는데 이것은 수사관들 대부분이 가장 하기 싫어하는 일이다.

당사자들은 부인한다. 성행위를 하지 않았고 서로 좋아서 한 것이지 매매한 사실은 없다고 부인한다. 신용카드로 요금을 낸 경우 카드 결재내역을 추적한다. 현금을 내면 추적당하지 못해 물증을 확보할 수 없다. 당사자들도 부인하면 증거가 미약해 기소하기가 어렵다. 시인하면 기소되고 부인하면 불기소된다.

유사 성매매도 처벌된다. 직접 성행위를 하지 않더라도 속칭 손으로 하는 '딸딸이'도 처벌된다. 군인이나 대학생, 직장인 등이 유사성매매로 단속된다. 혼자 사는 70대 할아버지가 성욕을 풀기 위해 자식들이 주는 용돈을 가지고 속칭 딸딸이 서비스를 받았다하여 이것을 유사성매매로 단속하거나 피의자로 형사입건하는 것은 과잉단속이다. 성매매 상대방인 여성 역시 처벌된다. 간혹 성 매수자가 성매매 대금을 내기 싫어서 성매매 여성을 협박하는 경우도 있다. 유사성행위와 성매매 여성을 처벌해야하는지 의구심이 든다.

성매매 입건사실을 직장이나 가정에 통보하는 경우 가정파탄이나 직장해고 등 2차 처벌이 따른다. 가정파탄으로 인한 이혼이나 별거로 자녀와 배우자도 피해자가 된다. 가급적 가정과 직장에 통보하는 것은 자제해야 한다. 형벌은 당사자 본인에게만 국한되어야 한다.

필자는 성매매 여성을 처벌해야 하는지 의구심이 든다. 단순 성매매 여성은 형사처벌보다는 교육수강과 사회봉사명령으로 대체하는 것이 좋다고 생각한다. 하지만 성매매를 조직적으로 알선하고 과대한 알선료를 챙긴 포주는 처벌받아야 한다.

성매매 여성은 사회적 약자다. 이미 성병, 폭력, 인신매매, 고금리 불법사채, 쪽방, 담배, 술 등 각종 유해의 우범 환경에 노출되어 있다. 이런 여성들을 범죄조직으로부터 보호해줄 책임이 있다. 실태도 파악하고, 음주문화도 바꾸고, 감독도 강화하여야 한다.

이들은 유흥업소 종업원일 뿐 성매매 여성이라고 불리는 것 자체를 원치 않는다. 성매매 단속은 이런 모든 여건을 감안하여 실시해야 한다. 모든 것을 형벌·단속으로만 규율한다고 절대 근절되지는 않는다. 오히려 음성화되면 범죄조직과 쉽게 연계하거나 평범한 국민들의 일상 속으로 더 잠입해 사회문제로 커질 가능성이 더 농후하기 때문이다.

▌착한 사마리아인은 구제받아야
– 때로는 세밀히, 유연한 법 집행으로

이제는 잘못을 저지르는 청소년을 훈계하기 위해서 목숨을 내놓아야 하는 시대가 되었다. 어쩌다가 우리 사회가 이런 패륜의 지경에 이르렀을까?

어찌 보면 훈계하다가 폭행당한 어른들은 바른 생각과 실천적 태도를 가진 사람들일 수 있다. 불의나 잘못을 지나치지 않고 바로잡으려다 불행한 일을 당했기 때문이다. 가정이나 학교, 경찰에서 제대로 하지 못하는 일을 대신한 의인義人이라 지칭할 수 있다.

교사나 부모가 아닌 어른들까지 나서 청소년의 잘못을 지적하고 가르쳐온 것은 소중한 윤리요, 덕목이고 전통이다. 하지만 법이 이런 의인들, 착한 사마리아인들을 정작 보호하지 못할 때가 있다.

폭행을 당하고 있는 사람을 구해주기 위해 가해자에게 주먹을 휘두른 사람까지 폭행으로 처벌하는 것은 온당치 않다. 서로 다투다가 주먹을 주고받다가 쌍방 폭행으로 형사 처벌되는 경우가 많다.

이때, 대부분 경우에는 다툼이나 싸움의 원인을 따지기보다, 누가 많이 다쳤는지와 누가 더 긴 기간의 치료를 필요로 하는 상해진단서를 빨리 병원에서 발급받아오느냐에 따라 처벌 정도와 대상이 달라진다.

정당·과잉방위의 해당여부도 세세히 검토하여 무혐의나 즉결심판 회부 여부도 판단해야 한다. 특히 공동폭행의 경우 피해자가 처벌을 원하지 않는데도 처벌되는 경우가 있다. 그러니 폭행원인 제공자, 동기, 폭행부위와 정도, 가담정도 및 경위 등을 세세히 조사하여 진술받은 내용과 물증을 대조·분석하여 진위를 철저히 가려내야 한다.

일방적 진술만으로 무조건 형사입건하면 안 된다.

이런 경우도 있다. 폭행신고를 받고 출동했다. 관련된 사람들을 조사해 보니 서로 맞기만 하고 때리지는 않았다고 한다. 이 경우 어떻게 처리될까?

보통 맞았다고 하는 피해자 진술만을 근거로 피해자가 폭행혐의자로 지목한 사람을 피의자로 입건한다. 본인이 극구 부인해도 말이다.

서로 패가 갈려 뒤엉켜 싸우는 경우는 더욱 시시비비를 가리기가 어렵다. 말리기만 했는데 때렸다고 하고, 멱살을 잡혀 이를 떼어내려고 밀쳤고 그 과정에서 넘어져 다쳤는데 맞았다고 하니 억울하다고 하소연 한다. 그런데 조사관은 '본 사람이 없지 않느냐?' '무엇을 가지고 입증을 하느냐?'면서 피의자로 쌍방 입건한다. 거기 가도 별 소용이 없을 테지만 정 억울하면 검찰, 법원에 가서 호소하라는 식이다. 국가공권력의 대표적인 낭비사례이다. 합의가 최선이니 사이좋게 합의하라고 종용한다. 울며 겨자 먹기로 합의하려는데, 합의금액이 터무니없이 비싸다. 그러니 합의가 되지 않는다. 자신이 낼 수 있는 금액 한도 내에서 공탁할 수밖에 없다.

피해자 주소와 연락처를 가르쳐 달라는데 그것도 사생활 보호라는 이유로 가르쳐 주지 않는다. 그러니 어쩌란 말인가? 죄명도 '폭력행위등처벌에관한법률위반'이다. 남이 보면 마치 조직 폭력배로 걸려든 것처럼 보인다. 우발적이고 경미한 폭행인데도 그렇다. 실체적 진실 규명의지는 어디에도 없다.

당사자 변소내용을 귀담아 듣고 확인하려고 하지 않는다. 거짓말 탐지기, 현장검증, 목격자탐문, 주변 CCTV 사진판독, 통신자료 조회

등도 할 필요가 있는데 사소한 폭력사건에 그만한 노력을 기울일 가치가 있느냐고 외려 반문한다. 대한민국에서 가장 많은 범죄가 폭력과 절도다. 모든 국민들이 우연한 사건으로 자의 반, 타의 반 폭력사건에 연루될 가능성이 많다.

교통사고 다음으로 많은 것이 폭력이다. 서민들과 관련된 사건이다. 술에 취해 기억이 나지 않아 폭력현장을 잘 기억하지 못하는 경우가 많다. 목격자와 진단서를 허위로 만들어 무고한 사람을 오히려 죄인으로 만들 수 있다. 검찰, 법원에서도 경미한 폭행은 벌금약식사건으로 처리한다.

당사자 주장의 진위를 확인해주려 하지 않는다. 피해자의 진술이 사리에 맞지 않거나, 중요한 부분에서 번복하여 신빙성이 떨어지지 않는 한 피해자의 진술만으로 유죄를 인정할 수 있다.

문제는 피해자의 진술의 진위여부를 어떤 식으로 책임지고 확인하느냐이다. 피해자 자술서와 사건 조서 등을 근거로 현장재현(검증)을 실시해야 한다. 동일 시간대, 동일 장소에서 사건당시의 상황을 재현하는 것이 중요하다. 다소 시간이 걸리더라도 억울한 서민들이 발생하지 않기 위해서이다.

수사관들은 별거 아닌 경미한 사건으로 합의만 하면 된다고 하지만 당하는 서민은 억울하여 가슴에 피멍이 생기기도 한다. 서민의 입장에서 생각하고 처리해야 한다. 사건의 경중이란 없다. 폭행사건도 살인, 강도 못지않게 중요한 사건이다. 고민하고 연구하여 사건의 실체를 밝히는 끈기 있는 형사 콜롬보 같은 노력이 필요하다.

거짓말 탐지기 연구원도 늘려야 한다. 거짓말 탐지기 조사 인력이 지방청당 1명꼴이니 부족해도 너무 부족하다. 많이 양성하여야 한다.

상해진단서도 허위가능성을 늘 염두에 두고, 발급일·발급병원·상해정도·피해부위·치료기간 등에 대한 면밀한 조사가 필요하다. 이는 의사가 신병처리를 하는 것과 같다. 의사의 진단 결과만으로 죄질, 구속, 불구속여부를 결정해서는 안 된다. 실제 병원에 입원하여 치료받은 사실이 있는지 여부를 확인해야 한다. 의심스러울 때는 더욱 그렇다.

예전에 경미한 폭행사건을 처리하면서 할아버지에게 합의하면 되니까 '별것 아니다'라는 취지의 말을 한 적이 있다. 그런데 그 할아버지가 말씀하시길 '내가 때리지도 않은 사실을 가지고 어떻게 인정하고 합의하느냐? 그것은 내 양심을 속이는 일이다. 돈이 아까워서가 아니다. 나중에 내 손자, 손녀가 할아버지 범죄경력을 보았을 때 '폭력행위등처벌에관한법률' 위반 전력이 나온 것을 보고 할아버지를 조직 폭력배로 오해하면 어떡하나?'라고 했다. 수사관은 이 말을 깊이 새겨들어야 한다. 수사관 편의주의적 방식으로 사건을 처리하면 결코 안 된다.

작은 낙인이 그 사람의 인생 전체를 멍들게 할 수도 있기 때문이다.

▌우리 시대 레미제라블 보듬는 경찰

영화 〈레미제라블(불어로 '비참한 사람들'이라는 뜻)〉의 주인공은 굶주린 조카를 위해 **빵** 몇 조각을 훔쳤는데 5년형을 선고받고 감옥에 갇힌다. 그 후 계속된 탈옥시도로 19년의 형을 마치고 가석방돼 출소한 주인공은 범죄자라는 낙인 때문에 일자리도 못 구하고 심지어 여관에서도 쫓겨나 거리를 헤매다 겨우 수도원에서 신부님의 도움으로 침식을 제공받는다. 그러나 주인공은 은혜를 베푼 신부의 믿음을 저버리고 수도원의 은식기를 훔쳐 달아난다. 그런 주인공이 경찰에게 붙들려 왔을 때 신부는 오히려 자신이 준 선물이라며 은촛대까지 덤으로 준다.

은총을 입은 주인공은 가련한 고아를 헌신적으로 양육하고 자신을 평생 추적한 형사를 구하기까지 하는 등 새로운 인물로 거듭난다. 참으로 감명 깊은 영화로 경찰관이라면 꼭 보아야 할 영화라고 생각되었다.

영화 〈7번방의 선물〉을 보면 어린 딸과 단둘이 사는 지적장애인 아빠가 수사경찰과 검찰의 협박과 회유(심지어 국선변호사까지)에 의해 경찰청장의 딸을 납치하여 추행한 후 살인까지 했다는 누명을 쓰고 사형을 당한다. 이 스토리가 현실에서도 가능할 수 있다는 어느 일선 형사의 말을 새겨들어야 한다.

우리 주변에도 그런 불쌍한 사람들이 많이 있다. 하루 수입 3천 원의 파지수집상, 장애인부부끼리 겨우 어렵게 기초생활자금을 모아 포장마차 가게를 하는 사람, 남편의 실직 퇴직금, 이혼 위자료, 교통사고보험금으로 소규모 호프집, 닭튀김가게, 노래방 영업을 하는 사람들이다.

얼마 전 언론에 보도된 시장의 떡가게 앞에 종이에 쌓인 떡을 몰래 가져가서 지인들과 나눠먹다가 절도죄로 형사입건된 파지수집 할머니의 이야기는 많은 이들의 가슴을 울렸다. "이런 이들을 굳이 형사입건해서 한 달 수입에 해당하는 벌금을 물리는 것이 과연 올바른 법 집행인가."라는 목소리가 많이 나왔다.

노래방 도우미를 고용해서 술을 팔았다는 진정·고발장이 접수 된다. 노래방업자가 저작권료를 지불하지 않아 저작권법위반으로 고발장이 접수된다. 성매매여성이 유사성행위 영업을 했다고 신고가 들어온다. 슈퍼에서 미성년자에게 술을 팔았다는 고발장이 접수된다. 포장마차에서 무허가로 음식을 팔았다고 식품위생법으로 입건한다.

점당 1,000원짜리 고스톱을 했다고 도박죄로 입건한다. 이런 경우 수사관들은 통상 관련 피의자를 형사입건하고 관계기관에 통보 영업정지처분을 한다. 행정기관 고발의 경우에는 거의 형사입건되거나 검찰에 송치한다. 이런 사람들에게 가차 없는 형사처벌이 국민 정서에 맞을까?

경쟁업소에서 독점하기 위해 손님을 가장하여 노래방에 들어가 술도 주문하고 도우미를 부르고 영상으로 촬영 진정하기도 한다. 어떤 사람은 불법풍속업소추방이라는 미명하에 보상금을 타기 위해 마치 파파라치처럼 직업으로 촬영·고발하기도 한다.

도박죄로 입건한 사람은 왜 나만 입건하느냐, 골프장에 가면 다 내기 골프하는데 그런 사람들은 잡지 않고 친목도모 차원에서 오락을 한 것 가지고 형사입건하느냐면서 거칠게 항의하기도 한다.

미성년자에게 주류를 제공한 혐의로 형사 입건된 업주 역시 대한민국에 맥주팔면서 신분증확인 검사하는 데가 어디 있느냐, 사진을 바꾸고 생년월일도 바꿔 신분증까지 위조하는데 어떻게 미성년자인지 알 수 있느냐며 억울해 한다.

노래방 업주 역시 술 안 팔고, 도우미고용안하고 장사할 수 있느냐, 어렵게 영업했는데 너무한 것 아니냐, 벌금내고 영업정지 당하면 생계가 막막하다고 하소연한다. 저작권료를 못 내 고발된 노래방 업주 역시 장사가 안 돼 저작권료를 납부하지 않았는데 형사입건 자체는 너무 지나치다고 하소연한다.

수사관은 이들의 하소연을 모두 들어주어야 한다. 법을 문리적으로만 해석해 무조건 형사입건하는 것이 만능이 될 수는 없다. 수사편의적인 생각에 얽매여 형사입건부터 서두르지 말아야 한다. 한 인간에게 닥칠 여러 가지 시련을 생각하여야 한다.

20만 원 이하 벌금형에 해당하는 죄(선고형기준)를 위반했을 경우, 즉결심판에 처할 수 있다. 즉결에 회부하는 것도 검토하여야 한다. 형사입건하여 벌금형을 선고받고, 영업정지당하는 사례(기준)와 단순히 초범이고 적발경위에 비추어 참작할 사항이 많은 경우 즉결심판에 회부하는 사례를 가운데 두고 고민을 하여야 한다.

경찰이 입건에 신중을 기해야 검찰과 판사가 올바른 판단을 할 수 있다. 피의자의 변소 내용도 귀담아 들어 피의자에게 억울한 일이 안 생기도록 하여야 한다.

'행정법규 위반은 고의가 추정된다' '고발은 유죄에 가깝다' '무혐의가 어렵다'라는 선입견에서 벗어나, 어떤 처분이 사회정의와 공평에 어울리고 국민, 법, 감정에 부합하는지 고민해야 한다.

살인, 강도, 강간 사건 못지않게 영세 상인들에게 적용되는 식품위생법, 음악산업진흥법, 청소년보호법 처분은 가혹할 때가 많다. 무엇이 정의에 맞는지 고민에 고민을 거듭해야 한다.

우리 경찰이 기계적인 법적용 집행보다는 사람을 생각하는 사랑과 자비로운 법집행을 하였으면 좋겠다.

▌소홀한 경찰수사, 검찰, 법원 억울함 못 푼다!

벌금만 납부하면 되는 경미한 구약식 사건들이 많다. 주로 경미한 폭행, 과실범, 행정법규위반 사건 등이다. 이런 사건들은 조사과정에서 당사자가 억울함을 호소하는 경우가 많다. 때리지도 않고 말리기만 했는데 폭행했다고 하니 억울하다는 사람, 장물인 줄 모르고 샀는데 장물범이라고 입건하니 억울하다는 고물상 주인, 마사지 업소에 잠시 들르기만 했는데 성매매했다고 입건 당한 군인과 신입사원, 미성년자인 줄 꿈에도 모르고 술과 담배를 팔았는데 청소년한테 술·담배 팔았다고 입건당한 슈퍼 주인과 호프집 사장들의 주장 중에는 입건 내용과 맞지 않는 사실이 많다.

그러나 억울함을 주장하고 있음에도 불구하고 이런 사건들은 당사자의(적발자) 일방적인 진술과 정황만을 근거로 기소의견으로 송치한다. 검찰 역시 억울하면 법원에 가서 정식재판청구 하라면서 경찰의 송치 내용 그대로 법원에 벌금약식 청구한다.

법원 역시 약식청구사건이 너무 많아 세세히 검토하지도 않고 그저 검찰이 청구한 약식청구서에 서명 날인하는 것으로 끝난다. 억울하면 정식재판을 청구하라는 것이다. 정식재판을 청구하려면 시간과 비용이 많이 든다. 그리고 이미 선입견에 사로잡힌 법원 판사들을 설득시켜 무죄판결을 받아내는 것은 힘겹다. '벌금만 납부하면 되는데 왜 그리 부인하느냐? 부인해 보았자 소용없다!'라는 식으로 이야기한다.

누구를 위한 경찰, 검찰, 법원인가?

벌금 구약식 사건도 강력사건 못지않게 세세히 살펴 들어주고 확인해줘야 한다. 벌금납부로만 끝낼 문제가 아니다. 당사자의 명예, 신용과 관련된 문제이자 수사기관과 법원에 대한 국민 신뢰도와 직결되는 문제다.

사건의 경중은 없다. 무엇을 근거로 경중을 판단하는가? 법정형을 기준으로 판단하면 안 된다. 서민의 입장에서 눈으로 판단하고 조사해야 한다. 억울한 일이 없도록 끝까지 경청하고 가능한 범위 내까지 확인해주고 조사해야 한다. 당사자가 제시하고 제출하는 증거들도 받아주고 꼼꼼하게 조사·확인하여야 한다. 설령 벌금을 내게 되더라도 그렇게 꼼꼼하고 세밀하게 조사를 해 준 경찰에 대해 괜한 어깃장과 원망을 내보일 국민들은 많지 않을 것이다.

월 소득, 부양가족 수 등을 토대로 벌금납부 가능성을 조사하여 벌금을 부과함으로써 벌금체납자의 양산을 막아야 한다.

또한 현행 벌과금납부체계를 현금납부보다는 분할이나 현물납부와 함께 사회봉사 대체납부제를 도입하는 한편 매월 일정액을 납부하는 경우 남은 벌금을 감면하는 제도도 도입할 필요가 있다.

Part 7

경찰 현장의 시선으로
다시 보는 이슈

▌청소년기 단 한 번의 작은 실수에도
관용을 베풀지 못하는 게 정의 실현인가?

최근 슈퍼에서 친구와 함께 담배 네 갑을 훔쳐 특수절도 혐의로 불구속 입건되어 경찰조사를 받고 검찰에 송치된 고교생이 검찰소환 통보를 앞두고 스스로 목숨을 끊는 안타까운 사건이 발생했다. 자살한 학생은 한 번의 실수로 부모와 선생님들에게 죄송해서 시간이 갈수록 고민하고 괴로워했다는 이야기를 친구들에게 했다고 한다.

담배 네 갑 가격이 1만 8,000원인데 굳이 고교생을 특수절도죄로 형사입건하여야 했을까? 수사 경찰의 말대로 이 학생이 저지른 범죄는 형법상 2명 이상이 저지른 특수절도죄이고 법정형이 1년 이상 10년 이하의 징역형에 처하도록 되어 있어 훈방할 수도 없었고, 형사입건할 수밖에 없었다고 해도 일반 국민들의 법 감정에서 볼 때는 이는 너무 지나친 처사다.

이는 그야말로 형식적인 법 적용에 의한 기계적인 법 집행이다. 그렇다면 굳이 사람이 법을 적용하고 집행할 필요가 없다. 먼저 이 학생이 과연 특수절도죄로 입건할 가치가 있는 사건인지 고민해 볼 필요가 있다.

비록 친구와 같이 훔쳤다고 하지만, 초범이고 친구가 훔치는 데 망을 보았다면 가담 정도도 경미할 것이다. 훔친 담배 네 갑도 가격이 1만 8,000원밖에 안 된다. 담뱃가게 주인과 협의하여 담배 네 갑의 가격을 변상해 주거나, 또는 돈이 없으면 아르바이트 등 봉사활동으로 대신하도록 주선할 수 있지 않을까?

나아가 담뱃값을 경찰이 대신 내주고 담배는 건강에 해로우니 담배

를 끊도록 하고 금연하도록 지도해 줄 수 있지 않았을까. 특수절도죄
가 징역형밖에 없다는 것을 안 이상 이 학생을 형사입건하면 전과자
가 되고, 학교에 통보하면 징계처분을 받게 될 것이고, 그러면 학생
의 장래는 큰 타격을 받으리라는 것을 왜 생각해보지 않았을까?

그렇게 했을 경우 자칫 학생이 전과자라는 낙인이 찍혀 학업을 포
기하고 자칫 범죄에 빠질 우려가 있지 않을까 하는 생각을 해볼 수
있는 부분이 아닌가? 그 학생이 자기 자식이라고 생각하고 어떻게 하
면 학생 스스로 잘못을 뉘우치고 전과자가 되지 않고 학업에 정진할
수 있을까 하는 방안이 없었는지 잠깐이라도 고민하여야 하지 않을
까? 바로 이런 점 때문에 사건을 기계에 맡기지 않고 경찰이 하여야
하는 것이다.

2명 이상이 훔치면 무조건 특수절도죄?

필자는 경찰서장 시절 이와 비슷한 사건을 접하고 경찰이 즉결심판
을 청구하도록 하였다. 당시 담당자는 특수절도는 징역형밖에 없어
즉결심판 대상이 되지 않는다고 했으나 필자는 무조건 2명 이상이 했
다고 특수절도라고 보지 말고, 특수절도죄에서 말하는 현장에서의 합
동성이 적다고 보고 절도죄의 공범으로 보고 즉결심판에 회부하도록
했다.

판사가 벌금 20만 원을 선고하였다. 당시 담당 경찰관은 판사가 즉
결심판에 해당하지 않는 사건을 즉결심판에 해당된다고 보고 오판하
였다고 했다. 그러나 당시 필자는 오판을 내려준 판사가 학생의 장래
를 생각한 명판결이라고 하였고, 그렇게 판사로 하여금 오판이라는

명판결을 내리도록 여건을 부여한 경찰이 학생의 장래를 생각한 명판결이라고 했다.

그렇게 해서 해당 학생은 전과자가 되지 않고 학업도 열심히 하고 있다고 들었다. 필자가 만일 112신고를 받고 출동했던 경찰관이었다면 현장에서 피해자인 담뱃가게 주인과 합의하고 학생들로 하여금 사과하도록 하고 훈방(입건유예)하도록 했을 것이다.

그런데 현실은 그렇게 할 수 없다고 한다. 소위 형사사법정보망이라는 전산망에 특수절도죄라고 죄명이 전산 입력되면 훈방 자체가 어려워지고, 더군다나 현행범으로 체포되면 더더욱 어렵다고 한다. 그리고 자칫 형사입건할 사건을 훈방했다고 하여 사건격하 처리로 징계까지 받을 우려가 있어 현장에서 그렇게 하지 못한다는 것이다.

그러다 보니 굳이 형사입건과 전과자와 검찰에 송치할 필요도 없는 사건과 사람들이 입건되고 전과자가 되고, 검찰에 송치되어 또다시 조사받게 되는 이중의 고통을 당하게 된다. 무엇보다도 청소년기 단한 번의 호기심에 의한 절도로 한 사람의 장래를 망치는 우를 범하게 된다.

법은 피도 눈물도 없는 잣대인가?

우리 주변에는 이렇게 굳이 형사입건하여 경찰과 검찰조사를 받을 필요가 없거나 적은 사건들이 많다. 학생들이 호기심에 의해 소액의 물품을 훔치는 경우, 형의 신분증을 제시, 위조하여 맥줏집에서 맥주를 주문하다 발각되는 경우 가족의 생계를 위해 노래방 도우미로 나갔다가 적발되는 경우, 파지를 줍는 80대 노파가 버린 줄 알고 길거리에 놓인 파지상자를 가져간 경우, 청소년인 줄 모르고 맥주를 팔다가 적발된 장애인 부부 등 굳이 형사입건해서 전과자로 만들 필요가 없는 사건들이 너무나 많다.

이러한 사건들이 무조건 법에 위반되었다는 이유만으로 형사입건되고, 전과자가 되고, 검찰에 송치되고, 벌금이 부과되고 하는 현실을 보면서 과연 법은 누구를 위해 존재하는 것이고 그러한 법 집행을 하는 경찰과 검찰은 피도 눈물도 없이 무조건 법이라는 잣대만으로 적용하고 집행하는 사람일까 하는 회한이 들기도 한다.

경찰서장도 경험하고, 변호사 업무를 하면서 특히 최근 늘어나는 청소년 범죄자들의 재범률이 높은 것은 이러한 기계적인 법 집행, 즉 초범이면 기소유예, 재범이면 집행유예, 그다음 실형이라는 기계적인 형벌의 적용과 법 집행이 청소년범죄를 양산하고 있는 것은 아닌지 하는 생각이 들 때가 많다.

청소년기는 질풍노도의 시절이라고 했다. 누구나 한번은 범죄를 저지르게 되는 유혹에 빠질 때가 있다. 문제는 다시는 재범을 저지르지 않도록 선도와 보호감시 활동이 뒤따라야 한다는 것이다. 무조건 처벌만이 만능은 아니라는 것이다.

이러한 점에서 볼 때 현행 특수절도죄의 법정형이 무조건 2인 이상이 공동으로 절도를 하면 1년 이상 10년 이하의 징역에 처한다는 조항은 바뀌어야 한다. 이러한 법정형으로 인해 특수절도범으로 낙인찍히게 되고 그 과정에서 이번 사건처럼 스스로 목숨을 버리는 사건이 일어나지 않기를 바란다.

어린 학생들이 호기심에 의해 경미한 절도 등 범죄에 가담했다가 특수절도죄로 입건되어 전과자로 낙인찍히는 사례가 이제는 없어졌으면 한다. 청소년범죄 엄벌도 중요하지만 경미한 범죄는 재범을 저지르지 않도록 관용과 훈계 그리고 보호와 지도가 필요한 것이 아닐까? 경찰, 검찰, 법원, 법무부 보호관찰소, 교육청이 모여 고민하고 처리했으면 한다.

▮ 대한민국에 고소, 고발이 많은 이유

대한민국은 고소, 고발이 많은 나라다. 이웃나라 일본에 비해 몇십 배 이상 많다고 한다. 인터넷, 모바일 등을 통한 범죄가 급증하다 보니 더더욱 늘어날 것이다. 이에 편승해 수사를 해야 하는 경찰, 검찰의 숫자도 늘어나고, 판결을 하는 법관도 늘어날 것이다.

고소, 고발 중에는 민사성 고소, 고발도 많다. 돈을 빌려주었는데 갚지 않고 도망간 경우도 많고, 물건을 보내주었는데 돈을 주지 않는 경우도 많다. 돈을 받는 게 목적이니 법원에 민사소송을 제기하라고 고소장 자체를 반려하는 경우도 있다.

그럼에도 불구하고 고소인들은 경찰, 검찰에서 고소사건을 처리해주기를 바란다. 심지어 단순 차용금 미변제 사건도 차용금 편취 사건으로 둔갑하여 경찰, 검찰에 고소를 제기한다. 경찰에서 고소장을 반려해도 검찰에서 수사를 직접 해달라고 검찰에 제출한다.

그럼에도 불구하고 검찰은 수사지휘라는 명목으로 경찰에 고소장을 내려보낸다. 고소 민원인은 왜 검찰에 고소장을 제출했는데 검찰이 수사하지 않고 경찰에서 수사하느냐고 민원을 제기하기도 한다.

이렇게 민사성 고소사건이 많은 데는 원인이 있다. 법원에 제기하려고 해도 피고(예컨대 돈 떼먹고 도주한 사람)의 주소지나 연락처를 잘 모른다. 청구금액인 돈의 액수에 따라 인지대의 금액이 비례하여 돈이 없으면 소송도 못 한다. 피고가 여러 가지 이유를 들어 출석을 기피하고 항소, 상고 등으로 시간을 끌고 그 기간 동안 재산을 빼돌리면 판결문을 받아도 집행이 안 돼 휴지 조각에 불과하다.

변호사를 선임해도 변호사 비용을 공제하면 승소해도 남는 것이 없다. 소송을 제기한 당사자가 대부분 입증 책임을 지니 증거가 없으면 승소하기도 어렵다. 그래서 돈도 안 들고 증거도 수집해 주고, 피고 소재지도 찾아주는 경찰, 검찰의 고소를 선호한다. 더구나 형사사건의 경우 수사관이 사실 규명 차원에서 증거를 수집해 줄 수 있기 때문이다.

피고소인의 소재지도 경찰이 찾아주고 정당한 이유 없이 출석을 기피하고 안 나오면 수배까지 시켜준다. 어찌 보면 경찰이 국민이 할 수 있는 서비스 중에서 중요한 부분을 차지한다. 그럼에도 불구하고 예전에 민사성 고소사건은 반려하라는 지시가 있었다. 고소인을 설득하여 반려하면 성과평가에 반영도 해주었다.

그런데 문제는 경찰이 반려한 고소장을 다시 검찰에 접수시켜 검찰에서 내려온다는 사실이다. 그럴 바에야 반려하지 말고 접수하여 조사하는 것이 좋다. 민사성 고소사건은 무혐의 처분이 나면 고소인을 무고죄로 입건하는 것을 검토, 고소를 신중히 하여야 한다는 이야기도 있다. 그런데 우리나라에서 무고죄로 입건되는 고소인이 많지 않다.

고소인의 고소 제기 목적은 피고소인에 대한 처벌도 있지만 경찰과 검찰에서 피해 배상을 받을 수 있도록 중재조정해 달라는 의미도 있다. 우리나라에는 서민들의 각종 분쟁, 조정, 갈등에 대한 중재조정 기관이 없기 때문이다. 갈등 문제를 형사사건화하여 경찰, 검찰에서 중재조정을 해주기를 바란다.

특히 사회적 약자층의 경우에는 가해자에 대한 처벌보다는 피해 배상을 경찰에서 중재조정해 주기를 바란다. 그렇게 해주면 변호사 비용, 감정 비용, 증거수집 비용 등 큰 비용을 들이지 않고 갈등이 해소될 것이라고 생각한다.

요즘에는 인터넷, 모바일을 통한 명예훼손, 모욕 등의 고소, 진정도 많다. 이들 사건의 경우에는 처벌에 비해 수사비용이 훨씬 많이 든다. 주로 벌금형, 기소유예 등으로 처벌되는 것에 비해 출장비 등 수사비와 인력이 많이 든다.

한편 대한민국 법령규정을 보면 획일적으로 모든 법률에 형벌이 있다. 양벌규정의 경우에는 기업체도 처벌이 된다. 처벌규정으로 형벌을 규정해 놓아야 법 집행력이 담보된다고 믿기 때문인 것 같다.

국민들이 알지 못하는 행정법규 위반인 경우 지자체 등 각 기관에서 고발을 한다. 기관 감찰조사 결과 혐의를 밝혀내지 못하는 경우에도 또다시 수사의뢰를 한다. 내부 조직에서 불이익을 받으면 내부 고발자도 많아진다.

심지어 신고보상금을 노린 파파라치 학원도 성업 중이다. 과거 학원비 등 사교육비용이 높아지자 정부는 불법과외 단속을 빌미로 신고

보상금을 대폭 늘렸다. 신고보상금으로 고발을 확산시켜 문제를 해결하려고 하니 사회와 조직 간에 불신과 감시 풍토가 조장된다.

이런 사회나 나라는 결코 좋은 나라가 아니다. 방송, 신문 보도에 매일 경찰, 검찰의 수사가 등장하고 체포, 검거, 압수수색의 모습이 등장하는 나라는 결코 좋은 나라가 아니다. 경찰, 검찰이 많아지고 법관이 늘어나고 구치소, 교도소가 과밀화되는 우리가 원하는 나라가 아니다. 로스쿨 지원자가 많아지고 검사를 선호하고 인력이 늘어나는 나라는 보기 좋지 않다.

▌가정폭력 수사와 처벌의 문제점

동거녀를 폭행한 남자가 경찰에 체포되었다. 불까지 질렀는데도 어찌 된 일인지 법원에서 영장이 기각되었다. 피해자인 동거녀가 처벌을 원치 않았기 때문이라는 것이다. 그럼 동거녀가 처벌을 원치 않는 이유부터 먼저 조사해봤어야 하지 않았을까?

필자가 경찰재직 시 취급한 가정폭력 사건의 경우 처음에는 거의 겁도 나고 피해를 면하기 위해 신고하지만, 경찰이 출동한 후 조사단계에서 처벌을 원치 않는다고 하는 경우가 많았다. 그러면 경찰은 처벌을 원치 않기 때문에 아무런 일이 없었다는 듯이 사건을 종결하고 돌아온다.

왜 처벌을 원치 않는지 그 이유에 대해서는 조사를 하지 않는다. 대부분은 처벌의사를 철회하지 않으면 보복폭행을 당하기 때문에 두렵기도 하고 처벌의사를 표시해도 구속되는 경우가 희박하기 때문인 경우가 많다. 상해진단서를 제출하지 못하거나 상해진단이 나올 정도가 아닌 단지 피해가 가볍다는 이유로 구속이 안 된다.

불구속되면 가해자는 집에 귀가한 후 신고를 한 피해자를 찾아가 다시 폭행한다. 그러한 가운데 상습폭행에 가정이 멍이 든다. 흔히 가정폭력의 경우 매 맞는 당사자인 배우자, 부모, 자녀만 피해자라고 생각하는 경향이 있다. 매 맞는 장면을 지켜봐야 하는 자녀와 그 가족(부모)의 정신적 충격이나 고통은 생각하지 않는 경향이 있다. 매 맞는 가정에서 성장한 자녀들이 가출과 범죄, 나아가 정신적 상처를 입어 자신들도 폭력범죄자가 되는 경향이 높다는 것을 생각하지 않는다.

필자는 매 맞는 피해자들이 집에서 쫓겨나 쉼터 등으로 피하는 반면 오히려 폭행한 가해자는 집에서 머무르는 현실이 개선되어야 한다고 늘 생각해왔다. 위 사건의 경우 폭행을 당한 동거녀는 처벌의사를 철회했을 뿐 아니라 경찰의 신변보호조치까지 거부했다고 한다. 왜 동거녀는 처벌의사를 철회하고 신변보호조치를 거부했을까?

필자가 생각하기에 아마도 철회하지 않으면 동거남이 자신에게 보복할까 봐 두려워서 그랬을 것으로 여겨진다. 아니면 경제적으로 동거남에게 의존해야 하기 때문에 처벌의사와 신변보호조치를 요청하면서 혼자서 독자적으로 살아가기가 더 힘들어서일지도 모른다.

신변보호조치를 거부한 경우 경찰은 더는 조치를 해줄 수 없는 것일까? 방화까지 하고 상습적으로 폭행을 가해놓고도 법원의 영장기각에 의해 석방된 동거남이 또다시 재범을 저지를 우려가 있다고 자체적으로 판단할 수는 없었을까?

신변보호조치보다 더 중요한 것은 가해자의 피해자에 대한 접근금지가 이루어져야 한다는 것이다. 석방된 가해자가 피해자에게 접근하여 왜 신고했느냐고 다그치면서 보복폭행을 할 우려가 있다고는 생각할 수 없었을까?

그리고 이러한 조치는 과연 경찰서 어느 부서에서 해야 할까? 가정폭력이 야간에 이루어지다 보니 이를 처리한 파출소, 여성청소년수사팀, 형사팀, 강력팀의 경우 자신의 당직 교대근무 시간이 끝나면 사건이 제대로 인수인계되지 않는다. 가해자가 다시 피해자에게 접근하는지와 보복을 하는지에 대해 현장을 방문하여 가해자에게 재범하지 않도록 강력히 경고하고 피해자를 안심시켜 주는 조치를 할 수는 없었을까?

말로만 신변보호조치, 긴급 접근금지 조치를 외치지만 현실적으로 피해자와 관계자들은 잘 알지 못한다. 아울러 가정폭력 사건은 불구속된 상태에서 검찰을 거쳐 법원 가정보호사건으로 송치되기까지 길게는 3개월 이상이 걸린다.

그러한 상태에서 재폭행이 이루어지고 피해자는 보복을 두려워한 나머지 제대로 신고조차 되지 않는다. 사건 접수단계에서부터 재판까지 시간이 너무 길게 걸린다. 신고 또한 신고 후 자녀 문제, 경제적인 문제 등으로 처벌을 철회하는 경우가 대부분이다.

피해자에 대한 쉼터 또한 부족하고 쉼터에 머무르는 것을 꺼리기도 할 뿐 아니라 쉼터 자체에 경찰관이 배치되지 못해 신변보장이 제대로 이루어지지 못하는 것이 현실이다. 더불어 가정폭력 현장을 지켜본 자녀들에 대한 보호가 제대로 이루어지지 않고 있다.

정부와 시민단체가 운영하는 가정폭력상담소, 가정법률상담소, 범죄피해자지원센터 등 많은 기관과 시설이 있지만 아직까진 제대로 내실 있게 운영되지 않는다. 법과 현실이 따로따로다.

경찰, 검찰, 법원 단계에서 가해자와 피해자에 대한 치료와 상담, 그리고 경제적 정신적 피해에 대한 지속적인 지원도 이루어지지 않는다. 박근혜 정부 시절 성, 학교폭력 등과 더불어 4대 사회악으로 가정폭력 근절을 외쳤으나 현실적으로 폭력 발생 후 조치만 이루어졌을 뿐이다.

폭력을 당한 피해자의 치료와 가해자의 재범을 막기 위한 접근금지 조치 등이 제대로 이루어지지 않았다. 그래서 재범률이 높아졌고 가정폭력은 오히려 늘어만 갔다.

법과 제도가 뒷받침되지 않는 정책은 실효성이 없다. 현실을 제대로 진단하지 않고 다른 나라 법 규정을 인용하여 만들어진 법률은 장식에 불과하다. 왜 이 땅에서는 매 맞는 피해자는 집에서 도피하고 있고 가해자는 도리어 집에서 당당히 머무르는가?

이에 대한 해답을 국회의원, 대법관, 여성가족부장관, 법무부장관, 경찰청장, 검찰총장 등 관련 기관장들이 가정폭력 피해당사자들을 직접 찾아가서 들어보아야만 한다.

▌체육계 미투 전수조사로 체육계 성추행·성희롱 등 성범죄 근절이 가능할까?

심석희 선수의 성추행 피해폭로로 연일 체육계 종사자의 성범죄로 나라가 시끄럽다. 대한체육회가 나서고 여성가족부가 나서고 문체부도 나서니 이제는 국가인권위원회가 나선다. 국가인권위원회를 중심으로 범정부부처와 시민단체, 민간이 참여하는 체육계 피해전수조사가 실시되고 대책을 마련, 시행한다고 한다. 관련 법정형도 높이고 특별법 제정도 서두른다고 한다. 아울러 실태 결과를 근거로 합숙제도 폐지 등 대책도 마련한다고 한다.

과연 그렇게 하면 범죄가 근절될 수 있을까?

체육계에 종사하는 남자코치와 감독을 잠재적 성범죄자로 보고 어느 일방의 말만 듣고 단죄하고 경찰, 검찰 등 수사기관에 수사 의뢰하여 문제를 해결하는 것은 아닐까?

아동학대, 청소년수련원 화재, 어린이집·유치원 자금횡령 등 사회적으로 문제가 있는 사건이 발생하고 여론이 들끓으면 정부는 항상 관련된 기관에 대한 전수조사를 한다고 한다. 전수조사 방법과 기간, 그리고 전수조사 결과에 대한 발표도 없이 여론을 잠재우기 위해 전수조사를 실시한다. 관계기관 대책회의와 합동 TF팀 편성을 통해 관련기관, 업체에 대한 전수조사를 한다. 짧은 시간 내에 면밀한 조사가 가능할까 하는 생각이 들 정도로 전수조사를 실시한다.

전수조사가 끝나면 그 후 어떻게 문제점들이 보완되었는지에 대한 지속적인 점검과 감독도 없다. TF팀을 구성한다고 하지만 책임질 일이 생기면 다른 부처로 책임을 떠넘긴다. 그래도 한 가지 열심히 하는 것은 경찰·검찰에 수사 의뢰를 하는 것이다.

명확한 증거가 없음에도 불구하고 의심만 가지고 책임 면피식으로 수사 의뢰를 하는 경우도 있다. 그러니 관련된 업체나 기관은 조사도 받고 수사도 받고 이중고통을 당한다. 수사하는 기관도 수사 의뢰를 했으니 무조건 죄가 있다는 편견을 가진 채 수사를 한다. 압수수색, 출국금지 조치, 강제소환 조사, 구속 등 예견된 수사로 이어지게 된다. 그러다 검찰, 법원에서 증거가 없어 무죄, 무혐의가 되는 경우 이에 대한 충분한 배상은 없다.

이번 체육계 미투 전수조사가 마찬가지다. 범위와 대상을 어떻게 정한단 말인가? 그리고 조사는 어떻게 할 것인가?

체육인들이 왜 우리를 피해자, 가해자로 보냐면서 조사에 응하지 않으면 어떻게 할 것인가? 피해자의 진술만 듣고서 과연 죄가 있다고 단정할 수 있을 것인가? 과거 10여 년 전의 사건에 대한 진실규명을 어떻게 할 것인가?

조사과정에서 당사자와 관련자들의 신상정보가 공개되고 누출되어 당사자뿐 아니라 가족들이 피해를 입게 되는 것에 대해 어떠한 조치를 할 것인가? 전수조사 기간을 어느 정도로 할 것인가? 여성 체육인들만을 피해자로 보고 할 것인가, 아니면 남성 체육인들도 피해자로 볼 것인가?

조사를 하는 사람들은 교육과 훈련을 제대로 받은 사람들인가? 피해자가 여성인 경우 조사 참여 시 누구를 배석시킬 것인가? 피해자가 조사과정에서 정신적 고통을 호소할 경우 치유는 어떻게 해줄 것인가? 피해자에 대한 정신적 물질적 고통에 대한 지원과 대책은 과연 제대로 갖추어져 있을까?

장기적인 전문 정신과 치료를 필요로 하는 경우 간병과 지원은 국가에서 지원이 가능할까? 가해자와 관련자들로부터 접근이나 보복을 막기 위한 신변보호조치를 어떻게 해줄 것인가?

우리나라와 같이 조사에서 수사, 그리고 처벌까지 길게는 1년 이상 걸리는 시스템에서 과연 피해자와 관련 가족들에 대한 보호와 지원이 제대로 이루어질 수 있을까? 그 과정에서 우리나라 스포츠계 종사자의 사기가 떨어져 국가적인 체육 위상 실추에 대비한 조치는 어떻게 할 것인가?

명확한 사실 규명은 수사와 재판을 통해 규명될 수밖에 없는 현실 속에서 전수조사만으로 문제를 해결하려는 방식은 적절하지 않다.

그것도 대한체육회, 문화체육부, 여성가족부, 국가인권위원회가 모두 합쳐서 전수조사를 할 경우 자칫 이중조사로 인한 폐해가 더 많아질 수도 있다.

필자의 경험에 성폭력, 성추행, 성희롱 등 성범죄에 대한 피해진술은 피해자가 가장 가까운 사람에게 털어놓는다는 점을 이해할 필요가 있다.

오히려 건강검진 등의 방식을 통해 정신과 전문의사의 상담과 진료를 통해 피해자의 가슴 깊숙이 자리 잡은 응어리진 아픔을 드러낼 필요가 있다.

전수조사라는 섣부른 대응으로 모든 문제를 해결하려는 방식은 전시성 보여주기 행정의 표본이라고 생각된다.

아동학대, 산업체 안전사고, 고시원 화재, 청소년수련원 화재와 관련 정부에서 전수조사를 했지만, 사고는 연이어 발생하고 있다는 점을 되새길 필요가 있다.

법정형이 약해서 사고가 발생하는 것일까? 처벌형량을 높이면 사고가 줄어들까? 전수조사를 실시하면 뚜렷한 예방대책이 나올까?

그보다 먼저 발생했던 사고에 대한 분석이 필요하다.

우리나라처럼 많은 대형 사고가 발생했음에도 정부 차원에서 사고 관련 백서를 만들지 않는 나라는 없다.

사고가 발생하면 관련 전담 부처가 없고 기관과 인력이 없어서 발생했다고 하면서 공무원 숫자부터 늘리고 관련 예산만 증액시킨다. 그러면서 사고원인과 대책에 대한 백서를 발간하진 않는다. 오히려 시민단체에서 자발적으로 백서를 발간하기도 한다.

공무원도 내 업무가 아니라고 책임 떠넘기기에 바쁘다. 언론도 마찬가지다. 시간만 지나가면 대중의 관심에서 멀어진다. 제대로 된 사고 관련 분석과 데이터베이스 구축도 없다. 그러면서 안전을 구호로 외친다.

국회도 마찬가지다. 현장답사와 분석, 그리고 소관 상임위원회개최와 토론, 투입예산에 대한 검증과 법령제도 정비가 이루어지지 않는다. 그저 공무원들과 같이 책상머리에서 대책이 이루어진다. 그러니 사고가 나면 단골 대책으로 나오는 것이 범정부 대책회의, 전담부서 설치, 전수조사, 예산인력 증원, 처벌형량을 높여 엄벌주의 등 별 실효성 없는 정책만 쏟아내니 안타까울 따름이다.

▌왜 사람들은 아직도
경찰, 검찰, 법원 가는 것을 두려워할까?

도로표지판 중 경찰서, 검찰청, 법원 길안내 표지판을 많이 볼 수 있다. "친절, 공정, 신속한 업무처리, 국민에게 다가선다, 국민을 위한다"라는 슬로건도 이들 기관에서 가장 흔히 볼 수 있다.

서울 서초동에서 가장 높은 곳에 우뚝 선 건물이 대법원, 대검찰청, 중앙지방검찰청, 법원일 것이다. 그런데 사람들은 가기 싫어한다. 아니 평생에 한 번도 가지 않았으면 한다. 이들 기관이 제아무리 친절, 신속, 공정성을 외쳐도 국민들은 가기 싫어한다. 아니 경찰, 검사, 법원에서 출석을 요청하는 전화나 문서가 오면 겁부터 난다.

왜 잘못한 것도 없는데 왜 부르는지, 한다. 심지어 왜 부르는지, 조사(출석) 시간을 변경할 수 있는지에 대한 설명도 제대로 해주지 않는다. 오늘 전화가 와서 내일 출석하라고 한다. 출석하면서 피의자 신분으로 조사한다고 한다. 생계로 일이 있어 조사 일정 연기를 요청하면 안 된다고 한다. 수사관에게 잘못 보이면 불이익을 받지 않을까 수사관이 일방적으로 지정한 날짜에 나가야 한다.

아니 그보다 더한 것은 조사 예정시간도 수사관 마음이란 것이다. 아침 일찍 나와서 그다음 날 새벽까지 조사하고 아침에 귀가하는 경우도 있다. 그것도 10여 년이 지난 과거의 일을 가지고 캐묻는다. 기억이 나지 않는다고 하면 왜 그것도 기억하지 못하느냐면서 다그친다. 시간이 오래되어 기억이 잘 나지 않는 것이 당연한데도 말이다.

어떤 경우에는 수사관이 일방적으로 자기의 생각을 조사받는 사람에게 몰아치는 경우도 있다. 나는 이렇게 생각하는데 당신의 의견은 어떠냐는 것이다. 수사관의 생각과 다르다고 하면 거짓말한다고 몰아세운다.

수사관 자신의 생각에 몰입되어 선입견을 가지고 범죄자처럼 몰아친다. 어떤 경우에는 젊은 수사관이 자신의 수사경력을 자랑하면서 반말까지 하기도 한다. 아니 수사내용과 전혀 관련이 없는 내용도 질문한다. 조사받는 사람의 자존심을 건드리는 질문도 한다. 그런 식의 조사는 사전에 짜 맞추기식의 조사로 조사에 응할 수 없다고 반박하고 싶지만, 수사관이 속칭 수사보고서라는 것으로 나쁘게 수사의견을 기재할까 봐 가슴앓이만 한다.

어떤 경우에는 수사관이 수사내용도 제대로 알지 못하면서 질문을 한다. 전혀 사건기록도 파악하지도 않고 질문을 한다. 질문내용을 이해하지 못해 질문을 하면 묻는 말에만 답변하라고 다그친다.

왜 경찰서에 왔느냐, 계속해서 답변하라, 사건경위는 무엇이냐는 식으로 사건에 대한 파악이 전혀 되어 있지 않은 상태에서 심문한다.

어떤 수사관은 답변내용을 제대로 잘 기재하지도 않는다. 조사받는 사람이 답변을 길게 하면 자신이 일방적으로 생각한 답변을 기재하기도 한다.

조사가 끝난 후 조서내용을 확인하다가 잘못된 부분을 많이 고치면 눈을 부릅뜨고 노려보기까지 한다. 점심시간, 휴식시간도 주지 않고 장시간 조사하기도 한다. 수사관 자신은 건강과 체력에 자신이 있으니 새벽까지 조사할 수 있다고 뽐내기도 한다. 조사 초기에는 사건과 무관한 개인 신상을 물으면서 지치게 한 후 본론으로 들어가는 경우도 있다.

　조사받는 사람의 자존심을 건드리면서 조사를 하는 경우도 있다. 아직도 자백은 증거의 왕이라는 생각으로 자신이 생각한 범죄사실을 인정하라고 다그치기도 한다.

　현장에 나가서 사실을 확인하고 조사받는 사람의 말을 경청해주고 확인해주어야 하는데 그렇지 않다. 억울하면 변호사를 선임하거나 심지어 검찰, 법원에 가서 말을 하라고 한다. 이로 인해 조사 후 자살하거나 자살을 기도하는 경우도 종종 있다.

　그래도 관련 수사관들은 조사과정에서 변호사도 참여했고 진술 과정도 녹화했고 고문은 없었다고 한다. 그러나 고문은 물리적으로 때리는 것만 고문이 아니다. 사람의 마음, 자존심을 여지없이 깔아뭉개는 심문도 고문이다.

　조사받는 사람이 아무리 자신의 결백을 주장하고 증거를 제시해도 거짓이라고 단정하고 확인하려고 하지 않는 것도 마음의 상처를 준다. 오히려 자신의 결백을 입증하라고 다그치기도 한다. 헌법과 형사소송법상 법원에서 유죄 확정판결이 선고될 때까지는 무죄이지만 현장은 그렇지 않다. 유죄추정의 원칙이다.

　어떤 경우에는 무조건 피해자의 말만 맹신한다. 현장에 피해자와 가해자만 있고 진술이 상반된 경우 현장에 나가 피해자와 가해자가 있는 상황에서 진술을 토대로 현장 재연과 확인(검증)을 하여야 하는데 하지 않는다.

　피해자의 주장을 배척하면 피해자에게 편파 불공정수사라는 민원을 제기받아 감찰에서 조사를 받아야 되기 때문에 피해자 말을 맹신하기도 한다. 가해자에게 자신의 결백을 입증하라고 한다. 아니 어떤 경우에는 피해자에게 가해자로부터 피해를 입었다는 사실에 대한 증거를 입증하라고 한다. 입증책임은 수사기관에 있는데도 말이다. 특히 사기고소사건은 더더욱 그렇다.

빈번히 발생하는 교통사고의 경우 현장에서 당사자들에게 좋게 좋게 합의 보라고 권유도 한다. 과실 여부에 대한 조사보다는 합의하는 것이 좋다고 한다.

최근 사회문제화되고 있는 가정폭력, 청소년사건의 경우도 마찬가지다. 진단서도 없으니 피해도 경미하여 구속될 수 없으니 가정 내에서 자체적으로 처리하라고 한다. 가정폭력 사범의 경우 현행범 체포한다고 하지만 과연 체포 후 구속영장을 신청할 수 있을까. 초범, 우발적이고 피해도 경미하고 반성하고 있으므로 영장이 기각되는 경우가 다반사일 것이다.

가정보호사건, 소년보호사건으로 처리해도 법원판결, 결정까지 가려면 1년이 넘게 걸리는 경우도 있다. 그사이 재범을 저지르거나 신고를 했다고 신고자를 상대로 보복하기도 한다. 신변보호, 접근금지 조치를 해준다고 하지만 그것이 제대로 지켜지는지 감시보호할 인력과 시스템이 없다.

사기고소사건은 가해자가 은닉한 재산을 찾아주어야 하는데 이런 노력은 제대로 하지 않는다. 그것은 민사문제이기 때문에 민사소송으로 해결하라고 한다. 인지대, 송달료, 변호사 비용이 들어 할 수도 없다. 아니 사기범이 은닉한 재산이 어디 있는지 피해자들로서는 알 수도 없다.

그래서 돈 떼먹고 도망간 사람에 대해 고소를 제기하면 그런 것은 소액이고 민사문제이니 법원에 가서 민사소송을 제기하라고 한다. 법원에 가려면 가해자의 소재지와 인적 사항을 알아야 하는데 모르는 경우가 많은데도 말이다. 가해자의 인적 사항과 소재지를 알려면 결국 수사기관에 고소할 수밖에 없는데도 말이다.

고소를 해도 가해자의 소재가 파악되지 않으면 결국 기소중지(수배)를 한다. 수배를 하면 열심히 잡아주어야 하는데 잘 잡아주지 않는다. 처리할 사건이 많기 때문이라고 한다. 탐정을 고용해서 수배자를 찾으려고 해도 탐정업은 불법이라고 못한다. 해외로 도주했는지 알아보려고 해도 개인정보보호 때문이라고 하지 못한다. 이래저래 돈 떼이고 마음도 아프고 고달픈 세상이란다.

한편 억울한 사람도 많다. 유죄로 기소되었다가 무죄로 풀려난 사람도 있다. 고소되어 장기간 조사받았다가 무혐의로 나온 사람도 있다. 경찰에서 구속기소의견으로 송치되었다가 검찰에서 무혐의 석방된 사람도 있다. 익산 오거리 사건처럼 대법원까지 유죄로 확정, 주어진 형기를 다 살고 출소 후 진범이 잡힌 경우도 있다.

이런 사건들의 경우 어떻게 보상받을 수 있을까. 형사보상제도가 있지만 무혐의 처분받은 사람들까지 보상은 해주지 않는다. 억울한 사람뿐 아니라 주변 친인척들의 정신적 피해까지 보상해 주지 않는다. 아니 한 사람, 가족의 인생과 운명이 망가진다.

그럼에도 불구하고 이런 수사와 재판에 대해 책임지는 사람이 없다. 피해자와 유족들에게 정중한 사과와 배상이 필요한데도 말이다. 그 당시에는 어쩔 수 없었다는 식으로 발뺌하기에 급급하다.

수사는 공소를 제기하여 유죄를 선고하는 것이 그 목적이라고 한다. 그러기에 성과지표도 기소, 구속 건수를 가지고 평가하는 때도 있었다. 어떤 경우에는 사건빨리처리 실적으로 평가하여 졸속으로 사건을 처리하는 경우도 많았다.

하나의 사건에는 여러 사람의 운명이 걸려있다. 그리고 여러 사람의 목소리가 있다. 현장에 반드시 나가 확인하고 점검하고 들어야 한다. 사건이 안 풀릴 때는 현장에 자주 나가야 한다. 사건조사는 조사실에서 컴퓨터 모니터 자판을 통해 이루어지는 것이 아니다. 그 사건이 이루어졌던 시간과 상황을 사건당사자와 관련자의 진술을 통해 현장에서 재연하고 확인하여야 한다.

그런데 현재의 수사방식은 서류 중심의 조서작성 수사가 대부분이다. 현장을 잘 나가려고 하지 않는다. 아니 사건 현장보존도 제대로 하지 않는다. 그저 폴리스라인 테이프만 붙여놓은 채 현장보존을 하려고 하지 않는다.

현장검증은 살인 등 강력사건, 교통사고만 하는 것이 아니다. 모든 사건에는 다 현장이 있고 현장을 잘 보존하고 현장재연을 제대로 하여야 한다. 조사도 현장에서 이루어져야 한다.

문답식 조사방식은 시간도 오래 걸린다. 10시간이 넘는 심야·철야 조사는 부끄러운 현실이다. 나아가 진술녹화실 조사도 환기가 제대로 되지 않는 곳에서 장시간 이루어지는데 효과가 과연 있을까? 아니 진술녹화 테이프가 법정에서 증거로 채택되어 재연되는 경우가 과연 있을까?

법원에서의 증거조사방식도 바뀌어야 한다. 조서 중심의 증거조사방식에서 과감히 탈피, 현장검증을 통한 증거조사방식으로 바뀌어야 한다. 증거에 대한 상호 간의 반박이 있어야 한다. 현장재연을 위한 현장검증도 자주 있어야 한다.

사건의 열쇠는 법정, 검사실, 조사실이 아닌 현장에 있기 때문이다.

▌영화 〈극한직업〉의 마약반과 실제 마약반의 세계

영화 〈극한직업〉이 개봉 30일 만인 지난 2월 22일, 누적 관객 수 1,500만 명(영화진흥위원회 통합전산망 기준)을 넘어섰다. 역대 영화 흥행 순위 2위란 놀라운 성과다.

이 영화는 서울 마포경찰서(마포서) 마약반의 마약조직 검거와 관련한 활약상을 코믹하게 연출했다. 경찰청 마약수사과장으로 재직했던 필자도 영화를 재밌게 봤다. 하지만 영화에 나오는 마약반과 실제 경찰 마약반은 사뭇 다르다.

우선 일선 경찰서가 별도의 마약반을 운영하는 경우는 드물다. 영화에 나오는 마포서가 '드문' 경우 중 하나다. 인근 홍대 · 신촌 · 이태원 등 유흥가가 많아 '마약 우범지역'으로 분류돼 마포서 형사과 소속 마약수사팀이 운영됐다. 마포서 마약반의 마약사범 검거실적은 우수했던 것으로 필자는 기억한다.

영화에서는 마약수사반이 마약사범 검거를 위해 반장인 류승룡을

중심으로 반원들이 잠복수사를 하면서 마약거래 현장을 포착하느라 고생한다. 마약조직의 동향 관찰을 위해 '수원왕갈비통닭집'을 반원들이 경영하는 시나리오를 설정해 관객들에게 많은 웃음을 주고 있다. 통닭집을 운영하기 위해 반장이 자신의 퇴직금을 담보로 융자받는 장면까지 나온다.

마약수사의 현실은 어떨까? 마약수사를 위해서는 공작수사가 필요하다. 속칭 '망원(網員·정보원)'을 통한 공작수사를 위해선 공작금이 필요하고, 이러한 공작금은 때로는 위장 마약거래 구매용으로 사용되기도 한다. 마약수사 첩보는 마약투약자들로부터 나오기 때문이다.

최근 인터넷·모바일·택배·국제우편을 통한 마약거래가 성행하고 있는 현실에서 마약거래를 위장한 수사는 필요하고 이와 관련한 공작용 자금은 필수적으로 필요하다. 특히 공항·항만 등 여행객 소지품 검사 등을 통해 불법 마약류를 적발하는 세관과 달리, 경찰의 마약수사는 여러 가지로 어려운 것이 현실이다.

우선 실적 스트레스가 심하다. 경찰서 마약반의 경우 마약사범 검거만 전담하다 보니 형사팀·강력팀에 비해 실적이 없는 경우가 대부분인데, 이로 인한 스트레스는 말로 표현할 수 없을 정도다.

상사(과장·서장)는 "월급 받고 먹고 논다"라는 식의 질책을 하기 일쑤다. 이러한 실적부진 스트레스는 가끔 '무리한' 수사로 이어지게 되는데, 마약범죄 조직과의 유착수사 의혹까지 받아 억울한 누명을 쓰고 투옥까지 되는 경우도 많다.

유능한 경찰이 특정 마약조직을 소탕하기 위해 공작수사를 하는 경우, '봐주기 수사' 의혹으로 몰려 직무유기·직권남용 등의 혐의로 검찰에 인지, 구속되기도 한다. 위장 마약거래를 위해 돈을 입금 후 돈을 떼이거나 때로는 마약사범으로 오인, 검찰에 수사를 받기도 한다.

마약사범들은 마약 복용으로 뼈가 약한 경우가 많은데, 검거 과정에서 수갑 사용 등으로 골절 같은 상처를 입었다고 인권침해 등의 민원에 시달려 독직폭행(瀆職暴行·직권을 남용해 형사피의자 또는 기타 사람에게 폭행하는 행위) 혐의의 누명을 쓰고 구속수감되는 경우도 있다.

단순 투약자보다는 공급·수입자를 검거해야 하는데 그러다 보면 수사가 장기화되고 실적부담으로 인해 투약자 검거에 그치는 경우도 많다. 대포차·대포폰·대포통장을 사용하고 점조직이라 추적수사에 어려움이 많다. 때문에 잠복·출장·추적수사로 인한 수사비도 많이 든다. 영화에서 나오는 수사비 문제는 항상 마약반이 안고 있는 문제인 셈이다.

마약반의 현실은 어떨까? 강·절도 사건과 달리 실적이 바로 나오지 않기 때문에 수사비 청구에 어려움이 많다. 수사비 마련을 위해 사비까지 쓰는 경우도 많다. 통신비·차량유지비·출장숙박비 등 수사비용에 비해 예산은 한정돼 있다.

경찰서 내부에서 현실적으로 강력사건 검거에 치중하다 보니 마약반에 지원되는 예산은 적다. 그에 비해 실제 수사를 하지 않는 경찰청 등 본청 마약사건 수사비는 국제마약회의 참석 같은 국외 여비 등이 많다. 일선 현장을 뛰는 마약반 형사들은 수사비 부족에 허덕이는데도 말이다.

본청에서 구입, 보급 지원해주는 고가의 휴대용 마약탐지기 등 장비는 검색용 마약적발기로 세관에서 사용하기에 적합할 따름이다. 마약검사용 시약 또한 충분히 보급되지 않아 검사에 어려움이 많다.

여성 투약용의자의 경우 여성수사관이 배치되어야 하는데 결혼·출산·육아 등의 문제로 배치를 꺼린다. 승진도 제대로 되지 않는다. 인사권자가 살인·강도 등 강력사건 검거에만 관심을 가질 뿐 마약사범 검거에는 관심을 갖지 않는다. 마약사범들의 온갖 음해성 진정, 인권위 제소, 검찰과 감찰의 진정 등으로 민원에 시달린다.

경찰 내부에서는 검거실적, 인원, 압수마약 수량으로 실적을 평가하니 장기간 공작수사로 마약조직의 일망타진이 어렵다. 업무의 특성상 승진(특진·심사·시험)도 어렵고, 성과평가도 제대로 받기 어렵다. 그렇다고 수당을 많이 받는 것도 아니다.

망원관리 관련 지침도 없고 악질적 망원에 걸려들면 모함도 당한다. 억울하게 누명을 써도 수사를 지휘하는 검찰은 물론 경찰 내부 자체에서도 보호해주지 않는다. 승진은커녕 징계받는 경우도 많다.

영화에 나오는 마약반 형사들은 유도왕, 무술왕, 격투기왕이지만 실제 경찰관 선발은 무도 특채가 아닌 노량진 학원가에서 형법, 형사소송법, 경찰행정실무, 영어 객관식 시험 한두 문제 차이로 결정 난다. 유능한 마약전문 수사관이 양성되지 않는 이유다.

수사비도 제때 지급되지 않고, 내부적으로 실적 독촉에 시달린다. 그러다 보니 공급사범보다는 단순 투약사범 검거에 그친다.

그에 비해 검찰은 앉아서 세관, 경찰관을 지휘해 수사한다. 추적잠복 검거를 할 필요가 없다. 수사지휘권을 가지고 있으니 경찰·세관·식약청·해경까지 지휘한다. 자체 마약감정 부서까지 갖추고 있다. 마약수사 관련 예산도 경찰에 비해 많다. 경찰은 과거 본청에 설치된 마약수사과도 폐지되고 형사과로 편입됐다. 자체 마약수사 역량이 축소됐다. 지휘부의 관심도 떨어진다.

영화 〈극한직업〉에 나오는 마포서 마약수사반의 스토리는 현실과 많은 차이가 있다. 그래도 보는 관객은 마약수사반의 수사 의지와 열정에 웃고 감동한다. 마지막 장면에 나오는 마포서 마약수사반 전원특진은 현실에서는 찾아볼 수 없다.

▌가해자, 피해자, 목격자의 진술이 서로 다른 경우 어떻게 판단할 것인가?

필자가 경찰과 변호사 생활을 하면서 자주 접하는 사건들이 가해자, 피해자, 목격자의 진술이 서로 다른 경우이다.

특히 112신고 사건에서 쌍방 폭행사건의 경우 현장에 출동하면, 한결같이 서로 자신은 피해자이고 상대방이 가해자라고 말한다. 교통사고 현장에서도 마찬가지다. 상대방의 과실이라고 서로 우겨댄다. 이럴 경우 현장에 출동한 파출소·지구대 경찰관들은 피해자라고 주장하는 사람의 진술로 피의자를 특정하게 된다. 그리고 파출소로 와서 속칭 킥스(형사사법정보망)에 피의자로 특정·인적 사항을 입력한다. 그러면서 자연스럽게 피의자로 입건된다는 것이다.

아울러 현행범체포·임의동행 보고서상에도 피의자로 특정되고 피해자라고 주장하는 사람의 진술에 의해 범죄사실이 기재된다. 그러면서 입건 경위에 대해 서로 자신들은 피해자라고 주장하지만 쌍방의 일부 진술에 비추어 범죄혐의가 인정된다는 식으로 입건 경위를 기재한다.

교통사고 조사의 경우에도 진술에 의존하여 쌍방과실이라고 기재하면서 과실비율에 대한 정확한 조사와 검증도 제대로 하지 않는다. 그런 상태에서 경찰서 형사과(당직) 사무실로 사건과 피의자가 인계되면 형사들은 사무실에 앉아서 지구대·파출소 직원들이 이첩한 현행범체포 보고서와 임의동행 보고서에 의해 문답식 확인 조사만 한다.

가해자·피해자라고 주장하는 사람들의 진술이 맞는지 그 여부를 확인하기 위해 현장에 직접 나가 목격자를 탐문하고 관련 CCTV, 부근 차량 블랙박스 동영상 확인, 현장 유류물 등 증거수집과 분석절차를 거쳐야 함에도 불구하고, 사건이 많다 보니 빨리 사건을 인계하고 얼른 쉬고 싶다는 이유로 현장수사를 등한시한다. 현장에 답이 있고 사건진실 규명의 열쇠가 있는데도 말이다

그러면서 오히려 관련 당사자들에게 자신이 혐의가 없다는 주장에 대한 증거를 가져오라고 한다. 아니 범죄혐의 입증책임이 경찰에 있음에도 불구하고 당사자에게 현장에 가서 직접 증거를 수집해서 가져오라고 하기까지 한다.

어떤 경우에는 진술만으로 범죄혐의를 인정하면서 억울하면 검찰에 가서 변호사 선임해서 다투라고 하기까지 한다. 고소사건의 경우에는 고소인에게 입증책임을 부담하라고까지 한다. 형사사건의 경우 민사소송과는 달리 유죄의 입증책임이 수사기관에 있고 수사기관은

강제수사권이 있기 때문에 얼마든지 증거수집과 분석을 철저히 할 수 있음에도 말이다.

검찰도 마찬가지다. 경찰에 수사지휘를 한다고 하지만 수사기록을 보고 서면으로 지휘한다. 현장에 가보지도 않고 기록만 가지고 책상에 앉아서 수사지휘를 한다. 현장과 동떨어진 수사지휘이다. 이미 수사기록에 충분히 수사가 되어 있음에도 불구하고 수사기록을 제대로 분석하지도 않고 추상적인 수사지휘를 한다.

서민의 생계와 운명이 직결되는 강·폭력, 사기 등 민생범죄의 경우에 특히 그렇다. 송치 후 수사를 하지 않으려고 일부러 초동단계에서 수사지휘를 자꾸 내려보내기도 한다. 그런 다음 송치를 받자마자 경찰의 송치의견을 인용하면서 송치 후 5일도 안 돼 결정하기도 한다.

법원에 기소되는 경우는 어떨까? 판사도 기록에 의존하여 재판하다 보니 현장을 잘 모른다. 역시 현장에 나가보려고 하지도 않는다. 심지어 검사와 변호사도 현장검증 신청을 하려고 하지 않는다. 공판검사의 경우 수사기록도 제대로 보지 않고 공판에 임하다 보니 제대로 증거조사도 심문도 하지 못한다.

법관 역시 종이 수사기록과 서면(검사와 변호사 의견서)에 의존하여 재판을 진행하다 보니 수사기록 밖에 있는 이면의 진실을 보지 못한다. 아니 그 이전에 판사는 법 적용만 알았지 사건과 관련된 다양한 인생 경험과 경륜, 지혜가 부족하다.

그러다 보니 자신이 접한 법전과 법률 서적, 판례에 의존하여 갇힌 세계 틀에서 재판에 임하게 된다. 헌법에 보장된 무죄추정의 원칙은 현실 세계에서는 작동되지 않는다.

언론보도를 통해 수사와 재판도 열리기 전에 유죄로 추정되고 선입견에 의해 수사와 재판을 하게 된다. 관련된 사람들의 말을 경청하고 그들의 진술 내용이 사실인지 아닌지를 확인하고 수사와 재판을 하면서 수사기록 외에 다른 진실이 있는지에 대해 규명하는 노력을 해야 하는데 그렇지 못하다.

시간과 사건 부담 때문에 그렇게 할 수 없다고 하지만 이는 사람들의 운명과 관련된 사건을 판단한다는 점에서 변명에 불과하다.

필자는 쌍방 폭행사건의 경우 관련자들이 진단서를 제출하면서 상해를 입었다고 주장하는 것을 많이 보아왔다. 문제는 진단서의 발급 경위와 내용이 과연 당사자의 진술과 맞는지에 대해 확인하려는 노력을 거의 하지 않는다는 것이다. 그리하여 때로는 같은 상처라도 1주부터 8주까지 상해 진단의 결과가 나오는 경우도 보았다.

최근 문제가 되고 있는 미투사건 관련 성폭행·성추행 사건의 경우에 현장에 가해자, 피해자 단둘만이 있는 경우 누구의 말이 진실인지에 대해 고민을 많이 하게 된다. 피해자는 성추행을 당했다고 하고 피해자가 지목한 가해자는 그런 사실이 없다고 한다.

그럴 경우 수사관들은 어떻게 할까? 민원을 사지 않기 위해 피해자의 진술을 근거로 기소하게 된다. 피해자의 진술이 일관된다는 이유만으로 피해자의 진술의 신빙성을 배척할 수 없기 때문에 기소한다고 한다.

쌍방의 진술이 다른 경우 대질조사와 거짓말탐지기를 통해 진실을 규명할 수 있다고 하지만 당사자가 동의하지 않는 경우 의미가 없다.

그럴 경우 수사관은 당사자의 진술이 신빙성이 있는지에 대한 현장 검증과 재연을 통해 사실을 규명할 필요가 있다. 당사자가 나오지 않는 경우 대역을 써서 현장에서 당사자의 주장이 맞는지 그 여부에 대한 확인을 할 필요가 있다.

살인 등 강력사건뿐 아니라 폭행사건의 경우에도 현장검증과 재연을 실시하여야 한다. 현장에서 조사하고 현장에서 사실을 확인하고 관련자 입회하에 증거를 수집하여야 한다. 물론 그렇게 하면 일이 많아져 귀찮아진다. 그렇지만 한 사람의 운명과 직결된 것이라고 생각한다면 조사를 소홀히 해서는 안 된다.

휴대폰 등 디지털 증거수집 분석도 제대로 하여야 한다. 수사의 신속성 못지않게 세밀하고 철저한 조사가 필요하다.

사건을 빨리 종결하는 사람이 유능한 사람으로 인정받기보다는 시간이 걸리더라도 철저히 조사하는 사람이 많아지고 인정받아야 한다. 그것이 국민들이 경찰에 바라는 수사일 것이다, 그리고 그렇게 할 때 국민들은 경찰수사를 신뢰할 수 있다.

법정에서 증인들이 나와 증언하지만 위증죄로 처벌받는 경우는 드물다. 수많은 고소사건이 나중에 무혐의 처리되지만 무고죄로 인지되어 처벌받는 경우도 드물다.

늘 역지사지의 심정으로 수사를 하여야 한다. 수사관도 때로는 수사를 받는 사람이 될 수도 있다는 생각으로 수사에 임하여야 한다.

목격자도 임의로 만들어지고 진술도 조작될 가능성이 있다는 생각을 하여야 한다. 그리고 판단이 서지 않을 때는 현장에 자주 나가 현장을 잘 살펴야 한다. 현장에 문제가 있고 현장에 답이 있기 때문이다.

▌제2, 제3 진주살인사건 재발할 가능성 크다

지난 4월 17일 04시 25분경 진주시 가좌동 한 아파트에 방화 및 살인사건이 발생했다. 한 남자가 4층 본인 집에 불을 지른 다음 계단으로 대피하는 주민들을 상대로 흉기 2자루를 마구 휘두른 것이다. 남자가 휘두른 흉기에 찔린 5명은 치명상을 입어 숨졌고, 이 외에도 13명이 중경상을 입었다.

이 사건의 피의자 안인득은 조현병 병력이 있고 이와 관련 구속, 처벌된 전력도 있다. 과거에도 잘 알려지지는 않았지만 이러한 유형의 사건들이 많이 발생했다.

그때마다 언론과 경찰, 보건복지부, 지자체는 속칭 정신보건법 등 입법의 사각지대라는 이유만으로 방치했다. 국회에서도 이러한 문제에 대해 심각하게 다루지 않았고 검찰과 법원, 법무부도 방관했다.

정신질환자에게도 인권을 보호하여야 한다는 이유에서 주변의 사람들에게 알리지도 않았고 주민들은 불안에 떨어야 했다. 아니 언론과 시민단체, 인권단체, 방송, 국회, 정부도 정신질환자의 인권보호에 치중했다. 정신질환자가 몇 명이나 되고 진찰, 투약과 진료는 제대로 받고 있는지에 대하여는 관리조차 하지 않았다.

아니 통계조차 없고 서로 책임만 떠밀었다. 그 과정에서 오히려 정신질환자 본인과 보호자, 의사의 동의를 받기는 사실상 어려웠다.

지자체, 경찰, 보건복지부 등 당국이 방치하는 동안에 가족들은 신고와 보호조치와 관리를 할 여력도 없어 방치하기에 이른 것이다. 가족도 포기한 정신질환자가 홀로 거주하면서 기초생활수급자로 전락, 임대아파트에 거주하면서 주민들에게는 공포감의 대상이 된다는 사실에 대해 방치했다. 경찰, 검찰, 법원, 법무부, 지자체 아니 국가기관의 가장 기본책무가 국민의 생명과 안전인데도 말이다.

정신질환자의 인권을 보호하려면 이들이 제대로 진료와 치료를 받을 수 있도록 주변에서 보호하고 관찰하여야 한다. 지속적인 진료와 투약, 치료가 중단될 때 재발하여 주민들을 공포에 몰아놓을 수도 있다는 사실을 직시하여야 한다.

파출소, 지구대에서도 흉기를 들고 난동을 부린다는 112신고를 접하면 경찰관들 역시 긴장한다. 문제는 이들이 현장에 나갈 때 착용하는 방검복이 너무 무겁고, 테이저건도 충분히 지급되어 있지 않아 제압하기가 어렵다는 것이다.

심지어 보호자가 입원 동의를 거부할 경우 경찰은 보호자에게 인계할 수밖에 없다는 것이다. 보호자가 신고했다는 이유로 복수가 무서워서 입원 동의를 거부한다는 사실을 안다면 입원하고 투약, 치료를 받을 수 있도록 해주어야 하는데도 말이다.

한편 파출소, 지구대 등 현장 출동부서는 범죄경력, 병력조회도 할 수 없다. 범죄경력조회는 경찰서에서 엄격한 내부절차에 의해 수사부서에서 조회가 가능하기 때문이다.

그래서 초동조치를 하는 파출소, 지구대는 서 내 자체 범죄경력조회를 시급히 하지 못해 이번 진주사건 범죄자의 경우 처벌과 병력이 있음에도 불구하고, 신고사건이 제대로 처리되지 못했다.

필자는 경찰재직 시 왜 지구대, 파출소에 범죄경력조회 단말기를 설치하지 않는지 납득이 되지 않았다. 아마도 직원들이 무분별하게 남용과 도용할 것 같은 내부 불신 때문에 그러는 것 같았다.

국무총리, 장관, 도지사 등이 실태와 문제점을 진단하고 대책을 강구하겠다고 하지만 현실성 있는 대책을 제시하지 않는다. 정신보건센터에 정기적으로 오도록 하고 제대로 치료와 진료를 받을 수 있도록 복지사와 보건센터 직원들이 현장에 방문할 때 신변보호를 해주도록 해야 한다.

그런데 이런 일은 경찰의 일이 아니고 인력도 없다고 한다. 그러는 사이에 우리 주변의 선량한 주민들은 늘 공포에 떨고 있다. 주민센터의 복지사들이 행패가 무서워서 방문과 상담이 어려우면 경찰과의 공동방문도 추진하여야 한다.

인력이 없다고 하지만 문서 만들고 지시 보고만 받는 젊은 인력과 집회시위 경비를 맡는 인력을 현장에 배치하면 가능하다. 나아가 파출소, 지구대, 치안센터와 주민센터, 읍면동사무소도 통합 운영할 필요가 있다고 본다. 그래야 주민의 안전을 현장에서 제대로 살피게 된다.

정신병원 입원 절차도 현장에서 알기 쉽게 개선하여야 한다. 법무부 치료감호소도 확충하고 정신질환자가 석방 시 지자체와 경찰서에 알리고 정기적인 검진과 치료를 받을 수 있도록 하여야 한다. 국회도 이와 관련한 청문회를 개최하여 근본적인 대책을 수립하여야 한다.

정신질환자의 인권도 중요하지만 그에 못지않게 선량한 국민들의 인권도 중요하다는 현실도 직시할 필요가 있다. 정신질환자 의심 난동사건 발생 시 소방과 같이 출동하는 방안도 추진할 필요가 있다.

현장 조치기능을 강화해야 국민들이 안심할 수 있다. 아울러 이로 인해 정신적 충격을 받은 주민들에게 트라우마 치료도 해주어야 한다. 일시적이 아닌 제대로 정기적으로 지속적으로 해주어야 한다. 그것이 억울하게 돌아가신 분들과 유족들에게 국가가 해야 할 책무인 것이다.

▮ 남발하는 집행유예, 집행유예 석방, 재범 방지 효과가 있을까?

구속, 불구속 상태에서 수사와 재판을 받다가 집행유예로 석방된다. 때로는 구속된 경우에 적부심, 보석으로 석방되기도 한다. 집행유예는 통상 초범이고 범죄(피해)도 경미하고 범행동기가 우발적이고 반성하고 있고 피해자와 합의하여 처벌을 원치 않는다는 이유로 선고된다.

마약사범, 성폭력 사범의 경우에도 집행유예로 석방되는 경우가 종종 있다. 경찰관을 폭행하는 공무집행방해 사범의 경우에도 피해가 경미하고 합의되어 처벌을 원치 않는다는 이유로 집행유예를 선고받는다.

재벌기업의 총수의 경우 등 돈이 많은 피의자의 경우 돈으로 피해자와 합의하여 집행유예선고를 받기도 한다. 그 돈이 실제 피의자 자신이 번 돈이 아니라 부모를 잘 만나 부모가 대신 내준 경우에도 합의로 처리한다. 자신이나 부모가 돈이 없어 합의할 수 없는 경우이거나 피해자가 피해에 비해 많은 돈을 요구하는 경우에는 합의할 수도 없다.

때로는 정신질환자의 경우 비록 심신미약의 상태에 있지 않더라도 집행유예로 석방되는 경우가 있다. 가정폭력 사범의 경우에도 집행유예로 석방되기도 한다.

문제는 이렇게 석방된 집행유예 사범이 재범을 저지르는지 않는지에 대해 감시하고 관찰하는 기능이 미흡하다는 것이다. 보호관찰이라는 명분이 별도로 붙지만 법무부 보호관찰관 인력이 부족하기 때문에 제대로 재범 여부를 감시할 수 없다.

경찰의 경우에도 석방하는 법무부 교정 당국에서 경찰에 제대로 통지하지 않는 이상 알 수 없다는 것이다. 그래서 심지어 집행유예로 석방된 사람이 자신을 신고한 사람, 피해자를 찾아가 보복하기도 한다.

구속 상태에서 영장실질심사, 적부심, 보석으로 석방된 경우에도 석방된 사람이 피해자 등을 찾아가 보복하는지에 대해 확인할 장치가 없다는 것이다. 불구속 상태에서 재판이 확정되기까지는 오랜 시간이 걸리는 경우가 많다.

청소년 범죄자의 경우 석방된 후 수사와 재판을 받을 때까지 제대로 보호해줄 보호자가 없는 경우에 재범을 저지르기 쉽다. 이러한 가운데 집행유예를 선고받은 사람들의 재범이 이루어지게 된다.

집행유예를 선고받은 사람들이 선고 후 재범을 얼마나 저지르는지에 대한 통계자료도 없다.

그러면 어떻게 하여야 하는가? 집행유예 선고와 함께 보호관찰이 따라붙어져야 한다. 마약사범의 경우에는 매월 1회, 매주 1회 마약투약 여부 확인 검사를 받도록 의무화하여야 한다. 그 기간 중 마약투약 검사를 기피하거나 마약투약 시에는 집행유예가 취소되도록 하여야 한다. 그러한 선고가 병행되도록 판결이 선고되어야 한다.

석방 후 피해자에 대한 보복을 위한 접근 차단을 명령하고 이러한 감시를 경찰 등 사법기관에 할 수 있도록 하여야 한다.

경찰, 보호관찰소에서 합동으로 수시로 전화로 확인하고 점검하도록 하여야 한다. 그것이 바로 사회적 안전장치이다. 지금 우리 사회에는 이러한 안전장치가 없다. 법무부 보호관찰소에서 하여야 한다. 아니다, 법원에서 해야 한다, 인력이 없으니 경찰에서 하여야 한다는 식으로 소관업무 다툼은 이제는 끝내야 한다.

집행유예 범죄자들이 집행유예 기간 동안 재범을 저지르지 않도록 감시 관리하기 위해 사법당국은 머리를 맞대고 협력하여야 한다. 그래야 재범으로 인한 피해를 막을 수 있다.

집행유예 선고 기준도 좀 더 엄격하게 적용하여야 한다. 경찰관을 폭행하는 경우 피해가 경미하다는 이유로 집행유예를 선고하는 것은 바람직하지 않다.

아울러 재범률에 대한 조사도 하여야 한다. 그래야 사회를 범죄자 특히 재범자들로부터 안전하게 지킬 수 있다. 범죄는 막을 수는 없지만 재범은 막을 수 있도록 형사사법 시스템을 개선할 필요가 있다.

Part 8

관행과 이상의 사이에서

▌성추행 의혹사건, 무조건 피해자 진술만 맹신할 수는 없다

한 남성이 지하철에서 추행을 했다고 한다. 갑자기 여성이 소리를 내면서 자신을 성추행한 남자를 지목하고, 잠복 중이던 지하철수사대 직원에 의해 성추행 장면이 발각되었다는 것이다.

임의동행, 현행범 체포 형식으로 지하철수사대에 연행되어 조사받았다. 그런데 동행, 체포된 남성은 추행 사실을 부인한다.

남자는 단지 출퇴근 복잡한 지하철 내에서 승객에 의해 밀리면서 여성과 부딪쳤을 뿐이라고 주장한다. 증거는 피해자의 진술과 목격자의 진술밖에 없다. 지하철 내 CCTV에도 찍히지 않았고, 촬영된 장면도 없다.

이럴 때 경찰은 피해자와 목격자의 진술에 의존할 수밖에 없다는 것이다. 더군다나 피해자가 구속수사 하지 않으면 청와대 청원게시판에 진정하겠다고 하면, 수사관도 피의자로 단정수사 할 수밖에 없다.

피해자의 진술 자체만으로도 추행이라고 단정하기가 어려운 복잡한 만원 지하철 내에서 단순한 가벼운 신체적 접촉이라도 수사관은 무조건 입건하여야 한다.

입건하지 않으면 수사관 자신이 편파수사를 했다는 이유로 징계당한다고 한다. 추행의 개념은 피해자가 성적수치심을 느꼈느냐에 있다. 단순히 주관적인 판단이다.

용의자로 지목된 남성이 허리통증이 심하고 주머니에 손을 넣은 상태에서 여성의 신체와 불가피하게 접촉이 있었을 뿐 추행 의도가 없었다고 해도 받아들여지지 않는다.

이런 경우 어떻게 하면 억울함을 입증할 수 있을까? 현장검증을 통해 당사자와 목격자와 같이 추행이 있었다고 하는 시간대에 가서 진술을 토대로 현장재연을 하고 그 장면을 촬영하고 조서에 남기면 좋은데 그렇게 하지 않는다. 그럴 만한 시간적 여유도 없고 인력도 없다고 한다. 아니 피해자가 원치 않는다고 한다.

모든 것은 현장에서 재연을 통해 이루어져야 진실을 가릴 수 있는데도 말이다. 부득이 변호사인 필자는 대역을 써서 당시 현장상황을 재연하고 그 영상과 설명 자료를 경찰에 제출한다. 경찰에 제출해도 잘 받아주려고 하지 않아 검찰에 제출하는 경우가 많다.

책상 위에 앉아서 조서기록만 보고 현장상황을 판단하는 검찰의 경우 일방적으로 피해자의 진술만을 신뢰하여 송치한 수사기록을 보면 무혐의가 되기 어렵기 때문이다.

검사와 수사관도 사건현장에 나가 피해자와 목격자, 그리고 피의자의 진술을 토대로 현장검증을 하면 진실규명에 도움이 될 텐데 귀찮은지 그렇게 하지 않는다. 판사는 더 꺼린다. 무조건 피해자와 합의를 보라고만 한다.

합의를 보려고 해도 피해자와 연락되어야 하는데 개인정보 보호라서 연락을 할 수도 없다. 피의자가 공무원인 경우에는 더욱 해결이 어렵다. 중징계도 결정된 상태에서 수사와 재판을 받아야 한다. 변호사 비용도 만만치 않다.

최근 추행 관련 사건에서 대법원이 피해자의 피해 관련 구체적이고 일관된 진술만 있으면 유죄판결을 할 수 있다는 판결을 했다.

과연 현실에서 피해자의 진술이 일관되고 구체적이라는 이유만으로 진실하다고 단정할 수 있을까?

만약 가해자로 지목된 사람에게 누명을 씌우기 위해 사전 연습을 한 상태에서 범죄를 저지르면 수사관은 밝혀내기가 어렵다. 거짓말탐지기 조사에도 피해자는 응하지 않는다. 진실규명이 그만큼 어렵다는 것이다.

거기에 더해 피해자 측에서 일부 시민단체와 언론까지 동원해서 자신의 억울함을 호소하면 영락없이 가해자로 지목된 사람은 억울해도 범죄자로 인정이 된다. 가해자의 가족들도 수사 과정에서 정신적 피해를 입는다.

우리 아빠, 남편, 아들은 절대 그런 일을 할 사람이 아닌데도, 언론이나 수사기관에서 단정하면 심각한 정신적 트라우마를 입게 된다.

나중에 판결을 통해 무죄로 확정이 되더라도 그 후유증은 만만치 않다. 한 사람의 일생이 파멸되고 가정, 직장 역시 파멸된다.

그래서 수사와 재판, 변론은 신중에 신중을 기해야만 한다. 반드시 피해자의 진술에만 의존해 사실을 판단해서는 안 된다. 진술이 틀릴 수도 있다는 가정을 가지고, 진술의 진위 확인을 위해 현장에 나가 확인할 필요가 있다.

▌드루킹 사건 수사와 재판 관련 짧은 단상

드루킹 특검보로 1년 2개월 수사와 재판과정에 참여했다. 수사 기간 2개월 대변인으로 언론사 취재 보도 관련 브리핑도 했다. 수사가 종결되어 특검보 2명과 수사검사의 대부분이 복귀한 후에도 1심과 2

심의 공판에 참여했다.

경찰과 검찰에서 진행했던 드루킹의 댓글 조작사건에 대한 수사미진 관련 의혹사건에 대한 진상규명 차원의 수사라서 특검 초기 많은 어려움이 있었다. 수사인력 선발문제, 자료분석 등에 있어 어려움이 많았다.

특히 경찰 최초로 특검보로 위촉되어 수사와 공판에 참여하게 되어 많은 심적 부담이 있었다. 이 과정에서 느낀 단상을 밝히고자 한다.

먼저 현장검증과 재연 확인이 필요하다는 생각이 들었다. 통상 살인 등 강력사건만 현장검증을 할 뿐 여타 사건은 현장수사를 하지 않는다.

조사사무실 내에서의 진술보다는 현장에서의 진술이 중요하다고 생각되었다. 현장 재연 과정을 영상을 촬영하여 증거로 활용하면 향후 재판에서 진실규명에 도움이 될 것으로 믿는다.

아울러 디지털증거 분석과 관련 전문가의 도움도 절실하게 요청되었다. 법 이전에 사실규명이 필요하고 특히 디지털증거의 분석은 더더욱 전문가의 협조와 더불어 법정에서의 증언도 필요하다고는 느낌을 받았다.

이와 관련 평소 각 분야의 전문가 그룹 인사 데이터베이스 확보도 필요하다는 생각이 들었다. 영장청구, 형사입건, 기소 불기소 결정 과정에서도 심도 있는 토의가 필요하고 이와 관련 철저한 소명자료 준비와 검토도 필요하다.

나아가 피의자, 참고인 조사과정에서 신문사항의 사전준비와 대응

답변 관련 후속신문의 준비, 조사과정에서의 모니터링을 통한 관찰도 요청되었다. 그러기에는 외부에 개설된 특검사무실은 너무 비좁고 협소하였다.

경찰, 검찰에서 넘어온 사건기록도 방대하고 이를 분석할 데이터베이스 분석가도 부족했고 기소 관련 증거목록 작성과 검토, 증거물 분류 관련 전문가 확보도 미흡했다.

일부 언론사는 수사를 앞서나가는 보도발표로 인해 브리핑 과정에서 어려움이 많았다. 어찌 보면 고 노회찬 의원의 사망도 언론의 성급한 발표에 의한 희생의 결과물이라는 생각이 들었다.

공판은 수사 못지않게 어려웠다. 변호인의 날카로운 증인 반대신문과 검찰증거에 대한 반박이 이어졌다. 1심의 경우 오전 10시부터 시작된 증인신문이 오후 11시경에 끝날 정도로 치열한 공방이 이어졌다. 수사 과정도 공판 과정처럼 치열하게 공방이 벌어진다면 기소 과정에서의 오류도 바로잡을 것 같았다.

법리 공방 또한 치열하게 벌어졌고 판사의 소명 요청도 있었다. 필자의 생각에는 수사가 국민의 신뢰를 받으려면 공판처럼 피의자와 경찰, 검찰, 수사 참여 변호사 간에 치열한 공방이 이루어질 수 있도록 절차적 참여 보장이 이루어져야 한다고 본다.

아울러 수사기관 내부에서도 수사관의 사건에 대한 선입견, 편견에 따른 오류를 막기 위해서는 자체 내부적으로 수사 과정의 철저한 모니터링도 필요하다고 생각한다.

아직은 지면상 모든 내용을 담을 수 없는 한계가 있지만, 이번 드루킹 특검을 거치면서 지난 특검 관련 사건들에 대한 수사와 재판에 대한 백서가 없다는 것이 아쉬웠다.

아니 특검사건뿐 아니라 최근 문제가 된 백남기 농민사망 사건, 화성 연쇄살인 사건의 진범 확인사건, 세월호 사건 등 사회적 이목집중 사건들에 대해 마땅한 수사와 재판 백서가 없다는 현실이 안타까웠다.

수많은 기관과 교수들은 왜 이러한 사건에 대한 연구와 분석을 하지 않은 것인지 안타까운 생각이 들었다.

▌수사관, 검사, 판사, 변호사에 따라
사건사고 결과가 달라지는 사회

필자가 변호사를 하면서 느낀 점은 수사관, 검사, 판사, 변호사에 따라 사건사고 처리결과가 달라질 수 있다는 것이다. 법대로 규정대로 판례대로 한다고 하지만 현실은 수사관, 검사, 판사가 사건사고를 어떻게 바라보느냐에 따라 처리결과가 달라지는 것이다.

먼저 사건 자체 접수와 처리를 기피하는 사람들이 있다. 쟁점이 많고 골치 아픈 사건은 다른 부서, 사람에게 미루려고 한다.

경찰의 경우 관할이 없다는 이유로 부서가 다르다는 이유로 사건 자체 접수를 반려한다. 죄종별 사건접수에 따라 사이버, 경제, 지능, 여성청소년, 강력, 형사팀으로 나눠 있어 더더욱 그렇다.

지방청은 경찰서로, 경찰서는 다른 경찰서로 가라고 한다. 심지어 검찰청에 접수하라고도 한다. 그리고 검찰청은 경찰서로 내려보낸다. 민원인은 내부 사건사고 처리 관할을 알지 못하는데도 말이다.

다음으로 증거수집 분석책임을 사건 당사자에게 미룬다는 것이다.

증거를 가져오라고 한다. 증거가 없으면 사건이 되지 않는다고 반려까지 하기도 한다. 증거수집 책임은 수사기관에 있는데도 말이다. 저작권 위반사실 관련 감정기관 의뢰비용도 당사자에게 떠넘긴다.

감정비가 없으니 당사자보고 책임지라고 한다. 교통사고, 강력사건 처리현장의 CCTV영상수집도 당사자에게 하라고 한다. 사건이 많다고 조사를 하지 않는다. 차일피일 기일을 미루다 인사발령이 나면 다른 사람에게 인계한다.

하지만 이럴 수밖에 없는 현실이기도 하다. 어떤 경찰서 사이버수사팀의 경우 1인당 보유사건이 140여 건이 된다고 한다. 왜 이런 수사팀의 경우 수사인력을 보충 재배당해주지 않는지 모르겠다. 그러니 사건접수 부담이 없는 지방청, 본청을 선호한다. 접수, 처리 지연은 고스란히 당사자가 떠안게 된다.

이러한 것은 검사, 판사도 마찬가지다. 집중조사기일을 설정하여 사건처리를 집중적으로 심리하기보다는, 핑계를 대면서 기일을 연기시킨다. 어떤 검사의 경우 피의자가 많은 사건은 사건쪼개기까지 하라고 한다. 그래서 공범 관련 사건인데도 검사, 판사가 다르다. 수사의 비효율성이 심하다.

어떤 검사는 잦은 경찰 수사지휘를 통해 자신은 사건처리를 하지 않으려고 한다. 검찰 송치하자마자 경찰 송치의견서를 그대로 베껴 바로 종결한다.

무조건 합의조정을 하는 검사, 판사도 있다. 때로는 합의조정도 필요하지만 사건 자체를 심도 있게 보지도 않고 합의조정을 하라고 한다. 합의조정에 동의하지 않으면 불이익을 당할 것 같아 마지못해 하기도 한다.

　사회적 이목 집중사건 등 생색내기 좋은 사건만 선호하는 사람들도 있다. 또 사건에 대한 선입견을 가지고 짜맞추기식 수사와 재판을 하는 사람도 있다. 자신의 주장만 내세우면서 당사자의 말을 잘 들어주지 않는다.

　조서상 답변 작성도 수사관, 검사 자신이 묻고 자신이 답변하면서 당사자에게는 확인만 시켜준다. 그러한 상태에서 사건의 진실을 밝히는 것은 어렵다.

　사건현장에 가서 확인도 하지 않는다. 사체부검, 검시는커녕 심지어 교통사고 현장에 나오지도 않는다. 그저 CCTV 영상만 보면서 선입견에 사로잡혀 자신의 주장만 내세운다. 요즘처럼 비밀 녹취파일을 증거로 제출하는 경우 전체 녹취파일을 들으려고 하지도 않는다.

　진술영상 녹화실에서 녹화한다고 하지만 필자는 법정에서 영상 조사파일이 증거로 보여지는 경우는 보지 못했다. 어떤 수사관과 검사는 무혐의불기소 편중수사, 무조건 기소 중심 면피성 수사를 하는 경우도 있다. 그런 수사관에게 배당되면 진실규명에 애를 먹는다.

　판사의 경우도 마찬가지다. 증인신청을 이유 없이 기각하거나 현장검증은 거의 하지 않는다. 물론 사건이 많기 때문에 부득이한 경우도 있다고 하나, 그래도 당사자에게는 목숨이 걸려있는 사건인데도 말이다. 불기소, 기소 결정, 유·무죄 판결문을 받아도 그 이유를 제대로 쉽게 설명해 주지 않으니 잘 모른다. 그러다 보니 불복을 자주하게 되고 변호사를 선임하게 된다.

변호사 역시 마찬가지다. 사건변론보다는 돈에 눈이 먼 경우가 많다. 검찰 단계에서 해결해 주겠다면서 많은 돈을 받고 원하는 결과가 나오지 않으면 나 몰라라 한다. 당사자를 잘 만나주지도 않는다.

쉽게 변론하기 위해 사실도 아닌데 사실을 인정하라고 한다. 그리고 무조건 합의하는 것이 좋다고 하면서 합의 종용도 한다. 시간이 길게 가면 자신도 힘들고 돈도 많이 든다면서 사건 조기종결을 이끌려고 한다. 필자 역시 그러한 경우가 없었는지 늘 자성한다.

검사, 법원 평가제도 하지만 수사관 평가제도 했으면 한다. 변호사 평가제도 했으면 좋겠다. 그리고 그 결과를 반영했으면 한다.

사건배당이 중요하다. 사람이 사건을 처리하기 때문이다. 그 사람의 철학, 인생관, 인품, 성격, 실력에 따라 사건 처리결과가 달라져서는 안 되는데 실제로 그런 경우가 많다.

사건배당을 기계식 배당으로 해서는 안 된다. 정말로 사건을 수사, 판단할 사람에게 사건이 배당되고 처리되어야 한다. 그리고 그렇게 되는지를 살펴보아야 한다.

그래야 수사와 재판이 공정해지고 결과에 승복할 수 있다. 그것이 국민들이 원하는 경찰, 검찰, 사법부의 모습이 아닐까?

▌음주 관련 사건사고 조사실태 문제점 개선방안

112 신고사건 중 음주와 관련된 사건사고가 많다. 술값을 내지 않는다, 취객이 택시비를 내지 않는다, 술 먹고 아내·자식·부모를 때린다, 술 먹은 사람들끼리 치고받고 싸운다, 만취자가 도로에 쓰러져

있다는 등 사건사고가 끊이지 않는다.

나아가 변사사건 현장에는 거의 어김없이 술병이 널려 있는 경우도 많다. 술 관련 112 신고사건이 들어오면 지구대, 파출소 직원들은 긴장한다고 한다. 현장에 출동하여 음주 난동자를 제압해서 경찰서로 데려와야 하는데 그것이 쉽지 않다.

먼저 술 먹은 사람들이 취기에 저항이 거세다는 것이 문제이다. 경찰관이 가족에게 연락, 데려가도록 할 테니 가만히 있으라고 해도 오히려 경찰관에게 욕설을 하고 멱살을 잡는다. 그 과정에서 넥타이가 끊어지고 경찰관이 폭행을 당하기까지 한다.

그래도 경찰관은 참아야 한다. 이를 제압한다고 멱살을 잡은 손을 뿌리쳐 미는 과정에 뇌진탕으로 만취자가 쓰러지면 독직폭행, 상해로 형사처벌을 받는다.

술에 취한 사람들은 자신이 저지른 잘못된 행동(경찰관 폭언, 폭행)은 기억 못해도 경찰관이 자신의 손을 잡고 뿌리치는 과정에서 넘어져 상처를 입었다고 진술을 한다.

오히려 그러한 진술을 함으로써 자신들의 공무집행 폭행범죄를 모면하려고 하는 속셈도 있는 것 같다. 만취자가 여성인 경우는 더욱 문제다.

만취한 승객을 태워 목적지까지 왔는데 택시비를 주지도 않는다고 택시기사가 지구대에 와서 신고를 한다. 문제는 택시 안에 있는 여성을 끌어내는 과정에서 추행 누명을 당할까 봐 경찰관에게 의뢰를 한다.

만취 여성인 경우 택시 안에서 끌어내리는 과정에서 남자경찰관이 여성의 몸을 만졌다고 추행고소까지 당한다. 만취한 여성을 끌어내리는 과정에서 불가피하게 신체적 접촉이 있을 수 있는데도 말이다.

여자경찰관으로 하여금 하라고 하지만 여자경찰관이 술 취한 여성을 택시 안에서 끌어 내리기는 만만치 않다. 더군다나 지구대 · 파출소에 여자경찰관이 없는 경우도 많다.

역으로 남자 만취자의 경우에는 오히려 여자경찰관이 끌어내리는 과정에서 성추행을 당할 수도 있다. 어쩔 수 없이 제압을 위해 수갑을 채워야 하는데 채우는 과정에서 만취자의 저항으로 손목에 상처가 나면 독직폭행으로 역공을 당한다.

술 취한 남편, 아들이 아내와 부모를 폭행하는 경우도 힘들다. 특히 동거녀를 폭행하는 남자가 많다. 실직된 아들이나, 정신질환을 앓고 있는 아들이 부모를 폭행하는 경우도 심심찮게 있다.

이런 신고를 접하면 가해자와 피해자를 분리하여야 한다. 그런데 신고한 피해자는 폭행 장소인 집에서 피하고 가해자인 남편, 아들이 집에 버티고 있다. 경찰서로 연행하여야 하는데 그것이 좀처럼 쉽지 않다. 칼 같은 흉기를 사용할 수도 있기 때문이다. 더더욱 문제는 출동하여 현장에 가보면 이미 폭행은 종료된 경우가 많다.

출동경찰이 지구대, 경찰서로 동행을 하려면 현행범체포나 임의동행 외에는 없다. 범행이 이미 종료되었는데도 불구하고 현행범체포하면 불법체포다. 임의동행 역시 자발적으로 가해자가 경찰서, 지구대로 가야 되는데 만취자가 자발적으로 경찰서에 동행할 리 만무하다. 거기에 더해 정신질환자 난동의 경우에는 부모들은 경찰에서 정신과 병동에 강제로 입원시켜 달라고 한다.

그런데 개정된 정신보건법 관련 강제 입원이 어렵다. 정신과 의사 2인의 동의와 현장난동이 입증이 되어야 하는데 그것이 힘들다. 더 군다나 야간 정신병원이 관내에 없는 경우가 많다. 그러다 보니 속칭 현지종산, 즉 현장에서 사건종결 처리가 많다. 경찰관이 돌아간 뒤 신고 관련 보복폭행이 뒤따른다.

접근금지, 제한조치가 있다고 하지만 감시할 인력이 없다. 더더욱 문제는 만취자를 상대로 지구대, 경찰서 형사 당직팀에서 문답식 조사가 어렵다는 것이다. 술이 깰 때까지 기다리거나 귀가시켜야 한다.

예전에는 출석 보증각서를 가족, 지인들로부터 받았는데 인권침해 시비로 없어졌다. 주취자 보호실, 안정실이 경찰서 형사 당직팀에 있었는데 그것도 유명무실 되었다. 지구대와 경찰서 간 거리가 순찰차로 30분 이상 걸리는 경우에는 경찰서 형사 당직실로 연행하기도 어렵다.

지구대, 파출소는 공간이 좁아 만취자를 대기시킬 장소가 협소하다. 아니 그보다 더한 것은 만취가해자의 도주를 감시할 경찰관이 없다는 것이다. 112신고가 야간에 여기저기 떨어지면 출동하기에 급급하다.

경찰서에 만취자를 데려가려면 순찰차가 커야 하는데 현재의 순찰차는 내부가 협소하다. 호송과정에서 만취자가 난동을 부려 경찰관이 폭행을 당할 경우도 있다. 수갑도 인권침해 시비로 과감하게 채울 수도 없다.

서울에서 속칭 음주폭행 신고가 많은 마포경찰서 홍익지구대의 불타는 금요일 저녁 시간의 경우 근무직원들은 늘 긴장한다. 경찰서 형사 당직팀도 마찬가지다.

경찰서에 유치장이 없는 서가 많다. 통합유치장 운영으로 경찰서에 유치장을 없앴다. 그래서 경기도 연천, 동두천, 양주경찰서의 경우 경찰서에 유치장이 없어 멀리 의정부경찰서 유치장까지 가서 구금시켜야 한다. 시간이 많이 걸리고 인력이 많이 소요된다.

경찰서 야간 형사 당직팀 인원은 5명 내외인데 호송인력은 최소 3명은 필요하다. 그러니 만취난동자는 지구대 단계에서 석방이다. 경찰서 형사 당직팀도 구금을 꺼린다. 현행범체포 하면 48시간 경찰서 유치장에 구금할 수 있음에도 불구하고 유치장이 없어 석방한다.

그런 사람들이 조사도 받지 않고 석방된다. 이것이 현실이다. 필자는 지금도 왜 경찰서 유치장을 없앴는지 이해가 되지 않는다. 경찰서 유치장은 공권력의 상징인데도 말이다. 오히려 만취폭행 사건이 빈번한 지구대의 경우 지구대 자체 내에 유치장이 있어야 한다고 생각한다. 그래서 일단 현행범의 경우 구금 후 술이 깬 상태에서 조사받도록 하여야 한다.

과거 경찰서 내 즉결대기실이 있었다. 만취소란자 등 형사처분을 하기 부적합한 사건의 경우 일단 즉결대기실에 구금한 후 다음날 아침 법원 즉결법정에 세워 재판을 받도록 했다. 24시간 내 선고와 결정이 이루어졌다. 대부분 20만 원 이하 벌금, 구류처분이다.

수사자료표에 등재도 되지 않으니 전과자도 안 된다. 문답식 조서 작성이 필요 없으니 사건처리도 편리하다. 구류결정과 함께 유치명령도 따르니 형벌에 대한 두려움도 높다. 신속한 수사와 재판으로 수사

신뢰도도 높아지고 공권력의 위상도 커지고 무엇보다도 국민들이 신뢰감이 높아진다.

필자는 경찰서장 재직 시 즉결심판 회부를 많이 했다. 법상 경찰서장의 권한이므로 직원에게 위임하지 않고 과감하게 검찰의 공소장처럼 구형의견도 직접 작성했다. 법원에서 선고유예를 받을 만한 사건이면 검찰에서 기소유예 처분을 아니 그 이전에 경찰 단계에서 입건유예 처분도 할 수 있다.

현행법 체계 내에서 충분히 가능하다. 그런데 그렇게 하지 못하고 있다. 필자가 생각할 때 지휘관의 의지와 자신감이 없기 때문이라고 생각한다. 무전취식, 무임승차의 경우 과감하게 피해자배상명령 제도를 경찰 단계에서 도입하여야 한다. 사기죄로 형사입건, 검찰, 법원까지 가면 시간이 너무 많이 걸린다.

피해자는 별도로 배상을 받기 위해 정보공개 청구를 통한 가해자 인적 사항을 확인 민사 손해배상청구까지 해야 한다. 경찰 단계에서 과감한 형사사건 조정위원회를 도입하여야 한다고 본다.

더욱 심각한 것은 현재 대부분의 지구대, 파출소의 직원들이 퇴직을 앞둔 고령 경찰관이나 막 경찰학교를 수료하고 배치된 신임경찰관들로 채워지고 있다는 것이다. 국민과의 최접점 부서에 고령 경찰관과 경력이 일천한 새내기 경찰관이 배치된다.

거기에 더해 지리감이 부족하다는 것이다. 도보숙지 훈련이 안 되다 보니 내비게이션에 의존한다. 주민들과의 소통을 유착을 이유로 차단하니 소통이 잘되지 않는다.

또한 징계를 받은 경찰관을 지구대, 파출소에 배치하기도 한다. 지구대, 파출소에는 상부에서 하달된 온갖 공문이 발송되고 접수된다. 지구대, 파출소를 감시하는 부서도 많다. 근무일지를 가지고 감시와 감독을 한다. 규정을 내세운다. 거기에 더해 승진은커녕 징계는 가장 무겁게 받는다. 현장이기 때문이다.

경찰청 지휘부에 근무한 사람들 중 과연 파출소, 지구대에 3년 이상 현장근무(112순찰차 운전, 신고출동)를 해본 간부들이 몇 명이나 될까? 속칭 젊고 유능하다는 경찰관들은 지구대, 파출소 근무를 기피한다. 주취자에게 멱살 잡히고 폭언, 폭행을 당하기 때문이다. 이러한 현장의 현실을 지휘부에서 꼭 알았으면 한다.

▎화성 연쇄살인사건 진범 이춘재와
  억울하게 누명 쓰고 옥살이한 윤모 씨 재심재판 관련 회고

화성 연쇄살인사건의 진범 이춘재의 자백으로 그동안 억울하게 누명을 쓰고 옥살이를 한 윤모 씨의 재심재판이 열렸다.

당시 윤모 씨를 범인으로 특정한 국과수 유전자감식이 잘못되었고, 이를 근거로 윤모 씨를 범인으로 단정 구속기소 의견으로 송치한 경찰관, 송치받은 윤모 씨를 그대로 기소한 검찰, 공판 과정에서 윤모 씨를 제대로 변론하지 않은 변호사, 그리고 수사기록과 공판기록을 제대로 보지 않은 채 유죄판결을 한 판사도 모두 자성해야 한다.

당시 경찰관 중에는 이와 관련 특진을 한 직원도 있다고 한다. 검찰 또한 재심구형에서 무죄를 구형하면서 윤모 씨와 가족들에게 사죄를 구했다고 한다.

윤모 씨는 보상금 백억 원을 준다 한들 억울하게 옥살이한 보상을 제대로 받을 수 있을까 하면서도, 그래도 뒤늦게나마 이춘재의 자백으로 자신의 누명이 벗겨지게 된 것이 다행이라고 했다.

필자는 윤모 씨가 이렇게 억울하게 구속, 기소되어 유죄판결이 난 원인은 무엇일까 하는 생각이 들었다. 국과수 유전자감식 결과에 의존, 맹신한 채 선입견을 가지고 추궁을 한 경찰수사의 잘못 아니 그 이면에는 상관의 독촉수사도 있었을 것이다.

무죄추정의 원칙이지만 감식 결과가 언론보도에 나고 용의자로 지목한 사람이 발견이라도 되면, 이를 근거로 짜맞추기식 압박 추궁수사가 있지 않았을까 하는 생각이 든다. 수사는 증거에 따라 해야 한다고 하지만, 실제는 자백은 증거의 왕이라는 말처럼 자백받기 위해 압박을 가하기도 한다.

과거 물리적인 압박에서 심적인 압박이 가해진다. 심적인 모욕감과 수치심, 모멸감을 주는 용어가 사용되고 밤샘수사와 연속수사가 이어진다. 제대로 기억할 수 없으면 수사관이 의도하는 진술이 나올 때까지 추궁이 이어진다.

현장에서 진술과 답변이 조서에 그대로 반영이 안 되는 경우도 있다. 진술 녹화를 한다고 하지만 법정에서 임의성 입증을 위해 녹화 음성파일이 재생되는 경우는 보지 못했다. 기소된 후 검찰은 경찰수사가 제대로 되었는지 현장검증도 하고 해야 하는데 그렇지 않다.

검찰 또한 선입견을 가지고 수사를 한다. 당사자가 경찰의 강압수사 의혹을 제기하면 그것은 법정에 가서 다투라고 한다. 경찰조서 확인조사만 한다.

이번 사건의 경우에도 현장보존과 당시 현장채취 증거물에 대한 보존과 관리가 되지 않아 공소유지에 애를 먹었다고 한다. 기소되어 법정에서 재판받는 경우 변호사도 부실변론을 한다.

부인해 보았자 판사에게 괘씸죄를 받게 되어 형량이 무거워지니 자백하라고 한다. 현장에도 나가보지도 않고 수사기록도 제대로 살피지 않는다. 그러한 가운데 처벌받지 말아야 할 사람이 처벌되는 것이다. 판사도 마찬가지다.

수사기록에만 의존하지 말고 사건현장에 가서 수사기록에 기재된 내용이 사실인지 확인이 필요하지만 필자의 경우 사건현장 검증을 하는 판사는 보지 못했다. 무죄추정이 아닌 유죄추정이 현실이다.

공소장에 의해 유죄가 추정되고 무죄입증은 피고인이 해야 한다. 구속된 경우에는 제대로 방어권도 행사할 수 없다. 더군다나 변호인이 부실불성실 변론을 하면 더더욱 진실을 밝히기가 어렵다.

필자는 이번 사건의 경우 경찰청장, 검찰총장, 법무부장관, 대법원장이 억울하게 옥살이를 한 윤모 씨와 가족에게 깊은 사죄를 하여야 한다고 생각한다. 뿐만 아니라 경찰도 직접 윤모 씨 앞에서 진심 어린 사죄를 하여야 한다.

돈으로 보상받을 수 없는 한 사람의 인생이 완전히 망가졌기 때문이다. 이러한 사건들이 비단 윤모 씨 사건에만 국한된 것일까?

필자가 알기에는 벌금구약식 기소사건에도 많이 있다. 검찰이 귀찮아서 벌금구약식 기소로 그치거나 당사자 또한 정식재판을 청구하면 변호사 비용 등 고통 때문에 정식재판을 포기하는 경우도 많다.

검찰과 경찰의 수사권 조정, 사법개혁의 출발점은 무엇일까? 억울한 사람이 처벌받지 않도록 하여야 한다. 처벌받아야 하는 사람이 처벌받도록 하여야 한다. 수사는 신속, 공정, 친절하게 하여야 한다.

경찰, 검찰, 법원에 과거사진상규명위원회가 설치 운영된 적이 있었다. 그곳에서 왜 화성 연쇄살인사건은 다루어지지 않았을까? 정치적인 사건만 다루어져야만 하는 것인가. 윤모 씨처럼 서민들이 억울한 옥살이를 하는 사건은 없는지 살펴보아야 한다.

경찰, 검찰, 법원 앞에서는 아직도 플래카드를 들고 억울함을 호소하는 사람들이 많이 있다. 그들의 목소리를 귀 기울여야 한다. 그리고 그런 사람들의 사건 즉 형사부, 경제팀, 형사팀, 강력팀의 사건들 속으로 경찰, 검찰이 달려가야 한다.

현장 속으로 가서 경청하고 탐문하고 증거를 수집 분석하여야 한다. 특수부, 기획부서가 아닌 일반 일선 현장사건 부서로 가야 한다.

화성 연쇄살인사건 관련해 백서를 제작한다고 한다. 당시 어떻게 수사를 했고 수사의 문제점은 무엇인지, 왜 진범을 밝혀내지 못하고 죄를 짓지 않은 윤모 씨가 억울하게 구속, 기소, 유죄판결을 받아야 했는지에 대해, 철저한 자성의 기록을 만들어야 할 것이다.

그리고 이러한 기록이 수사 교육기관에서 연구되고 분석되어 재발 방지대책이 수립되어야 한다. 제2, 제3의 화성사건의 억울한 수감자 윤모 씨가 나오지 않게 말이다.

▌16개월 정인이 아동학대 사망사건을 보면서

16개월 된 여아 정인이가 입양된 후 학대와 폭력 끝에 사망했다.

SBS〈그것이 알고 싶다〉방영 이후 대통령, 국회, 시민단체까지 나서서 법 개정 추진 등 움직임이 활발하다. 정인이 챌린저에 세계적인 아이돌 그룹 방탄소년단의 멤버까지 나섰다.

남부지검에는 연일 살인죄를 적용 엄벌하라는 1인 시위와 조화가 쇄도하고 있다. 거기에 더해 경찰에 학대 의심이 있다고 수차례 신고를 했는데도, 이를 제대로 조사하지 않은 경찰에 대한 비난여론도 크다.

징계위원회에 회부된 사람이 3번째로 출동했던 경찰관 관계자들이고, 경징계의뢰라는 솜방망이 처벌이라며 여론이 들끓고 있다. 시민단체가 양천서장을 직무유기 등의 혐의로 검찰에 고발하여 조사 중이다. 필자는 관할 양천경찰서장을 했던 사람으로서 여러모로 안타까웠다.

아동학대 신고와 관련 전담 경찰관, 수사관 신설을 했음에도 불구하고 학대 신고를 제대로 처리하지 않은 점은 분명하게 잘못됐으며 자성할 필요가 있다. 평택 원영이 사건 등에서 보듯이 사회적 이목 집중사건이 발생하면 전담팀, 전담반 편성, 피해자보호센터, TF팀 편성, 전수조사 등을 한다고 들썩인다.

인력과 사무실도 없는데 윗선(?)의 여론무마식 보여주기식 수습대책에 현장파출소와 지구대, 기존 형사 인력을 빼내어 별도 팀을 구성한다. 전수조사도 빠르면 일주일 내에 하라고 한다.

여성청소년과의 경우 여경들로 하여금 전담 경찰관을 지정하라고 한다. 필자는 수사에 있어 굳이 남성과 여성을 구분할 필요가 있을까 하는 생각이 들었다. 여성이 범죄자이거나 피해자이거나 수사는 경찰관이 하면 되지 굳이 여성경찰관으로 하여금 할 필요는 없을 것 같다. 수사관의 인품, 덕성, 경륜이 중요할 뿐 성별이 중요한 것은 아니기 때문이다. 그럼에도 불구하고 윗선 지시는 여성청소년과는 여성경찰관을 수사관으로 배치하라고 지시한다. 야간, 주말 당직사건의 경우 육아에 부담이 큰 여성경찰관들을 배치하기 어려운데도 말이다.

이번 사건의 경우 정인이가 학대 의심이 든다는 신고가 3차례나 있었다. 의사, 구청의 아동보호 전담관의 신고가 있었다. 학대 의심 부모로부터 분리 조치가 필요하니 현장에서 조치를 해달라는 것이었다.

그럼에도 불구하고 현장에 출동한 경찰관은 그런 조치를 하지 않았다. 오히려 두 번째 출동했던 경찰관은 학대 의심이 없어 내사를 종결한다는 내사 종결처분을 했다는 것이다. 현장에 도착하니 부모가 학대 사실을 부인했고 신체에 흔적도 없다는 것이다. 부모의 변명내용을 맹신한 채 돌아왔다는 것이다. 구청 아동보호관도 같이 현장에 출동했는데 부모의 변명을 듣고 학대 흔적을 확인할 수 없어 돌아왔다는 것이다.

경찰 규정에는 아동학대 신고가 들어오면 합심(합동심문)을 하도록 되어 있다고 한다. 문제는 합심이 여성청소년과 자체에 의해서라는 것이다. 현장에서 학대 흔적을 찾기가 어려웠다는 것이다.

대상이 16개월 여아이고 부모 품에 있어 제대로 된 확인이 어려웠다는 것이다. 몸에 난 상처도 과거 병 흔적으로 보았다는 것이다. 단순 외피조사에 그쳤다는 것이다. 그런 상태에서 신체상 명백한 학대 흔적을 찾을 수 없어서 철수할 수밖에 없었다는 변명이다.

학대문제는 정인이 같은 입양아뿐 아니라 어린이집, 유치원, 초등학교에서도 문제가 된다. 또한 요양원의 노인, 장애인 보호시설의 장애인에게도 문제가 된다. 학대는 육체적 학대 외에 정신적 학대도 문제가 되는데 경찰로서는 외부 육안검사에 의존할 수밖에 없다는 것이 현실이다.

CCTV도 임의 제출하지 않는 이상 압수수색영장을 받아 집행해야 한다. 아울러 아동, 장애인, 노인 등은 자신의 고통을 말과 몸짓으로 표현하기가 어렵다는 것이다. 이는 구청의 학대보호 전담관들도 마찬가지다.

실제 학대가 이루어졌는지의 여부는 전문 외과, 정신과 의사의 진단이 있어야 확실하다. 그렇게 하려면 무조건 아동을 부모의 동의도 없이 강제로 전문 외과, 정신과 진단을 받도록 하여야 하고, 결과가 나올 때까지 부모로부터 격리시켜야 한다.

이러한 문제를 법과 제도적으로 해결하여야 한다. 그렇지 않고 무조건 현장에 출동한 경찰관에게만 모든 책임을 전가하는 것은 바람직한 해결방안이 아니다. 관련 법 적용과 개정 역시 무조건 살인죄로 처벌하고 형량을 높이면 해결된다는 방식도 버려야 한다.

필자가 알기에는 대한민국의 거의 모든 행정 관련 법령에는 위반 시 형벌처벌 규정이 거의 되어 있다. 처벌형량이 낮아서 범죄가 늘어나는 것이 아니다.

아울러 가뜩이나 현장 인력도 부족한 경찰서의 형사, 지구대, 파출소 인력을 차출하여 여성청소년 수사팀, 전담팀, 전담관 제도를 신설하는 것도 문제다.

과거 형사, 강력기능에서 해오던 성폭력, 가정폭력, 학교폭력으로 분리되어 여성청소년 팀으로 수사를 이관했다고 범죄수사가 전문화되고 사건이 공정하게 처리되는 것은 아니다. 그럼에도 불구하고 전담팀이 없다는 핑계로 인력(윗선 감독보고 기능)과 조직을 늘리려고 여성청소년과를 신설한 느낌도 든다. 아울러 검찰, 지자체 등 유관기관에 분산된 여성청소년보호 관련 기능도 통합 운영할 필요가 있다고 생각한다.

이번 사건의 경우 구청 아동보호 전담관은 경찰의 미온적인 태도를, 경찰은 아동보호 전담관이 분리 조치를 하지 않는 것에 동의한 것처럼 책임을 서로 미룬다. 심지어 여성청소년과 내에서도 내사종결 결정과 관련 수사팀과 전담관 간에 서로 책임을 미루는 모양도 있다고 한다.

필자는 과거 경찰재직 시 미국에서 개최된 아시아조직범죄세미나에 참석했었다. 그때 아동학대수사세미나 주제와 관련 직접 수사를 한 경찰이 학대당한 사람의 신체적 상처와 관련자 조사 시 녹음녹화 내용, 관련 소아정신과 의사의 교육 등을 봤다. 그러면서 왜 우리 경찰은 이러한 교육프로그램이 없을까 하는 생각이 들었다.

살인죄로 기소하여야 한다, 중형을 선고하여야 한다, 관련 경찰관들을 모두 중징계하여야 한다는 목소리 보다는, 왜 이러한 사건이 발생했고 현장에서 그렇게 조치를 취할 수밖에 없는지에 대한 진단을 하여, 다음엔 절대 다시 이런 일이 반복되지 않게 하는 게 더 중요하다. 이와 관련 현장 직원들의 목소리를 청취하여야만 한다.

무조건 현장 출동직원들에게 책임을 묻고 처벌하기보다는, 그 상태에서 왜 그렇게 잘못 판단하게 됐는지 원인부터 꼼꼼히 살펴봐야 한다.

입양 과정에서 입양 후 관찰, 관리 감독이 어떻게 이루어지고 있는지에 대한 감독도 필요하다. 현장방문을 하기가 어려우면 현장방문을 제대로 할 수 있도록 인력과 법, 제도 그리고 예산과 차량 지원도 필요하다.

현장 분리조치가 법과 제도로 보장되지 않는 현실에서, 신고아동을 보호자로부터 오히려 강제로 아동과 보호자를 분리조치하였다는 이유로 직무유기로 입건, 기소되어 내부 정직 3개월의 중징계를 받은 직원의 말이 생각난다.

지금 사람들이 원하는 것은 아이가 학대받은 흔적이 있다면 분리 후 강력한 처벌을 받는 것이지만, 당시 자신은 아동을 보호자로부터 분리시켰다는 이유로 직무유기와 직권남용으로 검찰에 기소당했다는 것이다.

법정에선 사리 분별이 힘든 영유아의 말과 학대로 인해 발생한 것인지 불분명한 피해 부위만으로, 부모와 분리시킨 것은 직권남용이며 이를 제대로 확인하지 않고 분리시킨 것은 직무유기라는 말을 했다고 한다. 그러면서 총 23개월을 휴직 후 복직하면서 다시는 수사든 뭐든 대민 상대하는 업무를 하지 않겠다는 다짐을 했다고 한다.

현장근무 직원들이 제대로 소신껏 일을 할 수 있도록 법과 제도개선이 뒤따라야 하지 않을까? 지금 경찰청 지휘부는 과연 그러한 생각을 하고 있을까?

보여주기식 임기응변식 땜질식 처방보다는 현장의 문제점을 확실히 진단하고, 제대로 된 학대 예방대책이 나왔으면 하는 것이 간절한 바람이다.

▌서민을 괴롭히는 입건과 단속

며칠 전 한 의뢰인이 사무실을 방문했다. 속칭 술을 파는 bar를 운영한다고 했다. 친구와 동업해서 대출을 받아 영업을 한다. 그런데 경찰이 들이닥쳤다고 한다. 손님 중 누군가가 112신고로 술집에서 불법 유흥영업을 한다는 내용으로 신고했다고 한다.

경찰은 다짜고짜 여종업원을 상대로 손님에게 술을 따라주었는지, 종업원인 자신도 같이 마셨는지에 대해 추궁하였다고 한다. 그러면서 사실확인서를 작성하라고 하였다. 신고한 손님은 종업원이 자신에게 술도 따라주고 종업원인 자신도 마셨다고 주장을 한다. 여종업원은 자신은 술만 따라주었을 뿐 마시지 않았다고 한다.

손님이 억지로 자신에게 술을 마시라고 권했지만 자신은 잔에 따라만 놓고 마시지는 않았다는 것이다. 술이 아닌 녹차와 음료를 잔에 따라만 놓고 마시지 않았다고 주장한다.

그럼에도 불구하고 출동한 경찰은 업소 주인과 종업원을 식품위생법상 불법 유흥주점 영업을 했다고 입건하였다. 대표가 공동대표이다 보니 두 명에게 벌금 2백만 원이 각각 부과된다. 거기에 더해 구청에 통보하니 영업정지 1개월 처분도 나온다. 현장에 있던 여종업원도 공범으로 입건했다. 검찰에 가면 여종업원은 기소하지 않는데도 말이다.

코로나 확산 차단을 위해 당국에서 영업금지 처분을 내림에도 불구하고, 거기에 더해 영업정지에 벌금까지 낸다. 이러면 그 가게는 망할 수밖에 없다.

가게 개설 관련 빌린 돈은 이자는커녕 원금도 내기 어렵다. 신용불량자에 살던 집까지 경매에 붙여진다. 그런데 더 충격적인 것은 경찰에서 불법영업이라고 세무서에 과세부과 통지를 하였다고 한다. 세무서에서 세무조사까지 나오고 과세부과까지 한다.

실제 주인을 통해 말을 들어보니, 신고한 손님은 동네에서 소문난 술 먹고 돈 안 내는 악질 손님이라는 것이다. 그날도 술값을 내지 않으려고 시비가 붙다 경찰에 불법 유흥주점 영업을 한다고 신고했다는 것이다.

술을 팔다 보면 악질 손님을 만나게 된다. 종업원이 술을 마시지 않으려고 하는데도 강권하거나 하는 경우가 있다. 때로는 미성년자가 가발을 착용하거나 위조한 신분증을 이용, 술을 시킨 후 술값을 안 내려고 미성년자 주류판매로 경찰에 신고하겠다고 으름장을 놓기도 한다.

경찰은 신고내용에 따라 신고 후 5분 내 출동한다. 그리고 신고자의 신고내용에 따라 사실확인서를 징구한 후 사건을 수사과 경제팀으로 인계한다. 과연 이러한 수사와 조사가 정의로운 수사가 맞는 걸까?

필자는 그렇지 않다고 생각한다. 국민을 괴롭히고 경찰을 이용하여 서민을 괴롭히는 수사라고 생각한다.

그럼 어떻게 하여야 하는가? 법 규정을 잘 해석하여 사실을 규명하고 적용하여야 한다. 종업원이 당시 술을 자신의 잔에 따라주게 된 경위가 무엇인지, 손님이 강권하지는 않았는지에 대한 면밀한 조사가 필요하다.

오히려 종업원에게 술을 강제로 마시도록 한 손님에게 원인이 있었는지도 조사하여야 한다. 아울러 그 손님이 최근 또는 평소 주변 주점들을 상대로 상습적으로 그러한 신고를 했는지 그 여부도 확인하여야 한다.

종업원과 주인이 하고 싶은 말, 억울한 사정, 최근 영업이익과 손실 등 양형에 관한 질문과 조사도 필요하다. 그러면서 과연 신고업소의 주인과 종업원을 식품위생법 등 행정법규 위반으로 입건할 경우 받게 되는 불이익과 경제적, 정신적 손실도 고려하여야 한다.

영업정지 처분, 거기에 더해 과세관청에 탈루소득부과 처분을 하여야 할 필요성이 있는가에 대해서도 고민하여야 한다. 아울러 최근의 경제 사정을 감안한 법 적용과 법 집행이 필요하다. 수사권이라는 칼은 칼날과 칼등 중 어디를 가져다 댈 것인가에 대한 심도 있는 고민이 필요하다.

무조건 단속과 처벌, 입건, 행정처분, 과세관청 과세통보로 인해 경미한 법규위반으로 한 사람, 가정이 망가지지 않도록 하여야 한다. 위반 정도에 비해 과잉 법 집행이 되지 않도록 하여야 한다. 그것이 국민의 법 감정에 부합하는 수사권 행사가 아닐까?

Part 9

정의로운 사법,
따뜻한 사법의 길

▍코로나 확산 관련 수사와 재판이 이렇게 달라졌으면

코로나 확산으로 서울동부구치소 수감자가 집단 감염되었다. 수감자들이 연일 검사를 받고 확진자들은 다른 교도소로 호송됐다.

필자가 변호사로서 느낀 점은 우리나라 구치소의 경우, 한방에 수감되는 인원이 많다는 것이다. 독방의 경우에도 공간이 협소하다. 환기도 잘되지 않는다. 서울, 의정부구치소의 경우 시설도 낙후되었다.

거기에 더해 최근에는 구속수감자들이 늘고 있다. 재판받다 법정구속되는 경우도 많다. 구치소 수용정원에 비해 수용인원이 너무 많다. 이번에 문제가 된 서울동부구치소의 경우 아파트형처럼 건립되어 더더욱 바이러스 확산이 빨랐던 것처럼 보인다.

그러한 가운데 구치소 교도관들은 오염과 노출된 상태에서 근무하는 것이다. 마스크도 매일매일 지급이 되지 않았다고 한다. 그러한 상태에서 수감자들과의 면회, 접견도 제대로 이루어지기 어려웠다.

변호사 접견이 제한되거나 일반 면회실에서 하는 경우가 많았다고 한다. 가족면회의 경우 전화, 화상면회 외에는 대면면회는 제한되었다. 어찌 보면 헌법상 보장된 접견교통권, 면회권이 제한된 것이다. 수감자들이 운동할 수 있는 공간도 충분히 확보되어 있지 않고 거의 온종일 좁은 공간에서 생활하여야 한다.

경찰과 검사의 수사, 법원의 공판정에 참여하는 과정에서 바이러스에 노출, 감염될 우려가 높다.

문제는 구치소에 약국도 병원도 없다는 것이다. 의사는 일반의만 있고 전문의도 없었을 것이다. 그러한 가운데 구치소는 바이러스 감염의 사각지대였다. 구치소에 수감된 사람들은 헌법상 무죄추정 원칙에 따라 형이 확정되지 않은 사람들이다. 그들도 헌법상 보장된 건강을 보장받을 권리가 있다.

그렇다면 어떻게 해야 할까? 필자의 생각에는 반드시 꼭 구속수감될 사람이 아니면 구속영장을 신청하거나 발부하지 말았으면 한다. 헌법상 구속영장 청구요건인 도주와 증거인멸 우려가 없는 경우에는 굳이 구속수감 할 필요가 있을까?

우리나라의 구치소, 교도소시설은 열악하다. 혐오시설이라 새로 건립도 어렵다. 필자의 생각에는 미국처럼 독방수감을 원칙으로 했으면 한다. 한방에 여러 명의 수감자가 화장실도 같이 쓰고, 공동 취식하다 보니 위생에 취약하다.

환자의 경우 처방전을 받을 수 없어 투약과 치료가 어렵다. 가족과의 면회접견도 구치소 내에 전화를 설치, 전화를 통한 가족과의 소통도 이루어졌으면 한다. 구치소에 약국과 간단한 진료시설이 있었으면 한다.

공중보건의를 파견하거나 보건소 또는 지역 의사협회와 협의 출장진료도 추진할 수 있지 않을까? 면회접견도 오후 또는 주말에도 가능하도록 했으면 한다. 수감자와 가족이 멀리 떨어져 평일 교도관 근무시간대 면회가 어렵기 때문이다. 면회시간도 10~15분은 너무 짧다.

가족 간의 면회를 확대함으로써 재범을 막을 수 있다고 생각한다. 영치금으로 다양하게 책과 도서, 그리고 신문과 잡지를 구독할 수 있도록 하거나 커피도 마실 수 있도록 했으면 좋겠다.

교도소의 경우에는 미국처럼 대학분교도 만들어 교도소 인문대학을 신설, 재소자들의 재사회화를 도울 수도 있다. 교도소와 직업재활 훈련 교육도 폴리텍대학, 중소기업들과 협의 추진함으로써 재범을 막을 수 있다.

금년부터 시행된다고 하는 조건부 보석제도도 활발히 이루어졌으면 한다. 특히 코로나 확산에 따라 집 등 자가격리 시설에 있다가 수사와 재판을 받을 수 있도록 했으면 한다. 죄를 지은 사람에게 국가가 국민의 세금으로 구치소, 교도소에서 의식주를 제공하는 것은 자칫 국민혈세 낭비 우려가 있다.

사기 등 재산범죄자들의 경우 수감출소 후에 수감비용을 출소 후 부담하게 하는 것도 재범을 막을 수 있는 방법이다. 왜냐하면 필자가 겪어본 사기꾼들의 경우 재산을 은닉한 후 교도소 수감으로 때우겠다는 사람도 있기 때문이다.

경찰서 유치장도 달라져야 한다. 유치장 근무자들에게는 휴대폰이 지급되지 않는다. 수감자와의 통모를 차단하려고 하기 때문이다.

CCTV를 통해 감시하는데 수감자들과 통화할 경찰관이 있을까? 유치장 내 화장실, 목욕실 등 시설보완도 필요하다. 개인별 독방 체제로 바꾸었으면 한다. 아울러 경찰서마다 유치장이 예전처럼 있었으면 한다.

그래야 가족 간의 면회, 경찰서 조사도 편해진다. 환기가 안 돼서 가슴이 막히는 경우도 많다. 유치장 환기시설도 바꿔야 한다. 필자는 최근 강남경찰서 형사팀, 경제팀 조사실을 가보았다.

최근에 건립된 건물인데도 불구하고 팀을 많이 만들어 조사 공간이 너무 협소하다. 거기에 더해 개별조사실까지 만들었는데 환기가 잘 안된다. 피의자의 경우 조사, 입회경찰관 각 1인, 변호사 1인 총 4명이 조사실 공간에 들어가면 숨이 막힐 지경이다.

이러한 현실을 알고 경찰서 조사실을 만들었을까? 거기에 더해 경찰서장실이나 회의실, 과장실은 너무 넓다.

일하는 공간, 특히 대민접점 부서에서 일하는 직원들의 공간을 넓혀 줘야 한다. 그래야 직원들이 쾌적하고 건강한 환경에서 조사를 할 수 있기 때문이다. 아울러 시민들도 건강한 환경에서 조사받아야 할 권리가 있기 때문이다.

▌검경수사권 조정 시행 이후 달라진 모습

금년부터 중요 6대 범죄를 제외한 경찰의 독자적인 수사종결권이 생겼다. 경찰 자체적으로 무혐의 불송치 결정을 할 수 있게 되었다. 물론 불송치 결정 후 사건관계인의 이의신청 또는 검찰에서 불송치 기록을 검토 후 재수사 지시가 있으면 예외임에도 말이다.

필자가 변호사로서 경찰조사 과정에 참여해 본 검경수사권 조정 이후 달라진 모습은 다음과 같다.

먼저 일선 경찰서의 경제팀 등 수사팀은 일이 많아졌다. 불송치 과정에서 자체 수사심의관 검토 등 내부 결재를 득해야 한다. 불송치 결정 후 다시 결정문 등을 검찰로 보내야 한다. 아울러 당사자에게 통보하고 당사자가 이의신청을 하면 검찰로 불송치 기록을 송부하여야 한다.

실질적인 사건조사 이외에 일이 너무 많아졌다. 최종 불송치 결정이 나더라도 경찰 자체적으로 불송치 사건기록을 보존하여야 한다. 그런데 보존기간 관련 기간이 없다. 사실상 영구보존이다.

검찰은 검찰 자체에 접수된 고소, 고발, 진정 사건은 6대 범죄가 아니라는 이유로 경찰로 이첩한다. 검찰에 송치된 사건도 검찰은 보완수사 지시를 경찰에 하달한다. 검찰수사관들은 자신들의 일이 크게 줄어들었다고 좋아한다는 말도 들린다. 검찰은 기소의견 송치사건과 불송치 결정을 검토만 하면 되기 때문이다.

그에 비해 일선서 경찰관들은 사건처리에 너무 힘이 든다고 한다. 인터넷 접수, 본청, 지방청, 지자체 이첩 사건도 많아졌다. 서울 모 경찰서의 경우 수사관 1인당 보유 건수가 200여 건에 육박한다. 사건 종결 과정도 어려워졌다. 당사자들이 출석을 꺼리고 조금이라도 자신에게 불리하면 검찰에 진정하겠다고 한다. 아니 그보다도 경찰 청문감사관실에 이의제기를 하겠다고 한다. 심지어 수사 과정에서 휴대폰으로 수사 과정을 녹음하기도 한다.

지구대, 파출소 이첩 사건도 많아졌다. 동행보고서, 현행범체포 보고서만 던져놓고 가버린다. 초동수사가 중요한데도 말이다. 그러다 보니 현장검증 등 실체 진실 발견을 위한 수사는 등한시된다. 현업 민원사건도 많은데 거기에 더해 국가수사본부 등 윗선에서 기획수사, 특별단속 지시도 하달이 된다.

교육도 많다. 경제, 지능, 형사, 강력, 여성청소년팀 등 수사 기능도 다분화되어 있다. 성폭력, 실종 등 전형적인 강력사건 등이 모두 여성청소년 수사팀으로 이관되었다. 그러다 보니 강력팀의 존재가 무의미해져서 보이스피싱 수사를 전담하라고 한다.

보이스피싱 수사는 지능팀 사건인데도 말이다. 정인이 사건 이후 학대사건 관련 신고출동 수사부담도 커졌다. 학대신고가 들어오면 거의 무조건 격리시켜야 하는 부담이 있다. 그 과정에서 자칫 직권남용, 독직폭행으로 억울한 누명을 쓰기도 한다.

필자가 아는 베테랑 수사관은 무슨 핑곗거리라도 있으면 수사부서를 떠나려고 한다. 경제팀 등 일선 수사부서에 오래 있어도 고생했다고 알아주지도 않는다. 승진의 기회도 거의 없거나 적다. 사건처리 스트레스를 많이 받는다.

무혐의불기소의견 사건이 많은데도 실적은 기소사건으로 평가를 한다. 당사자의 이의제기 등 수사 비협조로 사건처리가 늦어질 수밖에 없는데도 윗선(?)에서는 무조건 수사 지연으로 페널티를 매긴다.

사건처리로 승진시험 공부할 시간도 없다. 오히려 수사서무 등 내근근무자들이 인사고과관리 등 자기관리를 잘해 승진에 유리하다. 승진은커녕 징계만 받지 않으면 다행이다. 그렇다고 수사비, 활동비도 현실화되지 않았다.

분직근무, 경비동원 등으로 쉴 수 있는 시간도 없다. 특진은 본청, 지방청, 강력팀 위주로 하다 보니 경제팀, 지능팀은 기회가 오지 않는다.

속칭 젊고 유능한 사람들은 경제팀 근무를 해보더니 비수사부서인 경비, 정보 부서로 도피를 한다. 경력수사관이 잘 나오지도 않는다. 강남서 버닝썬 사건처럼 사회적 이목 집중사건이 발생하면 물갈이식으로 수사관 전원교체를 단행한다.

아무 잘못, 비위도 없었는데 비위수사관처럼 조직 내부에서 취급을 한다. 젊고 유능한 수사관은 본청, 지방청 반부패수사대, 광역수사대로 간다. 고소, 고발 등 민원사건이 없기 때문이다.

지명수배자가 잡히면 수배한 수사관이 검거 관서로 출장을 가야 한다. 신병과 기록을 검찰송치하고 구속영장 발부 등 영장심사 관련 직접 수사관이 가야 한다. 경찰 내부적으로는 수사지휘자인 서장, 과장, 팀장은 자칫 수사외압으로 비칠까 봐 수사지휘도 제대로 하지 못한다.

아니 그보다는 수사지휘 라인에 있는 사람들이 수사기록을 제대로 검토 분석해서 수사지휘를 할 수 있는 능력 여부에 대한 검증을 하여야 한다. 일선 수사관을 선발 배치할 때 수사경험자를 양산하지 않다보니 신임으로 배치된다. 기동대에서 경비업무자가 수사부서에 배치된다. 무엇을 조사할지 어떻게 신문을 해야 할지 잘 알지를 못한다.

배치 전 교육이 없다. 수사지휘자 역시 마찬가지다. 지구대, 파출소에서 조서 작성을 하지 말라고 하다 보니 제대로 신문 경험을 쌓은 수사관을 양성하기 어렵다. 이런 현실이 개선되어야 실질적으로 경찰의 독자적인 수사역량이 강화될 것이라고 본다.

검경수사권 조정이 되고 나서도 일선 서 경제팀, 지능팀 등 직원들이 업무만 더 많아지고 힘이 들고 실질적으로 달라진 것이 없다는 현장의 목소리를 청취할 필요성이 있다.

▌부실수사 원인은 무엇일까?

마약에 취해 전 부인을 11번 찌른 사건과 관련해, 경찰의 부실수사가 논란이 되고 있다. 당시 피해여성은 전 남편이 환각 상태에서 자신을 흉기로 수차례 찔렀다고 하며, 신고로 출동한 경찰에게 체포되었다.

그런데 문제는, 경찰은 범인이 피해여성이 일하는 곳을 찾아가 차량에 태운 뒤 범행장소로 이동한 것과 관련, CCTV 확인 결과 피해여성이 스스로 차량에 탑승했다는 목격진술 등을 근거로 감금·납치 혐의는 적용하지 않았다는 것이다.

반면 피해여성의 가족은 가해자인 전 남편이 범행을 저지르기 전에, 피해여성에게 수차례 전화와 문자메시지를 보내왔고, 마약 환각 상태로 집까지 찾아와 위협했다는 것이다. 그러면서 마약에 취한 채 찾아와서 겁박하는데 저항하면서 차량에 안 타는 사람이 몇이냐 되겠냐면서, 당시 피해자는 딸에게 가해자가 해코지할까 싶어 차량에 탈 수밖에 없었으며 차량에 타자마자 폭행당했다고 한다.

아울러 범행에 사용된 흉기와 관련하여 경찰에게 흉기의 위치까지 말을 했음에도 불구하고, 경찰이 증거물인 흉기를 회수하지 않았고 결국 피해자의 가족이 사건 발생 2주가 지난 후에 직접 경찰에 제출했다는 것이다. 이러한 경찰의 부실수사 논란과 관련하여 인터넷 등을 통해 언론에 보도되면서 경찰은 해명을 해도 난처한 입장이다.

이러한 문제는 왜 발생할까? 필자의 경찰재직 경험에 비추어 볼 때 사건 떠넘기기의 폐해가 심하다는 것이다. 경찰서와 경찰서 간, 경찰서와 지방청 간, 경찰서 내에서도 지구대와 형사팀, 강력팀 간 지구대 내에서도 교대 근무팀 간에 사건 떠넘기기가 심하다.

형사팀, 강력팀 내에서도 각 팀 간의 교대근무 시간에 따라 어떤 팀에서 사건을 처리하느냐에 따라 달라진다. 특히 새벽 시간대 지구대에서 형사팀에 이첩되는 사건의 경우에 교대근무 시간이 다가오는 경우 다음 당분직 팀에 사건인계 과정에서 사건 떠넘기기가 이루어진다.

특히 논란이 되고 조기 사건 해결이 어려운 골치 아픈 사건일수록 맡지 않으려는 경향이 강하다. 사건을 이첩하는 경우에도 사건현장에 처음 출동한 경찰이 사건현장 증거수집, 탐문, 관련 수사서류 작성을 세밀히 하여 넘겨주어야 함에도 불구하고 그렇지 못하다.

자신은 교대근무가 임박했으니 다음 근무팀에서 처리해야 한다는 것이다. 해당팀에 배당해도 해당팀은 다음 당직근무 때까지 사건처리를 미룬다. 해당팀에 배당된 사건은 그다음 당직팀에 사건인계가 제대로 되지 않는다. 그러다 보니 현장 사건수사가 제대로 될 리 만무하다.

형사팀, 강력팀, 여성청소년팀, 풍속팀, 경제팀, 지능팀, 사이버팀, 전화금융사기팀, 그 외 범죄수익추적팀 등 팀을 세분화하다 보니 더더욱 사건배당 과정에서 사건 떠넘기기가 심해진 것도 같다.

서민들이 많이 접하는 교통사고도 마찬가지다. 강력, 보험사기 등과 관련되어 있고 초기 현장감식 등 정밀 탐문수사가 필요한 사안임에도 불구하고 교통조사, 지도팀에 맡겨진다.

지구대, 파출소에서 간단히 임의동행, 현행범체포 식으로 해서 피의자로 만들어 사건을 무조건 경찰서에 인계한 후 업무를 종료한다. 그러다 보니 본서 수사팀의 경우 초동수사 때 출동한 경찰관을 상대로 한 조사가 제대로 이루어지지 않는다.

어떤 경우에는 위 사건처럼 민원인이 CCTV를 분석하고 현장을 탐문하고 현장을 수색하여 증거물을 찾아 경찰에 건네준다. 그 과정에서 증거물은 오염되고 훼손이 되는 것이다. 이러한 사건처리 시스템이 개선되지 않는 한 부실수사의 민원은 계속된다.

▌한강변 의대생 변사사건

한강변 의대생 변사사건과 관련, 연일 국민들의 의구심이 발생하고 있는 채 사건이 마무리되었다. 경찰의 수사결과 발표에도 네티즌, 개인 유튜버들은 연일 의구심을 자아냈다.

타살인지, 아니면 사고사인지 여부를 둘러싸고 단순 사고사가 아닐 것이라는 변사자의 아버지 주장과 이와 관련한 여러 의견들이 분분하다. 심지어 같이 있었던 변사자의 친구와의 개입 관련성을 의심하면서 사실관계도 확인되지 않은 추측성 댓글과 주장들이 연달아 나오고 있다.

경찰청장, 지방경찰청장이 하지도 않은 사건 관련 말까지 편집되어 인터넷에 떠돌아다닌다. 〈그것이 알고 싶다〉라는 프로그램을 통해 사건 심층취재가 이루어졌고, 이에 대한 분석기사까지 나오고 있다. 변사자의 마지막 행적 관련 목격자와 같이 술을 마시던 친구의 휴대폰을 한강변을 청소하는 미화원이 뒤늦게 발견 경찰에 신고하기도 했다.

경찰만 수사하는 게 아니다. 네티즌 수사대 심지어 유튜브 방송을

통해 여러 가지 시나리오와 개인적인 분석을 하면서 사건을 추적한
다. 거기에 비해 경찰의 대응은 일부 질타를 받고 있다.

경찰은 초반 무대응으로 일관하다가 언론의 연일 보도로 전담수사
팀 보강 등으로 수사를 확대한다. 그러면서 개개별 떠도는 말에 대한
진위 여부에 대한 확인 답변은 성실히 하지 못했다. 그러는 사이에
소문과 추측은 사실로 포장되고 확대되면서 경찰의 수사에 대한 불신
은 커져 갔다.

경찰은 공보기능이 있다. 언론보도에 대한 사실 여부를 확인해 주
는 기능이다. 그런데 사건사고 관련 언론보도 진위 여부에 대한 경찰
의 공보기능은 제대로 작동이 안 된다. 지방청, 경찰서 간에 서로 책
임을 떠넘기기도 하고 경찰 내부에서도 서장, 과장, 팀장 간에 책임
을 떠넘기기도 한다.

필자는 경찰퇴직 후 드루킹 특별검사보의 대변인으로 두 달간 근무
한 적이 있었다. 기자실에 상주 기자만 1백여 명이 넘고 매일 사건사
고 관련 브리핑을 하여야 한다. 기자들의 질문에 사실관계 여부에 대
해 답변을 하여야 한다.

수사는 살아있는 생물이라고 했다. 확정적인 답변을 해서는 안 된
다. "사실 여부에 대해 수사 중이다", "수사 중이므로 사실 여부를 확
인해 줄 수 없다", "사실이 확인되는 대로 답변해 주겠다", "제기되
는 의문점에 대해서는 수사팀에 전달 사실 여부를 확인해주도록 하겠
다", "사건 관련성 여부에 대해 답변 시 사실 확인에 어려움이 있으므
로 답변해 줄 수 없는 점 이해를 구합니다"라는 정도로 답변을 했다.

특히 수사 중 고인이 되신 노회찬 의원 관련성 여부와 관련 확인 질문에도, 사실관계 여부를 확인해 줄 수 없다는 말을 했다.

공보, 수사대변인은 배짱이 필요하다. 사실이 아닌 것은 사실이 아니라고, 사실 확인 중이면 사실 확인 중으로, 사실 여부를 확인해 줄 수 없다면 확인해 줄 수 없다고, 명확하게 답변해야 한다.

그러면서 기자, 언론 등 외부에서 제기하는 의구심이나 소문, 제보 등은 수사팀에 전달해 주어야 한다. 아울러 사건 수사결과 발표 시 핵심을 짚어 발표하여야 한다.

사건 관련 질문도 답변을 잘해야 한다. 보이스피싱, 사기 등 관련 수사와 관련해서는 피해예방법과 제도개선 등에 대한 답변도 해주어야 한다. 이러한 측면에서 공보의 역할은 중요하다.

아울러 이번 의대생 변사사건의 경우 초동수사의 중요성이 새삼 느껴진다. 초기에 수사력을 집중 투입, 치밀하고 촘촘하게 사건현장과 주변 탐문수사와 증거수집을 철저히 했었으면 한다.

필자는 예전 세월호 유병언 변사체 발견 수색, 안성 유병언 은신처 수색과 관련 유병언에 대한 아무런 정보도 없이 마구잡이로 수색하는 것을 보고, 현장수색의 중요성에 따라 사건 해결이 좌우된다는 점을 새삼 느꼈다.

과거 안양서 예진, 혜슬 양 살인사건의 경우에도 마지막 목격지점 관련 현장 주변의 철저한 탐문수사를 제대로 했더라면, 대구 성서 개구리 실종아동 변사체 사건의 경우에도 실종 주변의 철저한 탐문과 탐색수사를 철저히 했더라면, 훈련과 교육을 받은 현장 전문 감식요원들이 투입되어 철저히 수사했더라면, 그리고 우리 주변에 가장 많이 보이는 내 딸 송혜희를 찾아주세요, 라는 평택 송혜희 양 아버지의 애타는 플래카드 사건의 실종사건처럼, 실종신고 초기에 강력사건 관련성의 의구심을 가지고 현장 주변을 철저히 수색했었더라면 하는 아쉬움이 많이 남는다.

수사의 핵심은 탐문, 잠복, 수색, 감식, 심문이라고 했다. 법령과 대법원판례가 아니다. 탐문, 잠복, 수색, 감식, 심문은 경험과 훈련과 교육에 의해 이루어진다. 이제부터라도 늦지 않았다. 수사의 기본으로 돌아가자.

▌ 현장에서 바라본 나쁜 변호사 좋은 변호사

경찰관이 억울하게 금품수수 또는 직무수행 과정에서 독직폭행, 직권남용과 관련된 사건이 발생했다. 그럼 변호사를 찾게 된다.

이럴 때 나쁜 변호사는 돈부터 부른다. 특히 전관(전직 검사, 판사) 또는 담당 검사, 판사와의 연고(선후배)를 내세우면서 접근한다. 코너에 몰린 경찰관은 덥석 거액의 선임료부터 지급하게 된다. 거기에 더해 영장기각, 불입건, 무혐의, 기소유예되면 선임료의 2~3배의 돈까지 약정하기도 한다. 그런 다음에는 제대로 변론을 해주지 않는다.

전화 구두변론에 그치는 경우도 있다. 어떤 경우에는 선임계도 제출하지 않고 돈부터 받고 변론을 했다고 한다.

운 좋게 영장이 기각되거나 무혐의 종결되면 자기가 열심히 변론해서 그랬다고 자화자찬한다. 그런 것이 아닌데도 말이다. 형사사건에서 성공보수금 약정이 불법인데도 말이다.

그럼 어떤 변호사가 좋은 변호사일까? 무조건 선임료를 내세우지 않고 열심히 경청하고 같이 고민해주는 변호사가 좋은 변호사이다. 경찰, 검찰에 출석소환 조사를 앞둔 사람들은 늘 불안하다.

피의자인지, 참고인인지, 구속되는지, 불구속되는지, 기소되는지, 불기소되는지 어떤 경우든 불안하다. 불면증과 우울증에 시달려 잠도 제대로 못 잔다.

그런데 주말, 야간에 변호사에게 상담과 고민을 털어놓으려고 해도 전화를 잘 받지 않는다. 법률상담 조력 이전에 조사를 앞둔 사람의 불안한 심리를 치유해 주어야 한다.

필자의 경우 같이 만나 들어주고 때로는 같이 트레킹도 한다. 예상 질문과 답변 관련 훈련도 한다. 경찰, 검찰 조사에 앞서 자술서 작성도 도와준다. 의뢰인과의 소통공감 능력이 필요하다. 그런데 이러한 소통, 공감 관련 교육과 훈련은 없다.

오로지 법률가, 수사관 양성은 법 적용, 사실 확인밖에 없다. 우리나라의 수사관과 검사, 판사, 변호사에게 부족한 것이 소통공감 능력이라고 한다.

필자가 이런 지적을 얘기하면 많은 수사관, 변호사, 법조인들은 사건이 많은데 어떻게 그렇게 하느냐고 한다. 골프를 치지 않고 의뢰인들과 소통의 기회를 늘리는 것이 진정한 법조인의 모습이 아닐까?

아울러 수사관, 법조인, 변호사는 사건현장을 자주 가보아야 한다. 사건현장은 사건해결의 보고라는 말이 있다. 현장을 자주 가보고 생각하고 현장에서 관련자의 진술을 듣고 확인하여야 한다.

우리나라 수사와 재판 현실에서 현장검증, 현장재연이 거의 없다. 왜냐하면 귀찮기 때문이다. 현장에 가면 현장검증 조서를 작성해야 하고 시간과 비용이 많이 든다. 그러다 보니 현장검증을 제대로 하지 않는다. 신문조서와 수사보고서 등 서면이 수사기록의 대부분을 차지한다.

사건기록만 보고 사건의 실체를 파악하기는 어렵다. 서면 신문 중심의 사건기록은 실체 진실 발견에 한계가 있다. 우리나라 수사와 재판은 속칭 앉은뱅이 수사와 재판이 되어서는 안 된다.

현장과 증거에 기반을 둔 가운데 수사와 재판이 이루어져야 한다. 인공지능, 메타버스 시대에 걸맞은 수사와 재판이 이루어져야 한다. 그래야 사건 진실 발견을 통한 공정한 수사와 재판이 이루어진다.

▌주취자 제지 경찰관 폭행 공무집행방해사건 법정변론 단상

만취상태에서 택시를 탔다. 택시비는 기히 카드로 결제한 후 탑승했다. 택시 안에서 기사와 물리적 충돌이 있었고 기사가 경찰에 112신고를 했다. 주취자를 택시에서 하차시키는 데 도와달라는 것이다.

만취자가 거주하는 아파트에 도착하여 보니 택시에서 하차한 만취자가 기사에게 욕설을 하며 달려들고 있었다. 그 과정에 만취자의 전화를 받고 부인이 나와 있었다. 부인이 만취자인 남편이 흥분되어 있으니 자제를 요청했다. 만취자인 남편이 기사에게 달려들자 떼어놓는 과정에서 경찰관의 옷 견장이 뜯어졌던 모양이다. 그리고 경찰관과의 사이에 물리적 충돌이 있어 결국 경찰관이 땅에 눕혀 수갑을 채워 연행을 했다.

공무집행방해죄와 택시기사를 운전 중 폭행한 혐의로 기소되었다. 쟁점은 실제 운전 중 폭행 여부와 현행범 체포 과정에서 적법절차를 고지하였는지였다. 택시 내 블랙박스 영상에는 운전 중 운전자를 폭행하는 장면은 없었다. 다만 뒷좌석에서 발로 앞좌석을 차는 장면과 욕설하는 장면만 있었다.

아울러 경찰관이 어떤 죄명으로 현행범체포를 하였는지가 쟁점이었다. 당시 체포한 경찰관을 상대로 증인신청 신문을 하였다. 조서상에는 경찰관이 어떠한 죄명으로 만취자를 체포하였는지가 기재되어 있지 않았다. 신문 과정에서 자신은 만취자를 운전 중 폭행죄와 경찰관인 자신을 폭행한 혐의에 관련하여 현행범으로 체포했다고 했다. 운전 중 폭행 관련하여 경찰관이 출동했을 때는 그런 장면이 없는데도 단지 운전자의 진술만을 근거로 현행범으로 체포했다는 것이다

체포 관련 권리고지를 하였는지에 대해 신문을 했다. 조서상에는 그러한 내용이 없고 단지 체포된 만취피의자를 부근 파출소로 연행한 후, 속칭 킥스(형사사법정보망)에 자동입력된 권리고지확인서를 출력하여 피의자에게 확인을 시켰다고 한다. 권리고지확인서에 기재된 피의자의 서명은 만취상태에서 알아볼 수 없는 글씨체로 기재되었는지 자신은 그러한 고지를 받은 사실이 없다고 기재되어 있었다. 체포현장에서 변호인선임권, 진술거부권 등을 구두로 고지했다고 하는데 당시 현장에 있었던 피의자의 처는 듣지 못했다고 한다.

만취자를 상대로 경찰관이 일방적으로 체포과정에서 고지를 했어

도 그러한 고지의 의미와 말을 제대로 만취자인 피의자가 알아들을 수 있었을까. 더군다나 파출소에서 작성된 권리고지확인서에는 피의자는 그러한 고지를 들은 사실이 없다고 기재되어 있다. 현장에 있었던 피의자의 처는 경찰관이 남편인 피의자를 연행하면서 연행장소도 알려주지 않았다는 것이다.

그렇다면 현행범 체포과정에 문제가 있었다. 파출소 동행사건을 조사하는 형사팀, 그리고 형사팀의 송치기록을 검토하는 과장, 수사심의관, 검사는 왜 이러한 것들을 제대로 확인검토하지 못한 것일까. 나아가 당시 아파트 정차, 경찰관 체포과정이 녹화된 아파트 현관 CCTV 녹화영상을 왜 경찰, 검찰은 확보하지 못한 것일까. 필자는 이런 사건기록을 접하면서 현재 경찰, 검찰의 사건수사과정에 대한 자성이 필요하다는 생각이 들었다. 그리고 피의자의 처가 현장에 있는 상황에서 당시 출동경찰관이 피의자를 집으로 데려다주었으면 어떨까 하는 생각도 들었다.

택시기사가 경찰에 112신고를 했던 것은 만취한 승객이 택시에서 내리지 않으니 도와달라는 것이었다. 만취한 상태에 있는 사람을 현행범체포를 하고 수갑을 채우고, 그 과정에서 생긴 물리적 충돌을 공무집행방해죄로 입건, 송치, 기소하는 것은 생각해 볼 일이다라는 생각이 들었다.

요즘도 파출소, 형사팀에서 가장 많이 취급하는 사건이 주취자 난동이다. 이러한 사건을 분석 토의하면서 바람직한 사건처리 방법은 무엇일까 고민하는 토론의 장이 필요하다. 과거에는 주취난동자는 일단 즉결보호실에 구금 후 다음날 즉결법정에 가서 구류 및 유치명령 처분을 받게 했다. 전과자도 안 되고 신속하고 재범을 방지하는 효과적인 처분이었다고 필자 주변 지인들이 말한다. 그런데 영장 없는 경찰서 내 구금은 불법이라고 하여 즉결보호실이 없어진 뒤 주취자 난동을 다루기 힘들어졌다. 그 과정에서 경찰관이 폭행당하고 무분별한 공무집행방해사건 양산이 뒤따랐다.

▌송치, 기소사건 확 줄이는 방법

경찰, 검찰, 법원에 계류 중인 사건이 많다고 한다. 검수완박 관련 법시행으로 경찰접수처리사건이 많아졌다. 검찰은 경찰에 불송치권한 부여로 오히려 송치사건처리 부담이 대폭 감소했다. 그럼에도 불구하고 검찰은 검사와 수사관을 대폭 늘렸다. 경찰송치사건처리보다는 인권, 반부패 등의 명분으로 사회적 이목집중사건 수사에 중점을 두겠다는 것이다

그러다 보니 서민들의 사기, 폭력, 절도사건 관련하여 검찰은 경찰의 기소의견 송치 후에도 피의자신문조서조차 받지 않는다. 경찰에 대한 보완, 재수사명령을 통해 서면으로 지휘만 하려고 한다. 경찰 불송치결정에 이의를 제기해도 제대로 조사도 하지 않는다.

경찰은 어떤가. 검수완박으로 과거 검사가 담당할 사건도 경찰로 넘어오다 보니 사건처리에 부담이 많다. 사건관계자와 협조도 하지 않는다. 집회시위 동원 등 수사 외 부수업무도 많다. 사건 수에 비해 수사인력은 늘지도 않았다. 사건 질적인 면에서도 수사할 사항이 너

무 많다. 휴대폰 포렌식, 통신, 계좌추적이 필수인데도 인력이 없다. 거기에 더해 자체 수사심의관을 만들어서 옥상옥으로 과장, 수사심의관으로 결재 및 검토하는 사람만 늘어났다.

수사를 잘한다고 승진도 안 된다. 조폭, 마약 등 사회적 이목집중사건만 특진을 한다. 지방청 반부패수사대 등에 근무를 하여야 특진을 한다. 심사도 마찬가지다. 조사에 익숙할 정도가 되었다 싶으면 비수사부서로 간다. 경찰대생들도 마찬가지다. 수사를 하니 힘도 든다. 승진도 안 되고 어학공부로 주재관, 국비유학 등 자기발전 기회도 없다. 그러다 보니 로스쿨 진학준비에 힘쓴다. 업무를 하면서 로스쿨에도 다닌다. 그러면서 승진시험공부도 하여 승진도 한다. 인사고과도 잘 관리하여 심사도 된다. 현업종사 순경 출신들의 불만이 많다. 미제사건 점검 등으로 징계도 한다. 악성민원인을 만나면 징계도 당한다. 순경, 경장 출신으로 조사관이 채워진다. 인원도 없는데 신설전담팀을 만든다. 사건처리별로 수당도 없거나 적다.

법원도 마찬가지다. 계류 중인 사건이 진행이 안 된다. 검찰이 기소를 해도 공판기일이 잡히지 않는다. 사건의 경중을 불문하고 검찰에서 처분하거나 법원에서 결정을 받아야 한다. 경찰의 경미사건심사위원회 제도가 있다고 하지만 범위가 극히 협소하다.

필자가 경찰서장 재직 시 현행 즉결심판절차법을 준용, 경찰서장의 즉결심판권 행사를 적극 수행했다. 검찰, 법원에서 구약식, 기소유예처분을 받을 것이라면 굳이 검찰, 법원까지 갈 필요가 없다. 전과자도 안 되고 벌금도 20만 원 이하 소액이고 법정에서 바로 결정되고 납부까지 된다. 거기서 더 확대해서 입건유예제도도 활용케 했다. 법원에서 선고유예, 검찰 기소유예 받을 정도라면 경찰 자체에서 입건유예처분도 가능하지 않은가.

대신 경찰서장이 직접 사건을 검토하고 즉결심판청구서에도 직접 서명날인하고 벌금구형량도 기재했다. 극히 경미한 사건은 집행면제 의견도 제시했다. 동두천서장 재직 시 경찰서 옆에 있는 동두천, 연천 시법원 판사와 협의했다.

검찰송치사건이 줄어드니 직원들의 일도 감축되었다. 대신 직원들은 기소송치로 인한 입건검거실적에 포함되지 않는다고 해서 불만이 많았다. 실적보다 국민 편익이 중요하다고 했다. 전과자 양산으로 인한 재범화가 오히려 큰 죄를 저지른다고 설득했다

현재 기소송치사건의 범위를 대폭 줄여야 한다. 주취행패, 경미한 폭행, 최근 문제가 된 학교폭력사건, 경미한 절도사건, 행정고발사건은 경찰에서 바로 법원에 직접 이첩 처리하도록 하여야 한다. 서면심리도 좋다. 주취행패사건의 경우에는 과거 선 경찰서 구금, 구금 후 즉결심판 회부 당일선고, 경찰서 유치장유치명령확대제도를 도입하여야 한다.

법원도 기소된 사건에 대해 신속하게 재판이 이루어지도록 제도개선을 할 필요가 있다. 서면심리, 화상심리, 출장심리제도도 확대하고 집중심리제도도 도입하여야 한다. 아니 그보다는 현행 합의제를 폐지하고 단독판사제도로 바꾸어야 한다. 합의제라도 결국 주심판사와 재

판장이 협의하여 결정을 하기 때문이다. 그 대신 1심 사실심리를 강화하여야 한다.

검찰도 마찬가지다. 늘어난 검사인력을 형사부로 재배치하여야 한다. 공판부에 가보면 공판부를 한직으로 생각하여 제대로 사건기록검토도 하지 않고 재판에 임한다. 피해자들이 답답할 때가 많다. 경찰도 검찰도 법원도 사건 수를 줄여 신속하게 수사와 재판을 할 수 있도록 시스템을 확 바꿔야 한다.

그것이 국민을 위한 수사와 재판이 아닐까.

▌구치소 접견 단상

구치소에 수감된 피고인 접견을 갔다. 변호사인데도 접견일정을 잡기가 어렵다. 영장심사, 공판 관련 접견이 필요한데도 말이다. 하루 또는 이틀 전에 미리 인터넷을 통해 일정을 예약하여야 한다.

변호사가 그런데 가족들은 더더욱 힘들다고 한다. 하루 1회, 1명(동반가족 가능)밖에 안 된다고 한다. 그것도 15분 내외다. 손도 잡아보지 못하고 칸막이 상태에서 얼굴과 마이크를 통해 음성으로 소통하여야 한다. 가족들 접견은 교도관이 옆에서 내용을 기재할 수 있어 자세한 이야기도 못 한다고 한다. 먼 곳에서 버스, 열차 등을 타고 올라온 사람들은 더더욱 허탈하다. 어머니, 부인이 아들과 남편에게 따뜻한 밥 한끼 먹이려고 해도 안 된다. 인터넷 화상면회, 전화면회도 있다고 하지만 횟수가 제한된다. 변호사도 마찬가지다. 교도관 일과시간 후 접견은 어렵다. 주말, 공휴일 접견도 안 된다. 공판, 영장심사를 앞두고 접견이 필수적인데도 말이다. 검사가 수사를 위해 검사실로 오라고 하는 경우에는 접견도 안 된다.

그보다 더한 것은 구치소 내 시설환경이다. 한 방에 10명이 있는 경우도 있다고 한다. 코골이 등 개인적 취향으로 깊은 수면이 어렵다고 한다. 배식도 공동배식이다. 수형자가 많다 보니 칼잠을 잔다고 한다. 수형자 중 이상한 사람(?)이 있는 경우에는 수형생활이 더더욱 힘들다고 한다. 운동시간도 제한되어 있다. 하루 20분 내외다. 거기에 더해 물품구입 절차도 까다롭다. 물품구입이 제한된다. 약품 구입, 병원 치료는 더더욱 까다롭다.

죄인이라지만 생각해볼 일이다. 헌법상 형 확정판결이 날 때까지는 무죄추정인데도 말이다. 미국 등 선진국의 수형시설과 비교해 볼 때 그 후진성을 면치 못한다. 구치소 내 약품 사용, 전화 등 통신 이용이 허용되는 선진국에 비해서 말이다. 샤워, 세탁 등도 자유롭게 이루어졌으면 한다. 접견과 면회도 좀 더 자유롭게 이루어졌으면 한다. 커피도 마시고 자유롭게 자신의 공판 관련 준비도 할 수 있도록 시설이 보완되었으면 한다. 수형자분류 관련 재범, 범죄의 오염이 되지 않도록 분류에 신경을 썼으면 한다.

아니 그보다도 불구속수사원칙이 지켜졌으면 한다. 구속수감만이 능사는 아니다. 검사와 피고인과의 무기평등원칙을 통해 대등하게 공판과정에서 유·무죄 다툼이 이루어졌으면 한다. 주거를 제한한 상태에서 얼마든지 공판준비를 할 수 있기 때문이다. 구치소 내에서 재범이 이루어지지 않도록 분리수감에 좀 더 신경을 썼으면 한다.

필자는 CNN 방송에서 유명 인터뷰어 래리 킹이 구치소 수감자들과 인터뷰를 하고 그 내용이 방송에 나오는 것을 보았다. 더불어 구치소, 교도소 내 인문학 강좌가 개설되고 거기서 석·박사가 나오는 것도 보았다. 필자는 경찰서장 재직 시 반드시 관할 구치소, 교도소, 보호관찰소, 정신병원(시립)시설을 가보았다. 그곳은 경찰활동과 관련이 있기 때문이다. 수사와 재판과정에 임하는 사람들도 법정, 경찰서, 검찰청 밖에서 나오는 목소리에도 귀를 기울여야 한다.

▌수사와 재판이 지연되는 이유

수사가 시작된 후 3년이 경과하도록 기소여부를 결정하지 못한다. 기소는커녕 경찰에서 사건기록을 가지고 있다. 그 사이 수사관도 검사도 바뀐다. 사건당사자가 많거나 횡령, 배임, 사기 등 사건이 그렇다. 이런 사건들은 수사를 해도 생색도 안 난다. 수사팀끼리, 다른 경찰서 관할에게 핑퐁식 사건 떠넘기기를 한다.

검찰도 마찬가지다. 피의자의 주거지 관할을 이유로 사건을 다른 검찰에 떠넘긴다. 사건이 많다는 이유로 공소시효가 임박할 때까지 처리를 하지 않는다, 보강, 재수사란 명목으로 경찰에 이첩을 한다. 국민권익위원회도 마찬가지다. 경찰청, 지방청에 사건을 수사해달라고 해도 일선 경찰관서로 떠넘긴다. 경찰서도 죄종별, 당직수사팀별로 사건을 세분화해서 사건을 떠넘기기 좋게 되어 있다

물론 당사자가 출석을 하지 않거나 수사에 비협조적이어서 사건이 종결되지 못하는 경우도 있다. 횡령, 배임수사의 경우 자금추적, 압수수색 등이 필수인데도 인력이 없어 하지 않고 오히려 당사자에게

입증을 요구한다. 형사는 민사와 달리 증거수집이 국가기관인 경찰, 검찰의 역할임에도 말이다.

검찰로 송치되도 형사조정이라는 이유로 사건처리를 보류한다. 기소가 되어도 법원은 사건이 밀려있다는 이유로 1년이 넘도록 재판을 열지 않는다. 공판검사가 사건수사기록을 제대로 파악하지 못해 증거에 대해 잘 파악하지 못한다. 공소장을 그대로 읽는다. 변호사, 피고인이 범죄사실을 부인하면 증거를 제시하고 관련 증인신청 등을 통해 법정에서 혐의를 입증하여야 하는데 사건파악이 제대로 되지 않아 진행을 못 한다. 증인신문사항, 증거조사 과정에서 검사의 공판 모습을 보면 알 수 있다. 공판검사는 한직이라는 생각이 크게 작용한다.

판사는 어떨까. 판사에 따라 다르겠지만 일부 판사는 소송지휘를 잘하지 못한다. 무엇이 쟁점인지, 쟁점별로 정리하여 증거조사를 하여야 하는데 그렇지 못하다. 기일만 연기, 속행할 뿐 공판진행에 신속성을 보이지 않는다. 복잡한 사건은 시간을 떠넘기고 속행만 하여 결론을 내리지 않는다. 선고를 앞두고 선고기일을 연기하는 경우도 있다. 공판준비기일만 1년을 넘기는 경우도 있다. 사건기록분량이 많은 사건은 사건배당 자체를 기피한다.

이러는 가운데 애타고 힘든 것은 사건 당사자이다. 피해자를 대신하여 수사와 재판을 하는 경찰수사관, 검사 모두 자성하여야 한다. 증거도 없이 무조건 압수수색을 남발하고 이에 대한 영장을 발부하는 경찰, 검찰, 법원도 문제이다. 재판에 승리하고 남는 것은 없다. 그 과정에 물질적, 정신적 피해가 너무 크다. 오죽하면 변호사만 웃고 당사자는 승소해도 남는 것은 상처라는 말이 있을까.

필자는 신속수사재판절차법을 만들었으면 한다. 사건처리기한을 정해놓고 되도록이면 기한 내에 처리하도록 하여야 한다. 공판을 통한 사건심리가 필요한 경우에만 기소를 하고 경미한 사건은 화해조정을 통해 기소 전에 해결을 했으면 한다. 더불어 집중심리제도, 집중수사제, 증거개시제도 등을 통해 사건수사와 재판의 집중도를 높였으면 한다. 불필요한 서면 문답식 조사도 지양했으면 한다. 코로나 확산 때 시도했던 서면조사, 우편, 이메일조사 등을 활성화했으면 한다. 재판도 야간, 주말, 공휴일 심리제도를 운영했으면 한다. 더불어 잘못된 수사와 재판에 대해서는 수사기관과 법관이 사과를 하는 제도도 시행되었으면 한다.

국민을 위한 수사, 재판이란 것이 이런 것 아닐까?

출간
후기

진정으로 우리 사회를
아끼는 마음

도서출판 행복에너지 대표이사 **권선복**

　우리 사회의 현주소를 돌아보면 참으로 안타까운 요즘입니다. 빚
더미 위에 앉은 서민들, 좀체 척결되지 않는 부정부패와 끊이지 않
는 정쟁, 수많은 크고 작은 사고들, 청장년층의 취업난, 출산감소와
노령화 등등…. 이럴 때일수록 진정 우리 사회를 위해 희생하고 봉
사하는 사람이 많아져야 합니다.

　20여 년간의 경찰 생활 끝에 평택경찰서장으로 명예롭게 퇴임하고
현재 변호사로서 왕성하게 활동 중이신 박상용 저자 역시 늘 국민의
편에 서서 자신의 책무에 최선을 다해오신 분입니다. 경찰서장에서
이제는 어렵고 힘들게 살아가는 서민들에게 용기와 꿈을 주는 변호사
로 거듭 성장하시길 기원드리오며 큰 응원의 박수를 함께 보냅니다.

　경찰 퇴직 후 1년을 돌아보며 느낀 소회와 함께 경찰 인생과 철학
의 모든 것을 담은 『경찰이 위험하다』를 통해 독자님들의 삶에 기쁨
충만한 행복에너지가 샘솟으시길 기원드립니다.

'행복에너지'의 해피 대한민국 프로젝트!

<모교 책 보내기 운동> <군부대 책 보내기 운동>

한 권의 책은 한 사람의 인생을 바꾸는 힘을 가지고 있습니다. 한 사람의 인생이 바뀌면 한 나라의 국운이 바뀝니다. 그럼에도 불구하고 많은 학교의 도서관이 가난하며 나라를 지키는 군인들은 사회와 단절되어 자기계발을 하기 어렵습니다. 저희 행복에너지에서는 베스트셀러와 각종 기관에서 우수도서로 선정된 도서를 중심으로 <모교 책 보내기 운동>과 <군부대 책 보내기 운동>을 펼치고 있습니다. 책을 제공해 주시면 수요기관에서 감사장과 함께 기부금 영수증을 받을 수 있어 좋은 일에 따르는 적절한 세액 공제의 혜택도 뒤따르게 됩니다. 대한민국의 미래, 젊은이들에게 좋은 책을 보내주십시오. 독자 여러분의 자랑스러운 모교와 군부대에 보내진 한 권의 책은 더 크게 성장할 대한민국의 발판이 될 것입니다.

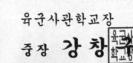